S. FISCHER

Slavoj Žižek

Hegel im verdrahteten Gehirn

Aus dem Englischen
von Frank Born

S. FISCHER

Aus Verantwortung für die Umwelt hat sich der S. Fischer Verlag zu einer nachhaltigen Buchproduktion verpflichtet. Der bewusste Umgang mit unseren Ressourcen, der Schutz unseres Klimas und der Natur gehören zu unseren obersten Unternehmenszielen.

Gemeinsam mit unseren Partnern und Lieferanten setzen wir uns für eine klimaneutrale Buchproduktion ein, die den Erwerb von Klimazertifikaten zur Kompensation des CO_2-Ausstoßes einschließt.

Weitere Informationen finden Sie unter:
www.klimaneutralerverlag.de

FSC
www.fsc.org
MIX
Papier aus verantwortungsvollen Quellen
FSC® C014496

Deutsche Erstausgabe
Erschienen bei S. FISCHER
2. Auflage September 2020

Die englische Originalausgabe erschien
2020 unter dem Titel »Hegel in a Wired Brain«
im Verlag Bloomsbury, London

Satz: Dörlemann Satz, Lemförde
Druck und Bindung: GGP Media GmbH, Pößneck
Printed in Germany
ISBN 978-3-10-390002-6

Inhalt

Einleitung:
»Un jour, peut-être, le siècle sera hegelien« 7

1 Der digitale Polizeistaat: Fichtes Rache an Hegel 37

2 Die Idee eines verdrahteten Gehirns
und ihre Grenzen 51

3 Die Sackgasse der sowjetischen Technognosis 73

4 Singularität: Die gnostische Wende 89

5 Der Fall, der uns wie Gott werden lässt 109

6 Die Reflexivität des Unbewussten 137

7 Eine literarische Phantasie:
Das namenlose Subjekt der Singularität 153

Eine Abhandlung
über die digitale Apokalypse 175

Anmerkungen 263

Einleitung:
»Un jour, peut-être, le siècle sera hegelien«

Im Jahr 2020 feiern wir den 250sten Geburtstag Hegels. Ist Hegel nur ein historisches Kuriosum oder geht uns sein Denken auch heute noch etwas an? »Un jour peut-être, le siècle sera deleuzien«, schrieb Michel Foucault vor Jahren in einer Rezension zu einem Buch von Gilles Deleuze.[1] Die Hypothese des vorliegenden Büchleins lautet: War das 20. Jahrhundert in gewissem Sinne – nicht deleuzianisch, sondern – marxistisch, so wird das 21. hegelianisch werden. Diese Behauptung kann eigentlich nur als Irrsinn erscheinen – ist Hegel in unserer Welt der Quantenphysik und der Evolutionsbiologie, der Digitalisierung, des globalen Kapitalismus und des Totalitarismus nicht schlicht und einfach out? Als Erstes wollen wir festhalten, dass Hegel all dies nicht etwa kommen sah oder eine Vorahnung davon hatte – nein, hatte er nicht, und er wusste auch, dass dies unmöglich ist. Das Hegel'sche »absolute Wissen« bedeutet ja nicht, dass Hegel »alles wusste«; es steht vielmehr exakt für die Erkenntnis einer unüberwindlichen Grenze. Erinnern wir uns daran, wie emphatisch sich Hegel in der Vorrede der *Philosophie des Rechts* gegen »das *Belehren*, wie die Welt sein soll« ausspricht. Die Philosophie komme dazu, schreibt er,

> ohnehin […] immer zu spät. Als der *Gedanke* der Welt erscheint sie erst in der Zeit, nachdem die Wirklichkeit ihren Bildungsprozeß vollendet und sich fertig gemacht hat. […] Wenn die Philosophie ihr Grau in Grau malt, dann ist eine Gestalt des Lebens alt geworden, und mit Grau in Grau läßt sie sich nicht verjüngen, sondern nur erkennen; die Eule der Minerva beginnt erst mit der einbrechenden Dämmerung ihren Flug.[2]

Robert Pippin hat auf die offensichtliche (wenn auch selten gezogene) Konsequenz aus dieser Behauptung hingewiesen: Sie muss auch für den Staatsbegriff gelten, den Hegel selbst in der *Philosophie des Rechts* entwickelt, denn dass er diesen entwickeln kann, bedeutet ja, dass über dem, was Hegel-Leser meist für die normative Beschreibung eines vorbildlichen Vernunftstaats halten, bereits die »Dämmerung hereingebrochen« sein muss. Hegels Denken steht daher für eine radikale Offenheit gegenüber der Zukunft. Es gibt darin keine Eschatologie, kein Bild einer leuchtenden (oder düsteren) Zukunft, auf die unsere Epoche zusteuert. Aus demselben Grund scheint es nicht minder offensichtlich, dass Hegel als Interpretationslinse für unsere Gegenwart die denkbar schlechteste Wahl ist. Er war zwar vollkommen offen gegenüber der Zukunft, aber war er nicht genau darum unfähig, diese in irgendeiner Weise zu beleuchten?

Wir behaupten hier genau das Gegenteil dieser »offensichtlichen« Plattitüde: Gerade weil es so »unzeitgemäß« ist, liefert Hegels Denken einzigartige Perspektiven, um die Aussichten und Gefahren unserer Zeit zu erkennen. Heute Hegelianer zu sein heißt nicht, ein neues Ideal (der vollständigen Anerkennung, des Vernunftstaats, der wissenschaftlichen Erkenntnis) zu konstruieren und dann zu untersuchen, inwiefern und warum wir es noch nicht erreicht haben und wie wir es erreichen können. Es bedeutet vielmehr, als echter Nachhegelianer zu agieren und Hegel nicht als Konklusion, sondern als Ausgangspunkt zu begreifen und zu fragen: Wie würde unser gegenwärtiger Zustand auf dieser Grundlage erscheinen? Lässt Hegel uns möglicherweise ausgerechnet die Phänomene besser (das heißt: richtig) verstehen, die eindeutig nachhegelianisch sind und für das stehen, was »Hegel sich nicht vorstellen konnte«?

Eine hegelianische Annäherung …

Doch auf welchen Hegel beziehe ich mich hier eigentlich? Von wo aus spreche ich?[3] Ganz stark vereinfacht könnte man sagen, dass meine philosophische Haltung durch die Trias aus Spinoza, Kant und Hegel definiert wird. Spinoza stellt wohl den Höhepunkt der realistischen Philosophie dar: Es gibt eine substanzielle Realität da draußen und wir können mittels unserer Vernunft Kenntnis von ihr erlangen und den Schleier der Illusionen lüften. Kants transzendentale Wende führt hier eine radikale Kluft ein: Wir können nie dahinterkommen, wie die Dinge an sich sind, unsere Vernunft ist auf das Reich der Erscheinungen beschränkt, und wenn wir versuchen, über dieses Reich hinaus zur Totalität des Seins zu gelangen, so verstrickt sich unser Verstand notwendig in Antinomien und Inkonsistenzen. Hegel postuliert nun, dass es keine Realität an sich jenseits der Erscheinungen gibt, was freilich nicht bedeutet, dass es nichts weiter gibt als das Spiel der Erscheinungen. Die phänomenale Welt ist von der Barre der Unmöglichkeit gekennzeichnet, doch hinter dieser Barre gibt es nichts, keine andere Welt, keine positive Realität. Wir kehren mithin nicht zum vorkantischen Realismus zurück; vielmehr ist das, was für Kant die Limitation unseres Wissens ist – die Unmöglichkeit, zum Ding an sich zu gelangen –, in dieses Ding selbst eingeschrieben.

Aber kann Hegel die Rolle als unhintergehbarer Horizont unseres Denkens heute noch erfüllen? Findet der wahre Bruch mit dem traditionellen metaphysischen Universum, der Bruch, der die Koordinaten unseres Denkens definiert, nicht später statt? Das sicherste Anzeichen für diesen Bruch ist das ungute Gefühl, das uns überkommt, wenn wir heute Vertreter der klassischen Metaphysik lesen – irgendetwas sagt uns, dass ein solches Denken einfach nicht mehr möglich ist ... Und überkommt uns nicht ein ebensolches Gefühl, wenn wir Hegels Spekulationen über die absolute Idee und dergleichen lesen? Es gibt eine Reihe von Kandidaten für jenen Bruch, der dafür sorgt, dass Hegel nicht mehr unser Zeitgenosse ist, angefangen mit der nachhegelianischen Wende durch Schelling, Kierkegaard und Marx, doch lässt sich diese Wende leicht als immanente Umkehrung des Themas des Deutschen Idealismus erklären. Einen neuen und überzeugenderen Vorschlag mit Blick auf die vorherrschenden philosophischen Fragen der letzten Jahrzehnte macht Paul Livingston, der den Bruch in seinem Buch *The Politics of Logic* in jenem neuen Raum verortet, der durch die Namen »Cantor« und »Gödel« symbolisiert wird.[4] Dabei steht »Cantor« natürlich für die Mengenlehre, die uns durch rekursive Prozeduren (leere Menge, Menge aller Mengen) zum Eingeständnis einer Unendlichkeit von Unendlichkeiten zwingt, während »Gödel« für die nach ihm benannten Unvollständigkeitssätze steht, welche – um es extrem vereinfacht zu sagen – zeigen, dass die Widerspruchsfreiheit eines Axiomensystems nicht aus diesem selbst abgeleitet werden kann, da es notwendigerweise Aussagen hervorbringt, die es weder beweisen noch widerlegen kann.

Mit diesem Bruch treten wir in ein neues Universum ein, welches uns dazu zwingt, die Idee einer einheitlichen Sicht der (gesamten) Wirklichkeit aufzugeben. (Selbst der Marxismus lässt sich – jedenfalls in seiner vorherrschenden Form – noch als eine Denkweise betrachten, die dem alten Universum angehört, entwirft er doch ein recht einheitliches Bild des gesellschaftlichen Ganzen, in manchen Versionen sogar der gesamten Realität.) Das neue Universum hat freilich nicht das Geringste mit dem

Irrationalismus der *Lebensphilosophie* zu tun, deren erster Vertreter Arthur Schopenhauer war, der Idee also, dass unser rationaler Verstand nur eine dünne Oberfläche ist und dass die wahre Grundlage der Realität irrationale Triebe sind. Wir bleiben im Reich der Vernunft, und dieses Reich wird seiner Konsistenz von innen her beraubt: Immanente Inkonsistenzen der Vernunft bedeuten nicht, dass es eine tiefere Realität gibt, die sich der Vernunft entzieht, vielmehr sind diese Inkonsistenzen in gewissem Sinne »die Sache selbst«. Wir befinden uns mithin in einem Universum, in dem Inkonsistenzen kein Zeichen unserer epistemologischen Verwirrung sind, der Tatsache also, dass wir »die Sache selbst« (die per definitionem nicht inkonsistent sein kann) verpasst haben, sondern im Gegenteil ein Zeichen dafür, dass wir das Reale berührt haben.

Die Wurzel all dieser Inkonsistenzen liegt natürlich in den Paradoxien der Selbstbezüglichkeit, der Tatsache, dass eine Menge zu einem ihrer eigenen Elemente wird, dass eine Menge eine leere Menge als Teilmenge enthält, als Vertreterin ihrer selbst unter ihren Teilmengen. Aus hegelianisch-lacanianischer Sicht sind diese Paradoxien ein Hinweis auf das Vorhandensein von Subjektivität: Das Subjekt kann nur im Ungleichgewicht zwischen einer Gattung und ihrer Art entstehen, und die Leere der Subjektivität ist letztlich die leere Menge als die Art, in der eine Gattung sich selbst in ihrer gegensätzlichen Bestimmung begegnet, wie Hegel gesagt hätte. Doch wie kann dasselbe Merkmal ein Zeichen der Subjektivität und gleichzeitig ein Zeichen dafür sein, dass wir das Reale berührt haben? Berühren wir das Reale nicht gerade dann, wenn es uns gelingt, unseren subjektiven Standpunkt auszuradieren und die Dinge wahrzunehmen, »wie sie wirklich sind«, unabhängig von unserem subjektiven Standpunkt? Sowohl Hegel als auch Lacan lehren uns das genaue Gegenteil: Jedes Bild der »objektiven Realität« wird schon durch (transzendentale) Subjektivität konstituiert, und wir berühren das Reale nur, wenn wir den Schnitt-im-Realen der Subjektivität selbst in unser Sichtfeld mit einbeziehen.

Die Metaphysik der Subjektivität behandelt diese Paradoxien mittels des Begriffs der Reflexivität als Grundmerkmal des Selbstbewusstseins, der Fähigkeit unseres Geistes, sich auf sich selbst zu beziehen, sich nicht nur Gegenständen, sondern auch seiner selbst und der Art und Weise, wie er sich auf die Gegenstände bezieht, bewusst zu sein. Die Grundgeste der Reflexivität besteht darin, einen Schritt zurückzutreten und in das Bild oder die Situation, die man beobachtet oder analysiert, die eigene Gegenwart mit einzubeziehen – nur so können wir ein vollständiges Bild erhalten. Wenn der Detektiv in einem Kriminalroman den Tatort inspiziert, muss er seine eigene Präsenz, seinen eigenen Blick mit einbeziehen – manchmal wurde das Verbrechen buchstäblich für ihn inszeniert, um seinen Blick anzuziehen, um ihn in die Geschichte hineinzuziehen. In einigen Krimis stellt der Detektiv bei den Ermittlungen in einem Mordfall plötzlich fest, dass er dessen eigentlicher Adressat ist, das heißt, dass der Mörder die Tat als Warnung an ihn geplant hat. Ganz ähnlich liegt der Fall in einem der Perry-Mason-Romane, in dem die Titelfigur dem Verhör eines mordverdächtigen Paares durch die Polizei beiwohnt und zunächst nicht verstehen kann, warum der Ehemann bereitwillig und in allen Details schildert, was das Paar am Tag des Mordes getan hat – bis ihm klar wird: Der wahre Adressat der detaillierten Ausführungen des Ehemanns ist dessen Frau; er nutzte die Gelegenheit des Zusammentreffens (die beiden waren im Gefängnis getrennt voneinander untergebracht), um sie von dem falschen Alibi in Kenntnis zu setzen, an das sie sich beide halten sollten … Man kann sich auch den Fall vorstellen, dass die Geschichte, die ein Mordverdächtiger der Polizei erzählt, eine verkappte Erpressungsdrohung an einen der anwesenden Polizeibeamten ist. Die Gemeinsamkeit all dieser Fälle liegt darin, dass man den

Adressaten der jeweiligen Aussage identifizieren muss, um sie verstehen zu können. Aus diesem Grund braucht Sherlock Holmes seinen Watson und Hercule Poirot seinen Hastings, Figuren, die für den Aspekt des gesunden Menschenverstands im großen Anderen stehen, für den Blick, den der Mörder im Sinn hatte, als er die Tat beging.

Mit dem Bruch von Cantor/Gödel wird das ganze Ausmaß selbstreferenzieller Paradoxien spürbar, die mit der Subjektivität einhergehen: Wenn wir unsere eigene Position erst einmal in das Bild des Ganzen einbezogen haben, führt kein Weg mehr zurück zu einem einheitlichen Weltbild. Der Cantor/Gödel-Bruch macht eine konsistente Totalität mithin unmöglich – wir müssen uns zwischen Totalität und Konsistenz entscheiden und können nicht beides gleichzeitig haben. Verkörpert wird diese Entscheidung von zwei Denkrichtungen des 20. Jahrhunderts, die Livingston als generisch (Badious Haltung der Wahl der Konsistenz auf Kosten der Totalität) beziehungsweise paradoxal-kritisch bezeichnet (die Wahl der Totalität auf Kosten der Konsistenz – hier wirft Livingston, wenig überzeugend, Wittgenstein, Heidegger, Lévi-Strauss, Foucault, Deleuze, Derrida, Agamben und Lacan in einen Topf). An dieser Stelle fällt uns die erste Merkwürdigkeit an Livingstons Gebäude auf, ein überraschendes Ungleichgewicht: Die paradoxal-kritische und die generische Haltung werden als zwei Weisen des Umgangs mit dem neuen Universum vorgestellt, welches die konsistente Totalität unmöglich macht, aber während auf der einen Seite eine Vielzahl ganz unterschiedlicher Denker präsentiert wird, steht auf der anderen nur ein einziger Name: Badiou. Die Implikation dieses Ungleichgewichts ist klar: Es zeigt, dass es in Livingstons Buch in Wahrheit darum geht, eine geeignete paradoxal-kritische Antwort auf Badious generischen Ansatz zu finden. Livingston behandelt Badiou mit großem Respekt und ist sich durchaus bewusst, dass die logischen und politischen Grundlagen von dessen generischer Position weitaus präziser ausgearbeitet werden als dies bei den Hauptvertretern des paradoxal-kritischen Ansatzes der Fall ist. Was Badiou so wichtig macht, ist, dass er seine Haltung zu dem in Livingstons Buchtitel angedeuteten Feld der »Politik der Logik« ausführlich darlegt: die tiefgreifenden politischen Auswirkungen des philosophisch-logischen Themas der Konsistenz, Totalität und der Paradoxien der Selbstreferenz. Bilden diese Paradoxien nicht den Kern jedes Machtgefüges, das sich auf unrechtmäßige Weise durchsetzen und dann rückwirkend seine Machtausübung legitimieren muss?

So sehr ich Livingstons Ansatz schätze, gibt es doch auch große Unterschiede zwischen uns. Erstens ist die grundlegende Dualität der Gedankenwelt vor dem Cantor / Gödel-Bruch in meinen Augen nicht die zwischen ontotheologisch und kriteriologisch, sondern die zwischen ontologisch (im Sinne einer realistischen universellen Ontologie) und transzendental – zwischen Spinoza und Kant, um zwei Beispiele zu nennen. Zweitens findet der wahre Bruch mit diesem Universum schon bei Hegel statt, und das nachhegelianische Denken ist diesbezüglich ein Rückschritt. Livingstons Haltung gegenüber Hegel ist klar: Er räumt zwar ein, dass Hegels Dialektik ein exemplarischer Fall einer inkonsistenten Totalität sei, behauptet aber andererseits, dass diese Inkonsistenz in Hegels Denken letztlich zu einer größeren Totalität der rationalen Selbstentwicklung »aufgehoben« werde, so dass Antagonismen und Widersprüche auf untergeordnete Momente des Einen reduziert würden. Auch wenn diese Sichtweise fast schon selbstverständlich erscheinen mag, sollte man sie dennoch hinterfragen. Hegel unterscheidet sich von der paradoxal-kritischen Haltung nicht dadurch, dass bei ihm alle Antagonismen und Widersprüche zum Einen der dialektischen Totalität »aufgehoben« werden – die Differenz ist viel subtiler.

Um sie zu erklären, werden wir einen Umweg über Lacan nehmen. Für einen Lacanianer ist sofort klar, dass Livingstons

Dualität aus generisch und paradoxal-kritisch exakt der männlichen beziehungsweise weiblichen Seite der »Formeln der Sexuierung« entspricht. Badious generische Position ist eindeutig »männlich«: Es gibt die allgemeine Seinsordnung (deren ontologische Struktur in Badious Werk detailliert beschrieben wird) und die Ausnahmen der Wahrheitsereignisse, die gelegentlich auftreten können. Die Seinsordnung ist konsistent und kontinuierlich, sie folgt strikten ontologischen Regeln und lässt keine selbstreferenziellen Paradoxien zu; es ist ein Universum ohne eine bereits bestehende Einheit, ein Universum aus Mannigfaltigkeiten von Mannigfaltigkeiten, aus vielen Welten und vielen Sprachen. Badiou erteilt hier der traditionellen Auffassung, nach der das Leben einer Kreisbewegung folgt und letztlich alles wieder zu Staub wird, eine wichtige Lektion:[5] Dieser geschlossene Kreislauf der Realität, ihres Entstehens und Vergehens, ist nicht alles; von Zeit zu Zeit geschieht ein Wunder, die Kreisbewegung des Lebens wird durch das Hereinbrechen von etwas außer Kraft gesetzt, das die klassische Metaphysik und Theologie die Ewigkeit nannte, einem Moment der Stase im doppelten Wortsinn (als Fixierung, Stillstand der Bewegung des Lebens und gleichzeitig als Stauung, Störung, Unruhe, als Aufkommen von etwas, das sich dem regelmäßigen Fluss des Lebens widersetzt). Als Beispiel kann man hier an das Verliebtsein denken: Es ist eine grundlegende Störung meines gewohnten Lebens und zugleich wird mein Leben durch die Fixierung auf die Geliebte eingefroren ... Im Gegensatz zu dieser Logik der allgemeinen Seinsordnung und ihrer ereignishaften Ausnahmen konzentriert sich der paradoxal-kritische Ansatz auf die immanenten Inkonsistenzen und Störungen der Seinsordnung selbst. Es gibt keine Ausnahme vom Sein – nicht, weil es nichts außer der Seinsordnung gibt, sondern weil die paradoxal-kritische Analyse, spekulativ ausgedrückt, zeigt, dass *diese Ordnung schon in sich ihre eigene Ausnahme ist* und durch ständige Verletzungen ihrer eigenen Regeln aufrechterhalten wird. Auch wenn Badiou in präzisen Worten beschreibt, wie die Löcher und Lücken (zwischen Präsenz und Repräsentation) in der Seinsordnung ein Ereignis möglich machen, so definiert er das Ereignis doch als wundersames Eindringen, welches die Kontinuität des Seins stört, als etwas, das selbst nicht Teil des Seins ist.[6]

Aus paradoxal-kritischer Sicht wird die Seinsordnung freilich konstitutiv von innen her pulverisiert und gestört – mit Freud und vor dem Hintergrund, dass Badiou die menschliche Seinsordnung beständig als überlebensorientierte Suche nach Genüssen bezeichnet, könnte man sagen, dass Badiou die Dimension dessen vernachlässigt, was Freud den »Todestrieb« nennt, die zerstörerische Kraft des Nichtseins im Herzen des Seins. Auf diese Weise gehen wir von der »männlichen« zur »weiblichen« Logik über: Nicht die allgemeine Seinsordnung wird von ereignishaften Ausnahmen gestört, sondern das Sein selbst ist von einer grundlegenden Unmöglichkeit/Nichtganzheit gekennzeichnet.

Livingston weist deutlich auf den Preis hin, den Badiou für seine universelle und konsistente mathematische Ontologie zahlen muss. Er muss Mannigfaltigkeit und Leere als Grundkonstituenten der Realität setzen, »Mannigfaltigkeiten von Mannigfaltigkeiten«, die aus der Leere entstehen und nicht durch die Selbstdifferenzierung des Einen. Im Cantor/Gödel-Universum gelangt man zu einer konsistenten Universalität nur, wenn das Eine auf der grundlegendsten Ebene ausgeschlossen wird – das Eine entsteht in einem zweiten Schritt, als Resultat der Operation des Zählens, die aus der Mannigfaltigkeit eine Welt macht. Auf dieser Ebene gibt es auch eine irreduzible Mannigfaltigkeit von Welten – Körper, Welten, Sprachen, sie alle sind mannigfaltig und lassen sich unter keinerlei Eines totalisieren. Die einzige echte Universalität, die einzige Universalität, die imstande ist, ein Eines durchzusetzen, das die Mannigfaltigkeit von Körpern und Sprachen (und auch von »Welten«) durchqueren kann, ist die Universalität eines Ereignisses. In der Politik gibt es auf der Ebene des Seins nur Mannigfaltigkeiten von Körpern und Sprachen oder von »Welten« (Kulturen), weshalb auf dieser Ebene nicht mehr zu erreichen ist als eine Art von liberalem Multikulturalismus und Toleranz gegenüber irreduzibler Differenz; jeder Versuch zur Durchsetzung eines universellen Projekts, das alle Kulturen vereinen würde – wie der Kommunismus – muss als tyrannische, gewaltsame Zumutung erscheinen. Im Gegensatz zu Badious generischem Ansatz akzeptiert der paradoxal-kritische Ansatz die ontologische Priorität des Mannigfaltigen gegenüber dem Einen nicht. Natürlich wird jedes Eine unterminiert, ist verfehlt und durch Antagonismen und Inkonsistenzen zerstückelt; hier jedoch ist es von Anfang an die Unmöglichkeit, die den Raum für die Mannigfaltigkeit öffnet. In Bezug auf die Sprache hat die Bibel mit ihrem Gleichnis vom Turmbau zu Babel recht: Die Mannigfaltigkeit der Sprachen setzt das Scheitern der *einen* Sprache voraus. Darauf zielt Hegel mit seinem Begriff der »konkreten Allgemeinheit« ab: die Verkettung von Fehlschlägen. Vielfältige Staatsformen entstehen, weil der Staat an sich schon ein inkonsistenter/antagonistischer Begriff ist.

Anders ausgedrückt: Die Grundbewegung der konkreten Allgemeinheit besteht darin, die Ausnahme von einer Allgemeinheit in dasjenige Element zu verwandeln, das dieser Allgemeinheit zugrunde liegt. Sehen wir uns ein vielleicht etwas überraschendes Beispiel an, das der Juden und des Staates Israel. Alain Finkielkraut schrieb: »Die Juden haben heute den Weg der Verwurzelung gewählt.«[7] Man kann in dieser Behauptung unschwer Anklänge an Heidegger erkennen, der in seinem berühmten *Spiegel*-Interview gesagt hatte, dass »alles Wesentliche und Große nur daraus entstanden ist, daß der Mensch eine Heimat hatte und in einer Überlieferung verwurzelt war.«[8] Ironischerweise haben wir es hier mit dem seltsamen Versuch zu tun, antisemitische Klischees zur Legitimierung des Zionismus aufzubieten: Der Antisemitismus wirft den Juden vor, wurzellos zu sein, und es scheint so, als versuche der Zionismus diesen Fehler dadurch zu korrigieren, dass er den Juden nachträglich Wurzeln gibt ... So ist es kein Wunder, dass viele konservative Antisemiten die Expansion des Staates Israel frenetisch unterstützen. Das Problem ist nur, dass die Juden heute in einem Gebiet Wurzeln zu schlagen versuchen, das für Tausende von Jahren nicht ihnen gehörte, sondern von anderen Menschen bevölkert wurde. Die Lösung liegt nun nicht darin, die Juden zu einer weiteren verwurzelten Nation zu renormalisieren, sondern die Perspektive umzukehren: Was wäre, wenn die Juden als die Ausnahme ein wahrer Stellvertreter der Allgemeinheit wären? Was, wenn wir auf der grundlegendsten Ebene »alle Juden sind«, wenn es der eigentliche Urzustand des Menschseins ist, keine Wurzeln zu haben, und diese nur eine sekundäre Erscheinung sind, um unsere konstitutive Wurzellosigkeit zu verschleiern?

Hegel geht hier jedoch einen Schritt über die von Livingston beschriebene paradoxal-kritische Haltung hinaus. Für ihn ist die Einheit der Selbstidentität nicht nur immer inkonsistent, gespalten, antagonistisch und so weiter – die Identität selbst ist die Behauptung radikaler (Selbst-)Differenz. Zu sagen, dass etwas mit sich selbst identisch ist, heißt, dass es sich von all seinen besonderen Merkmalen unterscheidet, dass es nicht auf diese reduziert werden kann. »Eine Rose ist eine Rose« bedeutet, dass eine Rose mehr ist als alle ihre Merkmale – es gibt ein *je ne sais quoi*, das sie zu einer Rose macht, etwas, das »in der Rose mehr ist als die Rose selbst«. Dieses letzte Beispiel deutet schon darauf hin, dass wir es hier auch mit dem zu tun haben, was Lacan das Objekt *a (objet petit a)* nennt, jene mysteriöse Unbekannte X jenseits aller Eigenschaften, die ein Objekt zu dem macht, was es ist, und seiner Einzigartigkeit zugrunde liegt. Genauer gesagt oszilliert dieses »Mehr« zwischen dem Erhabenen und dem Lächerlichen oder Vulgären, ja sogar dem Obszönen. Die Aussage »Gesetz ist Gesetz« bedeutet zum Beispiel, dass ein Gesetz, auch wenn es ungerecht und willkürlich, ja sogar ein Instrument der Korruption ist, dennoch ein Gesetz bleibt und geachtet werden muss. Die Minimalstruktur der Identität (die immer die Selbstidentität ist, da sie, wie Hegel wusste, eine Kategorie der Reflexion ist) ist daher 1-1-a: Ein Ding ist es selbst im Kontrast zu seinen bestimmenden Eigenschaften, und Objekt *a* ist der unergründliche Exzess, der diese Identität aufrechterhält.

Dies führt uns schließlich zum feinen Unterschied zwischen Hegel und dem paradoxal-kritischen Ansatz. Es ist nicht so, dass Hegel Inkonsistenzen und Antagonismen einer höheren Einheit unterordnet; im Gegenteil: Identität, die Einheit des Einen, ist für ihn eine Form der Selbstdifferenzierung. Identität ist zum Extrem der Selbstbezüglichkeit gebrachte Differenz. Die Einheit des Einen wird nicht permanent von Rissen und Inkonsistenzen bedroht, sie ist der Riss als solcher. Das bedeutet, dass die Hegel'sche Totalität paradox und inkonsistent, aber nicht »kritisch« in dem Sinne ist, dass sie sich dem Machtzentrum widersetzt; sie ist nicht im ewigen Kampf zur Untergrabung oder Verschiebung des Machtzentrums gefangen, auf der Suche nach Rissen und »unentscheidbaren« Exzessen, die das Machtgefüge stören und dekonstruieren. Oder um es in der hegelianischen Begrifflichkeit der spekulativen Identität zu formulieren: Macht ist ihre eigene Übertretung, gegründet auf Verletzungen ihrer eigenen Gründungsprinzipien. Der paradoxal-kritische Ansatz bringt zwar die für unsere Identitäten konstitutiven Inkonsistenzen ans Licht, muss aber aufgrund seiner kritischen Haltung das Ziel verfolgen, diese zu überwinden; dieses Ziel ist natürlich unerreichbar, es wird auf ewig verfehlt und aufgeschoben, weshalb sich der paradoxal-kritische Ansatz als endlosen Prozess begreift – Derrida, der paradoxal-kritische Denker schlechthin, beschrieb die Dekonstruktion gerne als endloses Streben nach Gerechtigkeit und sprach in Bezug auf die Politik von einer »kommenden Demokratie« (die nie schon da ist).

In deutlichem Gegensatz zu dieser Haltung ist Hegel *kein* kritischer Denker. Seine Grundhaltung ist die der Versöhnung – nicht im Sinne eines langfristigen Zieles, sondern als Tatsache, die uns mit der unerwarteten, bitteren Wahrheit des verwirklichten Ideals konfrontiert. Wenn es ein Hegel'sches Motto gibt, dann lautet es in etwa: Finde eine Wahrheit darin, wie die Dinge falsch laufen! Hegels Botschaft ist nicht der »Geist des Vertrauens« (so lautet der Titel des jüngsten Buchs von Robert Brandom über Hegels *Phänomenologie*),[9] sondern eher der Geist des Misstrauens – er geht von der Prämisse aus, dass jedes große menschliche Projekt misslingt und nur auf diese Weise seine Wahrheit bezeugt. Die Französische Revolution wollte universelle Freiheit und gipfelte in der Schreckensherrschaft, der Kommunismus wollte die globale Emanzipation und brachte den stalinistischen Terror hervor … Hegels Lehre ist somit eine abgewandelte Version des berühmten Slogans »Freiheit ist Sklaverei« des Großen Bruders aus George Orwells *1984*: Jeder Versuch, die Freiheit direkt durchzusetzen, endet in Sklaverei. Was immer Hegel also ist, er ist gewiss kein Denker des vollkommenen Ideals, dem wir uns endlos nähern. Heinrich Heine (der in Hegels letzten Jahren dessen Student war) verbreitete die Geschichte, dass er dem Philosophen einmal gestanden habe, er könne dessen Formel »Alles, was ist, ist vernünftig« nicht zustimmen, worauf Hegel sich vorsichtig umgeblickt und leise zu seinem Schüler gesagt haben soll: »Es könnte auch heißen: Alles, was vernünftig ist, muß sein.«[10] Selbst wenn die Anekdote sachlich richtig sein sollte, philosophisch ist sie eine Lüge. Sofern Heine sie nicht frei erfunden hat, stellt sie den Versuch Hegels dar, die schmerzliche Wahrheit seines Denkens vor seinem Schüler zu verbergen.

Der Verzicht auf die kritische Haltung impliziert nicht den Verzicht auf sozialen Wandel, er erhöht nur den Einsatz für einen solchen Wandel. Sehen wir uns den heiklen Fall der Aufnahme von Einwanderern an. Pia Klemp, die Kapitänin des Schiffs Iuventa, das Flüchtlinge aus dem Mittelmeer rettete, schloss ihre Begründung, warum sie die Médaille Grand Vermeil de la Ville de Paris, die höchste Verdienstmedaille der Stadt, ablehnte, mit der Parole: »Papiere und Unterkunft für alle! Freizügigkeit und Bleiberecht!«[11] Wenn damit gemeint ist, dass – um es kurz zu machen – jeder Mensch das Recht hat, in ein Land seiner Wahl zu ziehen, und dieses Land die Pflicht hat, ihm Aufenthalt zu gewähren, dann haben wir es mit einer abstrakten Vision im strengen Hegel'schen Sinne zu tun, einer Vision, die den komplexen Kontext der gesellschaftlichen Totalität ignoriert. Auf dieser Ebene kann das Problem nicht gelöst werden. Die einzig wahre Lösung liegt darin, das globale Wirtschaftssystem zu verändern, das die Einwanderer hervorbringt. Es geht also darum, von der direkten Kritik einen Schritt zurück zur Analyse des immanenten Antagonismus zu gehen, der dem kritisierten Phänomen zugrunde liegt, und den Fokus darauf zu legen, welchen Anteil unsere kritische Position selbst an dem Phänomen hat, welches sie kritisiert.

Die Hegel'sche Lehre ist daher in Bezug auf den Versuch, die Welt zu verändern, verzweifelt optimistisch: Derartige Versuche erreichen nie ihr Ziel, ihr wiederholtes Scheitern kann jedoch eine neue Seinsform hervorbringen. Ja, der Chavismus in Venezuela ist gescheitert, dasselbe gilt für Syriza in Griechenland, und auch der chinesische Kommunismus kann nicht unser Ideal sein, aber alle diese Prozesse tragen zum verborgenen Weben des Geistes bei, welches unvorhergesehene neue Visionen – oder Gräuel – hervorbringen kann.

Damit sind wir beim Thema des vorliegenden Buches. Unsere Prämisse lautet, dass Hegels Entwurf einer inkonsistenten Totalität der ultimative Standpunkt des Denkens ist und wir uns nicht scheuen sollten, auch auf ihn Hegels oben zitierten Satz anzuwenden, dass die Philosophie nur »Grau in Grau« malen kann, dass sie die begriffliche Wahrheit einer Epoche erst erfassen kann, wenn diese sich ihrem Ende nähert. Der Umstand, dass Hegels Denken heute als höchste Form des Cantor-Gödel-Universums wiederauftaucht, bedeutet, dass sich am Horizont eine neue Form abzeichnet, die eine Bedrohung für es darstellt. Des Weiteren gehen wir davon aus, dass die Aussicht auf ein verdrahtetes Gehirn das Hauptanzeichen dieser Bedrohung ist (unter dem verdrahteten Gehirn verstehe ich hier eine direkte Verbindung zwischen dem Gehirn und einer digitalen Maschine, die manchmal auch als »Neuralink« bezeichnet wird – so heißt ein von Elon Musk gegründetes Neurotechnologie-Unternehmen zur Entwicklung einer Gehirn-Computer-Schnittstelle). Die Frage lautet folglich: Was passiert mit dem menschlichen Geist, mit der Subjektivität, wenn so etwas wie das verdrahtete Gehirn wirklich entwickelt wird? Vielleicht ist das, was sich dem digitalen Raum entzieht, nicht die Komplexität des Denkens, sondern die elementarste Selbstidentität eines Dings, das simple »A gleich A«, das nur im symbolischen Raum funktioniert …

Dieses Buch ist daher keine Hegel-Studie, es versucht vielmehr einen hegelianischen Ansatz zu verfolgen. Seine Prämisse ist, dass Hegel nur dann als Denker lebendig bleibt, wenn dieser Ansatz immer noch funktioniert, das heißt, wenn die Frage »Wie sieht unsere Zeit in Hegels Augen aus?« noch sinnvoll und produktiv ist. Und kann man sich einen härteren Prüfstein für die anhaltende Produktivität des hegelianischen Ansatzes vorstellen als das Phänomen des verdrahteten Gehirns, das eine nachhegelianische Erscheinung par excellence ist, etwas, das für Hegel undenkbar war und eindeutig einem anderen Zeitalter angehört?

Einen hegelianischen Ansatz zu verfolgen bedeutet hier Folgendes: Erstens bietet dieses Buch eine philosophische Untersuchung des Begriffs des verdrahteten Gehirns und seiner ideologischen Extrapolation, des Begriffs der Singularität. Es beschäftigt sich nicht mit den riesigen empirischen Feldern der Technologie, Ökonomie, Politik, Sexualität und Kunst, das heißt, es liefert keine genaue Analyse spezifischer Phänomene wie der Auswirkungen des verdrahteten Gehirns auf die Medizintechnik, die Märkte oder Computeralgorithmen und es ignoriert bestimmte Themen wie die Implikationen des verdrahteten Gehirns für die Transsexualität. Es konzentriert sich auf eine einzige Schlüsselfrage: Welchen Einfluss hat das Phänomen eines verdrahteten Gehirns darauf, dass wir uns selbst als freie menschliche Individuen erleben, ja, auf unseren Status als freie menschliche Individuen überhaupt? Diese Frage zwingt uns auch, den Begriff des Menschseins selbst zu klären. Wenn wir tatsächlich in ein posthumanes Zeitalter eintreten, inwiefern erlaubt uns dieser Umstand einen neuen Blick auf das Wesen des Menschseins? In der Regel können wir das Wesentliche eines bestimmten Phänomens immer erst wahrnehmen, wenn dessen Existenz gefährdet ist, so wie uns die geistige Bedeutung einer Person erst klar wird, wenn sie unerwartet stirbt. Meine Fokussierung auf diese Schlüsselfrage lässt sich leicht daran ablesen, wie obsessiv sie in fast jedem Kapitel wiederholt wird, als versuche ich verzweifelt, ein unlösbares Rätsel zu lösen.

Zweitens bedeutet der hegelianische Ansatz, dass es sinnlos wäre zu versuchen, die Begriffe verdrahtetes Gehirn und Singularität schon vorab zu definieren, da deren genaue Ausarbeitung das erklärte Ziel dieses Buches ist. An dieser Stelle können wir lediglich eine rein formale Abgrenzung vornehmen: »Verdrahtetes Gehirn« bedeutet eine direkte Verbindung zwischen unseren mentalen Prozessen und einer digitalen Maschine, eine Verbindung, die mich einerseits befähigt, nur durch meine Gedanken Ereignisse in der Wirklichkeit auszulösen (ich denke an etwas, zum Beispiel das Einschalten meiner Klimaanlage, und der Computer entziffert meine Gedanken und schaltet die Anlage ein), andererseits aber auch die digitale Maschine in die Lage versetzt, meine Gedanken zu steuern. »Singularität« bezieht sich auf die Idee, dass durch das direkte Teilen meiner Gedanken und Erlebnisse mit anderen (eine Maschine, die meine mentalen Prozesse liest, kann diese auch an einen anderen Geist weitergeben) ein globaler gemeinsamer mentaler Erfahrungsbereich entstehen wird, der wie ein neuartiges göttliches Wesen funktioniert – meine Gedanken gehen unmittelbar im globalen Denken des Universums selbst auf.

Auch die Frage der technischen Machbarkeit eines verdrahteten Gehirns werden wir außer Acht lassen (lässt es sich wirklich in der von den Posthumanisten geplanten Weise realisieren?). Aus den zahlreichen Berichten dazu möchte ich hier nur AlterEgo erwähnen, »eine am MIT Media Lab entwickelte tragbare, geräuschlose Sprachausgabe-/Spracheingabevorrichtung. Das Gerät wird an Kopf, Hals und Kinn angebracht und übersetzt Impulse des Sprachzentrums in Worte auf einem Computer, ohne Stimmäußerung.«[12] Arnav Kapur (der das System entwickelt hat) weist darauf hin, dass es »nicht einfach Ihre Gedanken liest; man muss sich bewusst entscheiden, es zu benutzen.«[13]

> Das kleine Headset ist mittels hochempfindlicher Sensoren in der Lage, die Signale zu registrieren, die das Gehirn an innere Sprechwerkzeuge wie die Zunge oder den Kehlkopf schickt, wenn man mit sich selbst spricht. Stellen Sie sich vor, dass Sie sich eine Frage stellen, ohne dabei die Worte laut auszusprechen. Selbst wenn Sie nicht Ihre Lippen und Ihr Gesicht bewegen, ist Ihr inneres Sprachsystem dennoch damit beschäftigt,

> diesen Satz zu formen. Ihre innere Sprechmuskulatur, wie die Zunge, vibriert in Übereinstimmung mit den Worten, die Sie denken, auf eine Weise, die äußerst subtil und *fast* nicht wahrnehmbar ist.[14]

Gegenwärtig muss ich dies also noch wollen, weil die Maschine nicht meine Gedanken, sondern meine inneren Sprechmuskeln ausliest, die sich nur bewegen, wenn ich auch die Absicht habe zu sprechen. Auf dieser Ebene ist es noch möglich zu lügen. Ich muss mir einfach vorstellen, dass ich etwas sagen will, das nicht wahr ist. Meine Sprechmuskeln werden sich entsprechend bewegen und die Maschine wird meine falsche Sprachintention als eine Tatsache »lesen« … Man kann sich freilich unschwer den nächsten Schritt vorstellen, wo es der Maschine dann möglich ist, meinem Gedankengang zu folgen, ohne dass ich dem zustimme und womöglich sogar, ohne dass ich es überhaupt mitbekomme – eine eindeutig dystopische Aussicht.

Aber leben wir wirklich in einer dystopischen Zeit oder leben wir nicht vielmehr in einer Welt dystopischer Phantasien? Ist die Idee eines verdrahteten Gehirns mitsamt der Vorstellung des kollektiven Austauschs intimer Erfahrungen nicht eigentlich eine Phantasie, eine phantasmatische Hochrechnung von Trends, die sich so, wie sie gedacht sind, gar nicht realisieren lassen? Eines ist jedenfalls sicher: Wir sollten die erschütternde Wirkung kollektiv geteilter Erfahrungen nicht unterschätzen – auch wenn deren Realisierung in Wirklichkeit viel bescheidener ausfallen wird als in den grandiosen Vorstellungen der Singularität, wird sich damit alles ändern. Der skeptische Standpunkt wurde neulich sehr schön bei einer Diskussion in Seoul zum Ausdruck gebracht, wo ein älterer Herr (dessen Name mir entfallen ist) ein wunderbares Paradox vorbrachte: Die Singularität werde nicht nur weniger schlimm als vorhergesagt (wir Menschen werden unsere Spiritualität mit all ihren Ambiguitäten, ihrem Glauben ohne Glauben, ihrer Bezugnahme auf Absenziale und so weiter bewahren), sie könne auch gar nicht eintreten. Auch wenn es zutrifft, dass sie nicht in der von ihren Anhängern beschriebenen Weise eintreten kann, sollten wir dennoch die Behauptung aufrechterhalten, dass etwas Neues und Unerwartetes geschehen wird. Peter Sloterdijk hatte ganz recht, als er Ray Kurzweil als einen neuen Johannes den Täufer charakterisierte, als Vorläufer einer neuen Form der Posthumanität.[15] Kurzweil hat die radikalen Auswirkungen eines verdrahteten Gehirns perfekt erfasst, er sah deutlich, dass sich damit unser gesamtes Bild der Realität und unserer Rolle darin ändern wird.

Kurzweils Begriff der (technologischen) Singularität bezieht sich weniger auf das verdrahtete Gehirn als vielmehr auf die Aussichten der Künstlichen Intelligenz (KI). Er sagt voraus, dass wir es aufgrund des exponentiellen Leistungswachstums der Digitaltechnik bald mit Maschinen zu tun haben werden, die nicht nur alle Anzeichen von Selbstbewusstsein zeigen, sondern auch die menschliche Intelligenz bei weitem übertreffen werden. Wir sollten diese »posthumane« Haltung nicht mit dem paradigmatisch modernen Glauben an die totale technische Beherrschbarkeit der Natur verwechseln – was wir gegenwärtig erleben, ist eine typische dialektische Umkehrung: Den heutigen »posthumanen« Wissenschaften geht es nicht mehr um Beherrschung, sondern um Überraschung, um (kontingente, ungeplante) Emergenz. Jean-Pierre Dupuy stellt eine merkwürdige Umkehrung der traditionellen cartesianischen anthropozentrischen Arroganz fest, welche die menschliche Technik begründete, eine Umkehrung, die in der aktuellen Robotik, der Genetik, der Nanotechnologie und der Forschung in den Bereichen Künstliches Leben und Künstliche Intelligenz deutlich erkennbar ist:

> Wie können wir die Tatsache erklären, dass die Naturwissenschaft zu einem derartig »riskanten« Unterfangen geworden ist, dass sie nach Ansicht führender Wissenschaftler derzeitig die größte Bedrohung für das Überleben der Menschheit darstellt? Einige Philosophen antworten auf diese Frage, dass Descartes' Traum – »Beherrscher und Besitzer der Natur zu werden« – sich zum Schlechten gewendet habe und wir dringend zur »Beherrschung der Beherrschung« zurückkehren sollten. Sie haben nichts verstanden. Sie erkennen nicht, dass die Technik, die sich durch die »Konvergenz« aller Disziplinen an unserem Horizont abzeichnet, gerade auf Nichtbeherrschung abzielt. Der Ingenieur von morgen wird kein Zauberlehrling aus Nachlässigkeit oder Unwissenheit sein, sondern weil er es will. Er wird sich komplexe Strukturen oder Organisationen »geben« und versuchen herauszufinden, was sie vermögen, indem er ihre funktionellen Eigenschaften erforscht – ein von unten nach oben verlaufender (Bottom-up) Ansatz. Er wird mindestens ebenso sehr ein Forscher und Experimentator wie ein Realisator sein. Sein Erfolg wird sich eher daran bemessen, inwieweit er von seinen eigenen Schöpfungen überrascht wird, als an der Übereinstimmung seines Werks mit einer Liste vorgefertigter Aufgaben.[16]

Ist diese merkwürdige Tendenz zur Verwirklichung der Selbstvernichtung nicht eine seltsame und unerwartete Form dessen, was Freud den Todestrieb nannte? Der Motor dieser Selbstüberwindung des Menschen ist der anhaltende wissenschaftliche Fortschritt in der Evolutionsbiologie, der Neurologie und der kognitiven Hirnforschung, dem eine merkwürdige Scham zugrunde liegt: die Scham über unsere biologische Begrenztheit, unsere Sterblichkeit, die lächerliche Art und Weise, in der wir uns fortpflanzen – das, was Günther Anders die »prometheische Scham« genannt hat, bei der es sich letztlich um die Scham darüber handelt, »geworden, statt gemacht zu sein.«[17] Nietzsches Idee, dass wir der »letzte Mensch« seien, der die Grundlage für seine eigene Auslöschung und die Ankunft des neuen Übermenschen legt, erhält somit einen wissenschaftlich-technologischen Dreh … Wir werden das Thema KI in diesem Buch außer Acht lassen, weil es den Rahmen sprengen würde. Natürlich hängt das verdrahtete Gehirn mit der KI zusammen, sie lassen sich jedoch deutlich voneinander abgrenzen. Die KI kann uns Menschen übertreffen, ohne uns in den Raum der gemeinsamen Erfahrung zu ziehen, das heißt, sie lässt unser erbärmliches Gehirn weiter so funktionieren wie bisher.

Wir nehmen daher an, dass in diesem Bereich aller Vereinfachungen und Übertreibungen in den öffentlichen Medien zum Trotz etwas vor sich geht, und beschränken uns hier darauf, nach den philosophischen Implikationen und Konsequenzen zu fragen. Es lohnt sich, die Vision der Singularität genauer zu untersuchen; ungeachtet des Überangebots an esoterischem Obskurantismus gepaart mit Technik-Naivität sollten wir hier in Abwandlung eines alten Groucho-Marx-Spruches sagen: »Sie behaupten, etwas wirklich Neues zu präsentieren, und sie verhalten sich auch so, als würden sie etwas wirklich Neues präsentieren, aber lassen Sie sich nicht täuschen: Sie weisen tatsächlich auf die Entstehung von etwas wirklich Neuem hin!« In diesem frühen Entwicklungsstadium können wir nur spekulieren, wie das Eintauchen in die Singularität als Ort gemeinsamer Gedanken und Erfahrungen organisiert werden wird. Wie werden das Subjekt und/oder die Maschine entscheiden, ob sie sich verbinden (oder trennen)? Wie werden Ausmaß und Umfang dieser Verbindung bestimmt? (Wie viel Wissen der Maschine wird mir zugänglich sein? Auf welche Weise und mit wem werde ich Erfahrungen teilen?) Dabei dürfen wir nicht vergessen, dass alle diese Fragen auch politisch von größter Wichtigkeit sind.[18]

Es geht daher nicht darum, die von Musk, Kurzweil und anderen Befürwortern des verdrahteten Gehirns unterstellten Ideen über den menschlichen Geist und die Sprache als naiv und primitiv zu kritisieren – natürlich verbinden sie eine banale Alltagsvorstellung des Ich mit einem vulgären Naturalismus, viel entscheidender ist aber, dass diese Ideen Wirklichkeit werden können, insofern sie in digitalen Maschinen umgesetzt werden, die unsere Gehirne scannen und behandeln. Auch wenn Musk und andere darüber reden, wie das verdrahtete Gehirn unsere Menschlichkeit gefährdet, fassen sie diese bedrohte Dimension, das Wesen unseres Menschseins, in einer sehr verengten und missverständlichen Weise auf. Vielleicht liegt daher die eigentliche Gefahr für unser Menschsein in ebenjenem verengten und missverständlichen Menschenbegriff, den Musk, Kurzweil und andere automatisch annehmen, wenn sie beschreiben, was durch das verdrahtete Gehirn bedroht wird. Wenn wir über Posthumanität sprechen, müssen wir immer darauf achten, was wir eigentlich unter Humanität verstehen. Vielleicht verhilft uns ja gerade die Aussicht auf die Posthumanität zu neuen Erkenntnissen darüber, was das Menschsein eigentlich ausmacht.[19]

In unserem Projekt sind daher drei Dimensionen untrennbar miteinander verbunden: die theoretische, die empirische und die institutionelle. Zwischen diesen dreien schwanken wir ständig hin und her und fragen uns: (1) Was ist die Struktur eines verdrahteten Gehirns, was sind seine theoretischen Implikationen? (2) Was bedeutet die Verdrahtung der Gehirne für die Individuen, wie wird sie deren (Selbst-)Erfahrung verändern? Und last, but not least, (3) was sind die gesellschaftspolitischen institutionellen Auswirkungen verdrahteter Gehirne, welche Art von neuen Machtverhältnissen werden sie hervorbringen und wie wird das riesige digitale Netzwerk, das dem zugrunde liegt, organisiert und reguliert? Militärinstitutionen reagieren auf die Bedrohung in erwartbarer Manier: »Gesucht: ›Militärethiker‹. Kompetenzen: Datenverarbeitung, maschinelles Lernen, Killerroboter. Notwendige Voraussetzungen: kühler Kopf, moralischer Kompass und der Wille, Generälen, Wissenschaftlern und sogar Präsidenten nein zu sagen. Das Pentagon sucht nach der richtigen Person, um ihm zu helfen, die moralisch trüben Gewässer der Künstlichen Intelligenz (KI) zu durchqueren, die zum Schlachtfeld des 21. Jahrhunderts erklärt werden.«[20] Das ist natürlich nur eine Scheinlösung im Stile verschiedener Ethikkommissionen zur Begrenzung des »Missbrauchs« der Wissenschaft; was nötig wäre, ist die öffentliche Transparenz solcher Projekte.

Dem gut informierten Beobachter wird unweigerlich auffallen, dass die drei oben genannten Dimensionen für jede Ideologie konstitutiv sind. Betrachten wir das Beispiel der Religion. Eine Religion ist (1) ein von der Theologie ausgearbeitetes Glaubenssystem, das Antworten auf die »großen« Fragen nach der endgültigen Natur der Wirklichkeit beinhaltet; (2) ein komplexes Netz intimer Erfahrungen der göttlichen Dimension; und (3) ein ideologischer Apparat, eine Menge von Institutionen und materiellen Praktiken (Rituale und so weiter). Dasselbe gilt für die Psychoanalyse, die eine Theorie (nicht nur) über die menschliche Psyche ist, eine klinische Praxis und (das sollten wir nie vergessen) eine »organisierte Menge«, eine therapeutische Institution mit eigenen Identifikationsregeln.[21] Und auch die Singularität umfasst diese drei Dimensionen: Sie liefert eine neue Beschreibung der Humanität und ihres Übergangs zur Posthumanität, sogar mit einer neuen theologischen Dimension; sie verheißt eine neue subjektive Erfahrung der Immersion in einen Raum des kollektiven Geistes; aber – und dieser Aspekt wird regelmäßig vernachlässigt – die Singularität wird auch ein riesiges Netzwerk von Maschinen zur Folge haben, das in unsere gesellschaftlichen Herrschaftsverhältnisse eingebettet ist. Werden wir einfach von Maschinen gesteuert werden? Wird ein Teil der Menschheit einen privilegierten Kontakt zu ihnen erhalten? Um es grob vereinfacht auszudrücken: Wie wird sich das (etwaige) Auftauchen der Singularität auf den Kapitalismus und Formen sozialer Macht auswirken?

Es gilt daher, die Idee eines verdrahteten Gehirns einer kritischen Analyse zu unterziehen, die auf drei verschiedenen Ebenen wirkt. Erstens (dies übersteigt freilich den Rahmen dieses Buches) sollten wir ihre technische Umsetzbarkeit hinterfragen: Können wir wirklich Maschinen bauen, die direkt mit dem neuronalen Fluss interagieren, der die unmittelbare Basis unserer Selbstbewusstheit bildet? Zweitens: Selbst wenn es uns irgendwie gelingt, unser Gehirn zu verdrahten, versetzt uns das wirklich in die Lage, Erfahrungen direkt mit anderen zu teilen? Was ist mit der externalistischen Sichtweise, wonach unsere sinnvollen Erfahrungen nicht wie innere Bilder irgendwo im Kopf zu verorten sind, sondern »außerhalb des Gehirns«? Sie sind demnach etwas, das als Resultat der komplexen Interaktion zwischen unserem Gehirn, unseren körperlichen Tätigkeiten und der komplexen Wirklichkeit entsteht, in der wir interagieren, so dass eine Fokussierung auf unser isoliertes Gehirn die anvisierte Erfahrung per definitionem verfehlen muss. Drittens: Einmal angenommen, das Teilen von Erfahrungen würde tatsächlich irgendwie funktionieren – würde unsere Subjektivität dieses Eintauchen in einen gemeinsamen Raum überhaupt überleben? Um einen Hinweis auf unser Endergebnis zu geben: Was sich der Singularität entzieht, ist nicht meine gelebte Erfahrung, sondern unser Unbewusstes, das mit der Autonomie des Cartesischen Subjekts korreliert.

Parataxe

Eines noch vorab: Ein hegelianischer Ansatz, der sich auf grundlegende Ideen konzentriert, beinhaltet keine systematische Begriffsanalyse, die den besonderen Inhalt ignoriert. Wenn man Hegel genau liest, merkt man schnell, dass er parataktisch vorgeht und sich in oft heftigen Sprüngen von einem zum nächsten bestimmten Inhalt fortbewegt – und dieses Büchlein ist ebenfalls eine parataktische Darstellung seines Inhalts. Eine Parataxe (griechisch παράταξις, das Nebeneinanderstellen) ist eine literarische Technik, bei der bevorzugt kurze, einfache Sätze und eher koordinierende als subordinierende Konjunktionen verwendet werden. In der Literatur werden beim parataktischen Stil zwei Bilder oder Fragmente, die sich üblicherweise stark unterscheiden, ohne eine eindeutige Verbindung aneinandergereiht, so dass der Leser selbst den Zusammenhang herstellen muss, den die parataktische Syntax lediglich impliziert … In gewissem Sinne trifft der Vorwurf, dieses Buch handle weder von Hegel noch vom verdrahteten Gehirn, somit tatsächlich ins Schwarze – er trifft ins Schwarze und verfehlt doch, worum es dem Buch eigentlich geht, nämlich, in parataktischer Manier um seine zwei Knotenpunkte zu kreisen. Ist ein solches Vorgehen Hegels systematischer Herangehensweise nicht vollkommen fremd? Nein – kann man sich ein parataktischeres Werk vorstellen als Hegels *Phänomenologie des Geistes*?

Das heimliche Vorbild des vorliegenden Werks ist mein Lieblingsbuch von E.L. Doctorow, *Das Leben der Dichter*.[22] Darin folgt auf sechs vollkommen verschiedenartige Kurzgeschichten (zwischen denen es ein paar unterschwellige Anspielungen gibt) eine Novelle über einen New Yorker Schriftsteller, aus der ersichtlich wird, dass die vorherigen Geschichten Fragmente aus dessen fiktiver Autobiografie waren. Ich hätte dem vorliegenden Buch auch den Untertitel »Sieben Essays und eine Abhandlung« geben können: Auf sieben Essays über unzusammenhängende Themen (Neuralink, die Theologie des Sündenfalls, Sackgassen beim Aufbau des Sozialismus in der frühen UdSSR, ein neuer Polizeistaat der digitalen Kontrolle …) folgt eine substanziellere Abhandlung, die sich auf das Vorangegangene bezieht und anhand dessen versucht, die philosophischen Implikationen der Möglichkeit eines verdrahteten Gehirns aufzuzeigen.

Wir beginnen mit den politischen Implikationen der Digitalisierung unseres Lebens: Bewegen wir uns auf einen neuen Polizeistaat zu? Von der Digitalisierung und der digitalen Kontrolle im Allgemeinen geht es weiter zum spezifischeren Projekt des verdrahteten Gehirns, und wir ergänzen dessen schlichte, ja naive Beschreibung mit einigen offenen Fragen. Die Frage, wie das verdrahtete Gehirn unsere Machtverhältnisse beeinflussen wird, führt uns dann zurück zum sowjetischen Biokosmismus, dessen Vision des Kommunismus als Raum gemeinsamer Erfahrungen die gnostische Idee der Singularität bereits vorwegnimmt – Andrei Platonow hat die Grenzen solch einer gnostischen Vorstellung des Kommunismus deutlich erkannt. Dann folgt eine kritische Analyse der populären theosophischen (New Age) Lesart der Singularität als der endgültigen Vereinigung von Geist und Materie. Insofern die Singularität verspricht, das ungeschehen zu machen, was das Christentum den Sündenfall nennt, erforschen wir eine Verbindung zwischen diesem Fall, der Freiheit und den Grenzen unseres Wissens mit dem Ziel, eine klare Trennung zwischen Hegels Begriff der Aufhebung und der Aufhebung unserer Endlichkeit in der Singularität vorzunehmen. Als Nächstes untersuchen wir die selbstreflexive Struktur des Unbewussten, um so die Konturen einer Dimension unseres symbolischen Universums zu skizzieren, die sich der Singularität entzieht. Die anschließende literarische Phantasie versucht, sich den Subjektivitätsmodus vorzustellen, der durch die Ausbreitung verdrahteter Gehirne entstehen wird: Was, wenn uns die cartesianischen Grübeleien von Becketts »Namenlosem« den Weg weisen? Die abschließende Abhandlung geht von der Prämisse aus, dass zwar klar ist, dass das Auftreten der Singularität apokalyptisch sein wird, aber nicht, um welche Art von Apokalypse es sich handeln wird – mit oder ohne ein darauf folgendes neues Reich? Der Übergang zur Posthumanität markiert deutlich das Ende der Geschichte, wie wir sie kennen – aber was endet und was beginnt mit ihr? Der Leser sollte hier keine detaillierten Voraussagen erwarten. Es handelt sich bei diesem Buch um eine philosophische Betrachtung, die nur Mutmaßungen darüber anbieten kann, wie sich die mögliche Verdrahtung des Gehirns auf unsere Subjektivität auswirken wird. Insofern unsere Gehirne verdrahtet werden, ohne dass wir es überhaupt mitbekommen, werden darüber hinaus auch neue Formen von Freiheit und Macht entstehen, die schlicht davon abhängen, ob wir uns von der Singularität isolieren (oder vielmehr trennen) können. Die Aussicht auf eine totale digitale Kontrolle, die uns nicht einmal bewusst ist, konfrontiert uns auf brutale Weise mit einer grundlegenden philosophischen Frage: Besteht unsere einzige Chance auf Freiheit in der Isolation vom Raum der Singularität oder gibt es eine Dimension des Menschseins, die sich der Singularität prinzipiell entzieht, auch wenn wir vollkommen in sie eingetaucht sind?

In gewissem Sinne ist dieses Bändchen daher auch eine Reihe von Essays über das Paradox der Indirektheit, das die Philosophie seit Anbeginn verfolgt: Warum bietet ein Umweg bei der Annäherung an einen Gegenstand mehr als der Versuch, ihn direkt zu erfassen? Diese Paradoxie wirkt auf einer Vielzahl von Ebenen. Warum können wir uns der Wahrheit nur durch Lügen und trügerische Illusionen nähern, oder anders gefragt: Warum verfehlen wir die Wahrheit selbst, wenn wir das Lügengespinst um sie herum ignorieren? Winston Churchill hatte recht, als er schrieb, die Wahrheit sei so kostbar, dass sie immer von einem Leibwächter aus Lügen bewacht werden müsse. Warum kann eine künstlerische Fiktion das Wesen einer Epoche viel genauer wiedergeben als eine dokumentarische Beschreibung? Warum erfahren wir mehr über das elisabethanische England aus den Werken Shakespeares als aus detailreichen Geschichtswerken? Und warum bietet zu guter Letzt die direkte Annäherung an ein erotisches Objekt weniger Vergnügen als die komplexe Strategie, die Begegnung hinauszuzögern und das Objekt zu umkreisen? Zwei Denker haben dieses Paradoxon der Indirektheit ausführlich behandelt: Hegel und Lacan. Die Grundprämisse der

Hegel'schen Dialektik lautet, dass der Weg zur Wahrheit selbst ein Moment der Wahrheit ist. Die Wahrheit ist letztlich nichts anderes als die systematische Artikulation der Aufeinanderfolge von Fehlern. Lacan führte extra das Konzept des Mehr-Genießens ein, um zu erklären, warum das Aufschieben des Genusses, ja sogar dessen Verbot, ein Genießen eigener Art erzeugt. Heute verschärft sich das Problem der Indirektheit durch die explosionsartige Entwicklung digitaler Technologien aufs Äußerste. Die Digitalisierung lässt unsere intimsten Erfahrungen indirekt werden: Pornographie wird zu einem Teil unseres erotischen Alltags, und wir nähern uns der Realität selbst zunehmend durch digitale Medien, die sie nicht nur getreu wiedergeben, sondern sogar noch verbessern und erweitern. Neue Trends in den Kognitionswissenschaften und -technologien eröffnen nun freilich die Aussicht auf eine direkte Partizipation an den Gedanken und Erfahrungen anderer Menschen unter Umgehung des Mediums der Sprache und anderer Kommunikationsformen – wie wird dies unser Menschsein beeinflussen?

Dies ist also, um es noch einmal zu sagen, kein Buch über Hegel, sondern vielmehr eines darüber, wie ein heutiger Hegel mit dem seiner Welt vollkommen fremden Phänomen des verdrahteten Gehirns umgegangen wäre, einer modernen Version von Hegels eigenem unendlichen Urteil »der Geist ist ein Knochen« – unser Geist ist eine digitale Maschine. Hegel sagt, der wahre Beginn der Logik sei der »Entschluss« zu denken – irgendetwas zu denken, etwas zu tun, das nicht einmal eine positive Handlung sein muss. Ein Heideggerianer würde in dieser Aussage sofort einen Beweis dafür sehen, dass Hegel innerhalb des Horizonts der Metaphysik des Wollens verbleibt; diese Deutung lässt sich zwar zurückweisen, aber der Entschluss spielt tatsächlich die grundlegende Rolle in jedem Denkprozess, weil er die Dimension der Subjektivität anzeigt – allerdings in einer sehr komplexen Weise und nicht einfach in dem Sinne, dass »jemand

Gedanken denken muss«. Der »Entschluss« ist bei Hegel nichts Psychologisches oder Irrationales (ein irrationaler Exzess außerhalb der Logik), sondern strikt logisch und dem logischen Gebäude immanent. Derselbe Entschluss muss bei jedem wichtigen Schritt direkt vollzogen werden, wenn etwas radikal Neues entsteht. An solchen Wendepunkten müssen wir uns neu entschließen, darüber nachzudenken, ob wir das neue Phänomen wirklich erfassen wollen – und die Aussicht auf Neuralink ist definitiv eine solche Gelegenheit.

1
Der digitale Polizeistaat: Fichtes Rache an Hegel

Wo stehen wir heute im Hinblick auf unsere gesellschaftliche Freiheit? Die Aussicht auf die umfassende Digitalisierung des Alltags in Kombination mit dem Scannen unseres Gehirns (oder der Überwachung unserer Körpervorgänge mittels Implantaten) eröffnet die realistische Möglichkeit einer externen Maschine, die uns biologisch und psychisch viel besser kennt als wir uns selbst. Indem sie erfasst, was wir essen, kaufen, lesen und uns anschauen, und indem sie unsere Stimmungen, Ängste und Befriedigungen erkennt, bekommt die externe Maschine ein viel genaueres Bild von uns als unser bewusstes Selbst, das, wie wir wissen, nicht einmal als konsistente Einheit existiert. Yuval Harari, der diese Vorstellung entwickelt hat, weist darauf hin, dass unser »Selbst« aus Narrativen besteht, die rückwirkend versuchen, dem Chaos unserer Erfahrungen eine gewisse Konsistenz zu verleihen, indem sie Erfahrungen und Erinnerungen auslöschen, die diese Narrative stören.[1] Die Ideologie steckt nicht in erster Linie in Geschichten, die (von den Mächtigen) erfunden werden, um andere zu täuschen, sondern in Geschichten, die Subjekte erfinden, um sich selbst zu täuschen. Doch das Chaos bleibt und die Maschine wird die Dissonanzen registrieren und vielleicht sogar in der Lage sein, viel rationaler mit ihnen umzugehen als unser bewusstes Selbst. Wenn ich beispielsweise vor der Entscheidung stehe, ob ich heiraten soll oder nicht, wird die Maschine alle schwankenden Einstellungen registrieren, die mich verfolgen, all die Schmerzen und Enttäuschungen der Vergangenheit, die ich lieber unter den Teppich kehren würde. Und warum sollten wir diese Aussicht nicht auch auf politische Entscheidungen ausdehnen? Während mein Selbst von einem populistischen Demagogen sehr leicht verführt werden kann, wird die Maschine alle meine früheren Frustrationen zur Kenntnis nehmen und die Widersprüche zwischen meinen flüchtigen Leidenschaften und meinen anderen Meinungen erkennen – warum soll sie also nicht an meiner Stelle wählen? Die Neurowissenschaften bestätigen mithin die »poststrukturalistische« oder »dekonstruktivistische« Idee, dass wir Geschichten sind, die wir uns über uns selbst erzählen, und dass diese Geschichten einer verworrenen Bricolage gleichen, einer inkonsistenten Vielheit von Geschichten, die von keinem einzelnen Selbst totalisiert wird; sie scheinen aber auf der anderen Seite auch einen Ausweg zu bieten (oder zumindest zu versprechen), der sich ausgerechnet aus einem scheinbaren Nachteil ergibt: Gerade weil die Maschine, die uns permanent ausliest, »blind« ist, kein Bewusstsein hat und nur ein mechanischer Algorithmus ist, kann sie viel angemessenere Entscheidungen treffen als menschliche Individuen, nicht nur in Bezug auf die äußere Realität, sondern auch und vor allem in Bezug auf diese Individuen selbst und das, was sie wirklich wollen oder brauchen:

> Der Liberalismus spricht das erinnernde Selbst heilig und gestattet ihm, im Wahllokal, im Supermarkt und auf dem Heiratsmarkt seine Stimme abzugeben. Jahrhundertelang war das durchaus sinnvoll, denn auch wenn das erinnernde Selbst an alle möglichen Fiktionen und Fantasien glaubte, gab es kein anderes System, das mich besser kannte. Doch sobald wir über ein System verfügen, das mich tatsächlich besser kennt, wäre es

> ziemlich dämlich, die Autorität in den Händen des erinnernden Selbst zu belassen.
> Liberale Gewohnheiten wie demokratische Wahlen werden obsolet werden, denn Google wird in der Lage sein, sogar meine politischen Überzeugungen besser zu repräsentieren als ich selbst.[2]

Es lassen sich sehr realistische Argumente für diese Option vorbringen. Der Computer, der unsere Aktivität registriert, ist nicht allmächtig oder unfehlbar, es ist nur so, dass seine Entscheidungen im Durchschnitt wesentlich besser funktionieren als die unseres Geistes. In der Medizin stellt er bessere Diagnosen als ein durchschnittlicher Arzt und so weiter, bis hin zum explodierenden algorithmischen Handel an den Aktienmärkten, wo Programme, die man kostenlos herunterladen kann, jetzt schon die menschlichen Finanzberater übertreffen. Eines ist klar: Das liberale »wahre Selbst«, der freie Akteur, der ausführt, was ich »wirklich will«, existiert einfach nicht, und wenn wir diese Nichtexistenz anerkennen, müssen wir konsequenterweise die individualistische Grundprämisse der liberalen Demokratie aufgeben. Die digitale Maschine erscheint somit als letzte Verkörperung des großen Anderen, des »Subjekts, dem Wissen unterstellt wird«, das als subjektloses Wissensfeld operiert …

Es bleibt an dieser Stelle natürlich eine ganze Reihe von Fragen und Harari ist sich ihrer bewusst: »In der Vergangenheit funktionierte Zensur dadurch, dass der Informationsfluss blockiert wurde. Im 21. Jahrhundert bedeutet Zensur, die Menschen mit irrelevanten Informationen zu überschwemmen. […] In früheren Zeiten bedeutete Macht, Zugang zu Daten zu haben. Heute bedeutet Macht zu wissen, was man ignorieren kann.«[3] Kann dieses Ignorieren von einer »blinden« Maschine erledigt werden oder ist dazu ein Mindestmaß an Subjektivität nötig?

Das Bestreiten des freien Willens hat in der Philosophie und in den Naturwissenschaften eine lange Tradition, doch Zweifel am freien Willen »verändern die Geschichte erst dann, wenn sie praktische Folgen für Wirtschaft, Politik und Alltagsleben haben. Menschen sind Meister der kognitiven Dissonanz, und wir gestatten uns, im Labor an das eine und vor Gericht oder im Parlament an etwas ganz anderes zu glauben.«[4] Harari weist darauf hin, dass selbst populäre Vorkämpfer der neuen wissenschaftlichen Weltsicht wie Dawkins oder Pinker, nachdem sie die Willens- und Entscheidungsfreiheit auf Hunderten von Seiten vom Sockel gestoßen haben, am Ende doch wieder den politischen Liberalismus unterstützen.[5] Heute jedoch sei »der Liberalismus nicht durch die philosophische Vorstellung, wonach es keine freien Individuen gibt, bedroht, sondern durch ganz konkrete Technologien. Wir stehen vor einer wahren Flut äußerst nützlicher Apparate, Instrumente und Strukturen, die auf den freien Willen individueller Menschen keine Rücksicht nehmen. Können Demokratie, der freie Markt und die Menschenrechte diese Flut überleben?«[6] Wenn also die Entwicklung den *Homo sapiens* obsolet werden lässt, was wird ihm folgen? Ein posthumaner *Homo deus* (mit Fähigkeiten, die traditionell als göttlich betrachtet werden) oder eine quasi omnipotente digitale Maschine? Die Singularität (ein globales Bewusstsein) oder eine blinde Intelligenz ohne Bewusstheit?

Das Eintauchen in die Singularität ist nur die erste Option. Die zweite lautet: Wenn die Maschinen siegen, »[stehen] Menschen [...] in der Gefahr, ihren ökonomischen Wert zu verlieren, weil sich Intelligenz vom Bewusstsein abkoppelt.«[7] Dieses Abkoppeln der Intelligenz vom Bewusstsein konfrontiert uns einmal mehr mit dem Rätsel des Bewusstseins. Trotz zahlreicher recht verzweifelter Versuche hat die Evolutionsbiologie noch immer keine klare Antwort darauf gefunden, worin eigentlich die evolutionäre Funktion des Bewusstseins besteht. Da es nun zu einer Entkopplung von Intelligenz und Bewusstsein kommt, ergibt sich zwangsläufig die Frage: »Was wird aus unserer Gesellschaft, unserer Politik und unserem Alltagsleben, wenn nichtbewusste, aber hochintelligente Algorithmen uns besser kennen als wir uns selbst?«[8]

Die dritte und realistischste Option: eine radikale Trennung innerhalb der menschlichen Gesellschaft selbst, die noch viel stärker ist als die Klassenteilung. In der nahen Zukunft werden die Biotechnologie und Computeralgorithmen ihre Kräfte vereinen, um »Körper, Gehirne und Geist« zu produzieren, und es wird sich eine riesige Kluft auftun »zwischen denen, die wissen, wie man Körper und Gehirne herstellt, und denen, die keine Ahnung davon haben […]; diejenigen, die im Zug des Fortschritts sitzen, [werden] göttliche Fähigkeiten der Schöpfung und Zerstörung erlangen, während diejenigen, die zurückbleiben, vom Aussterben bedroht sind.«[9] Die Hauptgefahr liegt daher darin, dass sich

> eine kleine und privilegierte Elite optimierter Menschen bilden [wird]. Diese Übermenschen werden über unerhörte Fähigkeiten und beispiellose Kreativität verfügen, was sie in die Lage versetzen wird, viele der wichtigsten Entscheidungen auf der Welt zu treffen. […] Die meisten Menschen jedoch werden eine solche »Aufwertung« nicht erleben und folglich zu einer niederen Kaste werden, die von den Computeralgorithmen ebenso beherrscht wird wie von den neuen Übermenschen.
> Eine Aufspaltung der Menschheit in biologische Kasten wird die Grundpfeiler der liberalen Ideologie zerstören.[10]

Diese Aufspaltung in Kasten wird jedoch auch nicht so glatt verlaufen, wie es scheinen mag. Wie wird die neue Elite definiert werden? Wird sie eine spezielle optimierte biologische Kaste mit übermenschlichen Fähigkeiten sein (was bedeutet, dass ihre Mitglieder ebenfalls kontrolliert und genetisch manipuliert werden), oder wird sie von der Kontrolle ausgenommen, während sie andere kontrolliert und manipuliert? Wahrscheinlich wird es beides gleichzeitig geben. In den Vororten von Shanghai gibt es schon Kliniken, in denen reiche Paare aus dem Westen genetische Tests und Manipulationen an ihren Nachkommen vornehmen lassen können, bevor die Kinder geboren werden – in welchem Maße wird dann die neue Elite die digitalen und biochemischen/genetischen Maschinen kontrollieren können, die wiederum sie kontrollieren? Wir haben hier nicht genug Platz, um uns mit dem riesigen Thema biogenetischer Eingriffe zur Schaffung neuer posthumaner Wesen zu befassen. So lautet beispielsweise der Titel und Untertitel eines Artikels in der spanischen Tageszeitung *El País*: »Spanische Wissenschaftler erschaffen in China Mensch-Affen-Chimären. Das Team um Juan Carlos Izpisúa injizierte menschliche Stammzellen in Tierembryos. Langfristig geht es bei dem Forschungsprojekt darum, Möglichkeiten zur Herstellung von Transplantationsorganen zu finden.«[11] Man beachte die übliche humanitäre Rechtfertigung: Wir tun das in Wirklichkeit nur, um Organe zum Transplantieren wachsen zu lassen, und nicht etwa aus dem viel offensichtlicheren Grund einer Verbesserung (oder Verschlechterung) menschlicher Fähigkeiten, um perfekte posthumane Arbeiter oder Soldaten zu erschaffen. Diese Idee hat im 20. Jahrhundert eine lange Tradition. Bereits in den späten 1920er Jahren unterstützte kein Geringerer als Stalin eine Zeit lang finanziell das von dem Biologen Ilja Iwanow betriebene »Mensch-Affe«-Projekt. Die Idee dahinter war, durch die Kreuzung von Mensch und Orang-Utan perfekte Arbeiter und Krieger zu erschaffen, die unempfindlich gegen Schmerzen, Müdigkeit und schlechtes Essen wären. (Aufgrund des ihm eigenen Rassismus und Sexismus versuchte Iwanow natürlich, männliche Menschen und weibliche Affen zu paaren. Außerdem handelte es sich bei seinen Versuchsopfern um schwarze Männer aus dem Kongo, weil sie angeblich mit den Affen genetisch enger verwandt waren – der Sowjetstaat finanzierte dazu eine teure Expedition in den Kongo). Als die Experimente scheiterten, wurde Iwanow natürlich liquidiert.

Volkstümlich ausgedrückt ist die Aussicht, die sich hier auftut, die eines Polizeistaats – aber um was für einen Polizeistaat handelt es sich? Wir sollten uns dazu noch einmal Hegel und seiner Polemik gegen Fichte zuwenden. Fichte wird oft wegen seines subjektiv-idealistischen Postulats der Selbstsetzung des absoluten Ich verspottet (einer philosophischen Version der Behauptung des Barons von Münchhausen, er habe sich am eigenen Schopf aus dem Sumpf gezogen); darüber hinaus wird ihm regelmäßig vorgeworfen, er sei ein Vorläufer des modernen Polizeistaats, der seine Bürger einer totalen Überwachung unterzieht. Fichtes eigene Worte scheinen dieses vernichtende Urteil zu bestätigen:

> In einem Staate von der hier aufgestellten Konstitution hat jeder seinen bestimmten Stand, die Policei weiß so ziemlich, wo jeder Bürger zu jeder Stunde des Tages sey, und was er treibe. [...] Das Verbrechen ist in einem solchen Staate etwas höchst ungewöhnliches; es geht ihm eine gewisse ungewöhnliche Bewegung vorher. In einem Staate, wo alles Ordnung ist, und alles nach der Schnur geht, bemerkt diese ungewöhnlichen Bewegungen die Policei, und wird sogleich aufmerksam.[12]

Der Philosoph Zdravko Kobe hat daher recht, wenn er in seiner prägnanten Darstellung des Fichte'schen Staates feststellt:

> In Fichtes wohlgeordnetem Staat erweist sich die Polizei als allgegenwärtig. Nicht nur, dass er bekanntlich vorschlug, jede Person müsse einen Pass mit ihrem Bild mit sich führen, damit die Polizei jeden Bürger auf der Stelle identifizieren könne, oder dass Wechsel auf speziellem, nur den staatlichen Behörden zugänglichem Papier gedruckt werden sollten, um so Fälschungen praktisch unmöglich zu machen, Fichte fordert auch, um die Bürger wirksam vor Verbrechen zu schützen, solle die Polizei

> stärkeres Gewicht auf die Prävention legen und ihre Aktivitäten nicht nur auf tatsächliche Verstöße, sondern schon auf deren bloße Möglichkeit richten. [...] Das Endziel der polizeilichen Bestimmungen ist somit die Etablierung einer transparenten Ordnung, die rechtswidrige Handlungen *materiell unmöglich* macht.[13]

Schon in seinem ersten, 1801 veröffentlichten Buch weist Hegel Fichtes »vorbeugende[n] Verstand und seine Gewalt, die Pflicht der Polizei«[14] zurück und stellt Fichte als Kontrollfreak dar. In Fichtes Staat werde »[j]eder Staatsbürger [...] wenigstens ein halb Dutzend Menschen mit Aufsicht, Rechnungen usw. beschäftigen, jeder dieser Aufseher ebenso und so fort ins Unendliche«.[15] In den unveröffentlichten Fragmenten über die Verfassung Deutschlands von 1802/1803 wiederholt er seine Kritik:

> In den neuen, zum Teil ausgeführten Theorien [...] ist es das Grundvorurteil, daß ein Staat eine Maschine mit einer einzigen Feder ist, die allem übrigen unendlichen Räderwerk die Bewegung mitteilt; von der obersten Staatsgewalt sollen alle Einrichtungen, die das Wesen einer Gesellschaft mit sich bringt, ausgehen, reguliert, befohlen, beaufsichtigt, geleitet werden.[16]

Im Unterschied zu Fichtes »pedantische[r] Sucht, alles Detail zu bestimmen«,[17] fordert Hegel, »der Staat solle vielmehr eine klare Unterscheidung treffen zwischen dem, was für seine Existenz und Einheit wesentlich ist, und dem, was dem Zufall und der Willkür überlassen werden kann.«[18] Die Staatsgewalt soll »von dem Einzelnen [...] nur dasjenige forder[n], was für sie notwendig ist«, und »die lebendige Freiheit und den eigenen Willen der Bürger gewähren und ihm noch einen großen Spielraum lassen«.[19] Für Hegel steht fest,

> daß der Mittelpunkt als Staatsgewalt, die Regierung, [das,] was ihr nicht für ihre Bestimmung, die Gewalt zu organisieren und

zu erhalten, […] notwendig ist, der Freiheit der Bürger überlassen und daß ihr nichts so heilig sein müsse, als das freie Tun der Bürger in solchen Dingen gewähren zu lassen und zu schützen, ohne alle Rücksicht auf Nutzen; denn diese Freiheit ist an sich selbst heilig.[20]

Verteidiger Hegels zitieren solche Stellen gerne, um den Verdacht zu zerstreuen, Hegel sei ein protototalitärer Bewunderer des Staates gewesen. Die Aussicht auf die Digitalisierung unseres Lebens wirft allerdings ein neues Licht auf diesen Gegensatz zwischen Fichte und Hegel. Es scheint, als sei der Zeitpunkt für Fichtes Rache an Hegel gekommen. Wenn Hegel spöttisch anmerkt, in Fichtes Staat werde »[j]eder Staatsbürger […] wenigstens ein halb Dutzend Menschen mit Aufsicht, Rechnungen usw. beschäftigen, jeder dieser Aufseher ebenso und so fort ins Unendliche«, dann müssen wir heute feststellen, dass diese empirisch begründete Widerlegung der Fichte'schen Vision keine Gültigkeit mehr hat. Dank des komplexen digitalen Netzwerks, das permanent unsere Aktivitäten registriert, ist die von Fichte in Aussicht gestellte Überwachung heute nicht nur möglich, sondern an vielen Stellen bereits Realität. Die digitale Registrierung unseres gesamten Tuns (plus unseres Gesundheitszustands, unserer Lesegewohnheiten, unserer Meinungen und Neigungen …) zielt letztlich genau darauf ab, unsere Gesetzesbrüche vorherzusagen und dann präventiv einzuschreiten, um es uns unmöglich zu machen, sie zu begehen.

Was das Ganze noch schlimmer macht, ist die Tatsache, dass es einen entscheidenden Unterschied zwischen Fichtes Projekt der Polizeikontrolle und der aktuell hervortretenden Realität der digitalen Kontrolle gibt: Fichtes Vision bleibt »totalitär« im herkömmlichen Sinn einer äußeren Macht, die uns offen kontrolliert, während die heutige digitale Kontrolle nicht als äußerliche Einschränkung unserer Freiheit empfunden wird.

Wir haben es hier mit einer einzigartigen neuen Form der »Einheit der Gegensätze« zu tun, bei der die subjektive Freiheitsausübung mit objektiver Kontrolle zusammenfällt. Man kann unschwer die strukturelle Homologie zwischen diesem Paradoxon und der allgemeinen Vision von Neuralink erkennen, wo ein Kurzschluss verwirklicht wird, den Hegel sich nicht vorstellen konnte (eine direkte materielle Einheit von Denken und digitaler materieller Realität).

Die gefährlichste Bedrohung für die Freiheit geht nicht von einer offen autoritären Macht aus; sie findet vielmehr statt, wenn unsere Unfreiheit selbst als Freiheit empfunden wird. Da Permissivität und Wahlfreiheit zu Werten höchsten Ranges erhoben werden, dürfen soziale Kontrolle und Beherrschung nicht mehr als Verletzung der Freiheit des Subjekts erscheinen, sondern müssen vom Individuum geradezu als Freiheitsgewinn erlebt (und aufrechterhalten) werden. Es gibt zahlreiche Beispiele für diese Erscheinung der Unfreiheit im Gewand ihres Gegenteils: Man nimmt uns die allgemeine Gesundheitsversorgung weg und erzählt uns, dass wir damit eine neue Wahlfreiheit gewännen (weil wir unseren Krankenversicherer frei wählen können); wenn wir uns nicht mehr auf dauerhafte Arbeitsverhältnisse verlassen können und gezwungen sind, uns alle paar Jahre eine neue prekäre Beschäftigung zu suchen, heißt es, wir bekämen dadurch die Chance, uns selbst neu zu erfinden und das kreative Potenzial zu entdecken, das in uns schlummere; wenn wir für die Bildung unserer Kinder zahlen müssen, sagt man uns, dass wir jetzt in der Lage seien, »Unternehmer unserer selbst« zu werden und wie ein Kapitalist zu handeln, der frei darüber entscheiden muss, wie er die Mittel investiert, die er besitzt (oder geliehen hat) – in Bildung, Gesundheit, Reisen … Ständig werden uns »freie Wahlen« aufgezwungen; andauernd müssen wir Entscheidungen treffen, für die wir meistens nicht einmal hinreichend qualifiziert sind (oder über die wir nicht genügend Informationen besitzen), und in der Folge erleben wir unsere Freiheit zunehmend als eine Last, die unerträgliche Ängste verursacht.

Darüber hinaus werden die meisten unserer Aktivitäten (und Passivitäten) mittlerweile in irgendeiner digitalen Cloud registriert, die uns permanent bewertet, indem sie nicht nur unsere Handlungen, sondern auch unsere Gefühlszustände aufzeichnet. Gerade wenn wir uns als völlig frei erleben (beim Surfen im Web, wo alles zur Verfügung steht), sind wir vollkommen »entäußert« und werden subtil manipuliert. Das digitale Netzwerk gibt der alten Parole »Das Persönliche ist politisch« eine neue Bedeutung. Und dabei geht es nicht nur um die Kontrolle unseres Privatlebens. Alles wird heute von digitalen Netzwerken gesteuert, vom Transport bis zur Gesundheit, von der Elektrizität bis zum Wasser. Aus diesem Grund ist das Netz heute unser wichtigstes Gemeingut und der Kampf darum, wer es kontrolliert, ist *der* entscheidende Kampf. Der Feind ist die Kombination aus privatisierten und staatlich kontrollierten Gemeingütern, Unternehmen (Google, Facebook) und staatlichen Sicherheitsbehörden (NSA). Diese Tatsache allein macht den traditionellen liberalen Begriff der repräsentativen Macht untauglich, derzufolge die Bürger einen Teil ihrer Macht an den Staat übertragen, allerdings unter genau festgelegten Bedingungen (die Macht ist durch Gesetze beschränkt und die Art ihrer Ausübung ist genau vorgeschrieben, weil die Menschen die letztgültige Quelle der Souveränität bleiben und, wenn sie es wollen, die Macht wieder zurücknehmen können). Kurzum, der Staat mit seiner Macht ist der kleinere Partner in einem Vertrag, den der größere Partner (das Volk) jederzeit kündigen oder abändern kann, so wie man auch den Supermarkt wechseln kann, in dem man seine Einkäufe erledigt … Was heute vor sich geht, ist freilich etwas anderes. Stark einzuschränken ist die heute oft gehörte Behauptung, dass der Staat nicht mehr über die notwendigen Mittel zur Regulierung der Zivilgesellschaft verfügt und nicht mehr die Bindung erzeugt, die sich einst aus dem Entstehungsprozess der Zivilgesellschaft ergab. Kurzum, der Staat schwindet dahin. Was bleibt, ist die reine Zivilgesellschaft und ihre Polizei. Uns bleibt eine Polizei ohne Staat, eine Polizei, welche die Rolle des Staates angenommen hat. Die Schnittstelle des Allgemeinen ohne das Allgemeine, die Polizei als Staat – das ist das beunruhigende Problem, das unsere Gesellschaft aufwühlen sollte.[21]

Wenn der Staat dahinzuschwinden beginnt, führt dies aber nicht zu einer Polizei, die unmittelbar in der Zivilgesellschaft wurzelt, also einer Art Volksmiliz, welche die Gemeinschaft verkörpert (oder ausdrückt) und die Kluft zwischen Gesellschaft und Staat überbrückt. Weil die Gesellschaft an sich antagonistisch ist, das heißt, weil der Antagonismus zwischen Staat und Gesellschaft ein Nebeneffekt des Antagonismus ist, der die Gesellschaft selbst durchschneidet, sind solche »Milizen« immer ein direkter Ausdruck einer Seite der Gesellschaft gegen die andere(n). Die Realität der Polizei ohne den Staat ist der reine Polizeistaat – warum? Hier sollten wir uns die Frage stellen: Schwindet der Staat im heutigen globalen Kapitalismus wirklich dahin? Wird er nicht vielmehr stärker denn je, indem er die Zivilgesellschaft nicht nur reguliert, sondern direkt in sie eingreift und mit (Teilen von) ihr zusammenarbeitet? Das Sinnbild der heutigen »polizeilichen Kontrolle« zur Kriminalitätsvorbeugung ist die direkte Zusammenarbeit zwischen Staatsapparaten und Unternehmen, die sich mit Kontrolle und Informationen beschäftigen – zu Recht bezeichnete Julian Assange die Firma Google als privatunternehmerische Version der National Security Agency (NSA).

Die Polizei ist der Zivilgesellschaft näher als der Staat, sie ist eine Art Repräsentant der Staates in der Zivilgesellschaft, aber genau aus diesem Grund muss sie als äußere Kraft und nicht als innere ethische Macht erlebt werden. Die Zivilgesellschaft ist der Bereich der Verfolgung partikulärer Privatinteressen, der privaten Freiheit, und diese Freiheit kann (ohne zerstört zu werden) nur von außen beschränkt werden. Es ist daher lächerlich, zivilgesellschaftliche Verbrechen mit Ethikverstößen in Bezug auf den Staat gleichzusetzen. In der Zivilgesellschaft kommt es darauf an, das Gesetz nicht zu brechen (und sich nicht dabei erwischen zu lassen), wobei alle legalen Tricks (mit denen der Buchstabe des Gesetzes gegen dessen Geist gewendet wird) erlaubt sind. Die Kraft des Gesetzes *muss* eine äußere Kraft bleiben. Es ist daher vollkommen falsch und potenziell »totalitär«, von einer in die Zivilgesellschaft eingebetteten Polizei zu sprechen, einer Polizei, deren Autorität nicht vom Staat ausgeht, weil sie als Selbstorganisation des Volkes selbst fungiert – das ist eine »Volksmiliz«, weshalb es nicht verwundert, dass kommunistische Regime ihre Polizei gerne »Miliz« nannten. Wer organisiert Milizen heute? Neofaschistische Rechtsaußen wie Orbán in Ungarn, der normale Bürger dazu aufrief, Milizgruppen zu organisieren, um nach illegalen Einwanderern zu suchen … Die Polizei ist die Staatsmacht, wie sie in der Sphäre der Zivilgesellschaft erscheint, in der Individuen ihren Privatinteressen nachgehen, sie ist ihrem Wesen nach eine äußere »mechanische« Kraft, ein Gegengewicht zur abstrakten Lebendigkeit der Einzelinteressen. Im Gegensatz dazu ist die Miliz eben wegen ihres »organischen« Charakters eine direkte Negation der für die Zivilgesellschaft wesentlichen individuellen Freiheit. Damit sind wir wieder an unserem Ausgangspunkt angelangt: Die »Miliz« nimmt heute im Netzwerk der digitalen Kontrolle eine neue Form an, der Shoshana Zuboff den Namen »Überwachungskapitalismus« gegeben hat:

> Er funktioniert durch die Bereitstellung kostenloser Dienste, die Milliarden von Menschen bereitwillig nutzen, so dass die An-

> bieter dieser Dienste das Verhalten der Nutzer in erstaunlicher Detailfülle überwachen können – oft ohne deren ausdrückliche Zustimmung. »Der Überwachungskapitalismus«, schreibt sie, »fordert einseitig menschliche Erfahrungen als Rohmaterial für die Übersetzung in Verhaltensdaten. Zwar werden einige dieser Daten zur Serviceverbesserung verwendet, der Rest wird jedoch als proprietärer Verhaltensüberschuss deklariert, in hochentwickelte Fertigungsprozesse eingespeist, die als ›maschinelle Intelligenz‹ bekannt sind, und zu Voraussageprodukten verarbeitet, die vorwegnehmen, was Sie jetzt, bald und später tun werden. Schließlich werden diese Voraussageprodukte auf einem neuartigen Markt gehandelt, den ich *Markt für zukünftiges Verhalten* nenne. […] Wissen, Autorität und Macht liegen in den Händen des Überwachungskapitals, für das wir nur ›menschliche Rohstoffe‹ sind. Wir sind jetzt die Ureinwohner, deren Ansprüche auf Selbstbestimmung von den Landkarten unserer eigenen Erfahrung verschwunden sind.«[22]

Wir, die Beobachteten, sind nicht nur Rohstoffe, wir werden auch ausgebeutet, in einen ungleichen Tausch hineingezogen, weshalb der Begriff »Verhaltensüberschuss« (im Sinne des Marx'schen Mehrwerts) hier vollkommen gerechtfertigt ist. Wenn wir im Internet surfen, einkaufen, fernsehen und so weiter, bekommen wir, was wir wollen, aber wir geben mehr – wir entblößen uns, wir machen die Einzelheiten unseres Lebens und unserer Gewohnheiten transparent für den digitalen großen Anderen. Das Paradoxe ist dabei natürlich, dass wir diesen ungleichen Tausch, diese Aktivität, die uns effektiv versklavt, als größtmögliche Freiheitsausübung empfinden – was könnte freier sein, als frei im Netz zu surfen? Allein dadurch, dass wir diese Freiheit ausüben, generieren wir schon jenen »Überschuss«, den sich der Daten sammelnde digitale große Andere aneignet.

2
Die Idee eines verdrahteten Gehirns und ihre Grenzen

Auch wenn das Aufkommen des »Überwachungskapitalismus« weitreichende Folgen hat, ist er noch nicht der wahre Wendepunkt. Ein weitaus größeres Potenzial für neue Formen der Beherrschung liegt in der Aussicht auf eine direkte Gehirn-Maschinen-Schnittstelle. Man kann davon ausgehen, dass alle möglichen Geheimdienste intensiv daran arbeiten – was wir erfahren, ist nur die öffentliche Seite, die oft sensationellen Meldungen darüber in den Medien. Das bekannteste Projekt in dieser Richtung ist Neuralink, ein von Elon Musk und acht weiteren Personen gegründetes US-amerikanisches Neurotechnologie-Unternehmen, das sich der Entwicklung von implantierbaren Gehirn-Computer-Schnittstellen (Brain-Computer Interfaces, BCIs) widmet, die auch Neural-Control Interfaces (NCIs), Mind-Machine Interfaces (MMIs) oder Direkte Neurale Interfaces (DNIs) genannt werden – alle diese Begriffe deuten auf dieselbe Idee eines direkten Kommunikationsweges hin, zuerst zwischen einem weiterentwickelten oder verdrahteten Gehirn und einem externen Gerät und dann direkt zwischen Gehirnen.

Diese direkte Kommunikation umfasst also zwei Schritte: Erstens, wenn das Gehirn mit digitalen Maschinen verbunden wird, kann ich Dinge in der Realität bewirken, nur indem ich an sie denke (ich lenke meine Gedanken auf meinen Fernseher und das ausgewählte Programm startet; ich lenke meine Gedanken auf die Kaffeemaschine und der Kaffee wird gekocht und so weiter); im zweiten Schritt ist mein Gehirn dann direkt mit einem anderen verbunden, so dass ich meine Gedanken unmittelbar mit einem anderen Individuum teile (ich träume von einem intensiven sexuellen Erlebnis und jemand anders kann direkt daran teilhaben). Die schrittweise Entwicklung der Kommunikation als Hinzufügung immer weiterer Vermittlungsschichten – gesprochenes Wort, Schrift, Telegrafie, Telefon, Internet … – wird hier abgekürzt und es entsteht die Aussicht auf eine direkte Überbrückung jener zusätzlichen Schichten. Wir gehen somit von

Ihr Gehirn → Ihre Stimmbänder → Luft → Mein Ohr → Mein Gehirn

Ihr Gehirn → Ihre Stimmbänder → Luft → Ihr Telefon → Telekommunikationsnetz → Mein Telefon → Luft → Mein Ohr → Mein Gehirn

Ihr Gehirn → Ihre Daumen → Ihr Telefon → Telekommunikationsnetz → Mein Telefon → Luft → Meine Augen → Mein Gehirn

und so weiter über zu

Ihr Gehirn → Mein Gehirn.[1]

Die Folge dieser direkten Gehirn-zu-Gehirn-Kommunikation ist nicht nur eine höhere Geschwindigkeit, sondern auch größere Genauigkeit. Wenn ich an etwas denke, muss ich meine Gedanken nicht erst in sprachliche Zeichen übersetzen, welche die Bedeutung stark vereinfachen, sondern mein Partner nimmt unmittelbar wahr, was ich denke – oder, um Musk selbst zu zitieren:

»In deinem Kopf ist ein Haufen von Ideen, die dein Gehirn dann versuchen muss, in diese unglaublich niedrige Datenrate zu komprimieren, die man Sprache oder Schrift nennt. Sprache ist, wenn dein Gehirn einen Kompressionsalgorithmus auf das Denken, auf den Ideentransfer angewandt hat. Und dann muss es auch noch zuhören und dekomprimieren, was zu ihm kommt. Das ist ebenfalls sehr verlustbehaftet. Während du also die Dekompression anwendest, um etwas zu verstehen, versuchst du gleichzeitig, den Geisteszustand der anderen Person zu modellieren, um ihren Standpunkt nachvollziehen zu können, du versuchst, in deinem Kopf die Ideen nachzubilden, die der andere in seinem Kopf hat und dir zu vermitteln versucht. ... Mit zwei Gehirn-Schnittstellen könntest du tatsächlich einen unkomprimierten direkten Ideenaustausch mit einer anderen Person bewerkstelligen. [...]

Wenn ich dir eine Idee mitteilen wollte, würden wir im Grunde einvernehmliche Telepathie betreiben. Du müsstest nichts in Worte fassen, es sei denn, du wolltest dem Gespräch ein gewisses Flair verleihen oder so etwas (lacht), aber die Unterhaltung wäre eine konzeptuelle Interaktion auf einer Ebene, die heute noch schwer vorstellbar ist.«

Genau das ist es: Es ist schwierig, wirklich zu verstehen, wie es wäre, mit jemandem zu *denken*. Wir konnten es nie ausprobieren. Wir kommunizieren mit uns selbst durch Gedanken und mit jedem anderen durch symbolische Repräsentationen von Gedanken, und das ist alles, was wir uns vorstellen können.[2]

Schwer vorstellbar ist die Idee, intime Erfahrungen direkt zu teilen:

Nehmen wir an, Sie machen eine schöne Wanderung und wollen Ihrem Mann die Aussicht zeigen. Kein Problem – denken Sie ihn einfach an, um eine Gehirnverbindung anzufragen. Wenn er akzeptiert, verbinden Sie Ihr Netzhaut-Input mit seiner Sehrinde.

Jetzt ist seine visuelle Wahrnehmung exakt mit dem gefüllt, was Ihre Augen sehen, als ob er dort wäre. Er bittet um die anderen Sinne, um das Bild zu vervollständigen, also verbinden Sie diese auch und nun hört er den Wasserfall in der Ferne, spürt die Brise, riecht die Bäume und springt, wenn ein Käfer auf Ihrem Arm landet.[3]

Und was liegt näher, als diese Idee auf den Bereich der Sexualität zu übertragen: »Sie könnten ein tolles sexuelles Erlebnis in der Cloud speichern, um es später noch einmal zu genießen – oder sie könnten es, wenn Sie nicht so viel Wert auf Privatsphäre legen, einem Freund schicken, damit er es auch erlebt. (Es versteht sich, dass die Pornoindustrie in der Welt der digitalen Gehirne florieren wird.)«[4]

Der erste und recht offensichtliche philosophische Vorwurf an diese Vision ergibt sich aus der sogenannten »externalistischen« Theorie des Bewusstseins: Meine Selbstbewusstheit ist nicht »in meinem Gehirn«, sie wurzelt vielmehr in meiner individuellen leiblichen Existenz und ist nur innerhalb dieses Horizonts sinnvoll, als ein Moment meiner konkreten verkörperten Existenz, die das dichte Netz meiner Interaktionen mit anderen umfasst. Was bleibt also von meinem psychischen Zustand (meiner Erfahrung), wenn er aus diesem konkreten Kontext gerissen wird? Was wäre, wenn Erfahrungen nur in einem quasireligiösen, abstrakten kollektiven Trancezustand geteilt werden können, der alle Unterschiede auslöscht? Die letzte Version der »radikal externalistischen« Position stammt von Riccardo Manzotti. In einem Artikel für die Zeitschrift *The New York Review of Books* erklärt Tim Parks Manzottis Behauptung, dass sich meine Erfahrungen »außerhalb meines Kopfes« befinden, wie folgt:

Damit das Regenbogenerlebnis stattfinden kann, brauchen wir Sonnenschein, Regentropfen und einen Zuschauer. Es ist nicht

> so, dass die Sonne und die Regentropfen aufhören zu existieren, wenn niemand da ist, der sie sieht. Manzotti ist kein Bischof Berkeley. Aber solange niemand an einer ganz bestimmten Stelle anwesend ist, kann kein farbiger Bogen erscheinen. Der Regenbogen ist also ein Prozess, der verschiedene Elemente erfordert, von denen eines zufällig ein Instrument der Sinneswahrnehmung ist. Er existiert weder ganz und eigenständig in der Welt noch als erworbenes Bild im Kopf, getrennt von dem, was wahrgenommen wird (dies ist die Ansicht der »Internalisten«, die unter den Neurowissenschaftlern die Mehrheit bilden); das Bewusstsein ist vielmehr zwischen Sonnenlicht, Regentropfen und visuellem Kortex ausgebreitet und erzeugt ein einzigartiges, vergängliches neues Ganzes, das Regenbogenerlebnis. Oder noch einmal: Der Betrachter sieht nicht die Welt; er ist Teil eines Weltprozesses.[5]

(Aus marxistischer Sicht sollte man hinzufügen, dass menschliche Wahrnehmungen nicht nur aus dem Ganzen der Erfahrung gebildet werden, sondern auch aus der Art und Weise, wie Wahrnehmungen in die Gesamtheit des menschlichen Tuns eingebettet sind, als Momente der Interaktion von Menschen untereinander oder zwischen Menschen und nichtmenschlichen Objekten und Prozessen. Was wir wahrnehmen und wie wir wahrnehmen, was wir wahrnehmen, ist immer durch unsere praktischen Interessen überdeterminiert.) Ich sehe in dieser Haltung ein zweifaches Problem. Erstens: Ja, es stimmt, dass meine Wahrnehmung eines Regenbogens zwischen Sonnenlicht, Regentropfen und visuellem Kortex ausgebreitet ist und ein einzigartiges, vergängliches neues Ganzes, das Regenbogenerlebnis erzeugt. Wenn daher ein anderes Lebewesen dasselbe Stück Realität betrachtet wie ich, sieht es keinen Regenbogen – wir betrachten aber in gewisser Weise dasselbe Stück Realität oder, besser gesagt, mein vergängliches Ganzes (der Wahrnehmung des Regenbogens) und das vergängliche Ganze der Wahrnehmung von etwas anderem der anderen Person überschneiden sich teilweise. Wie sollen wir uns dieses Reale vorstellen, in dem beide vergängliche Welten nebeneinander bestehen? Zur Verdeutlichung ersetzen wir den Regenbogen durch einen Tisch. Das Ziel ist nun nicht, zu versuchen, denselben einzelnen »realen« Tisch zu isolieren, der gleich bleibt, obwohl jeder von uns ihn unterschiedlich wahrnimmt, sondern einfach den gemeinsamen Raum zu denken, in dem verschiedene »vergängliche Ganze« nebeneinander bestehen. Ich denke, dass uns hier das topologische Modell der Klein'schen Flasche weiterhelfen kann.[6] Das Reale ist kein transzendentes Ding an sich, zu dem wir gelangen, wenn wir von unseren ganzen Wahrnehmungsverzerrungen abstrahieren, sondern der fluide, »nicht-orientierbare« Raum, in dem durch reflexive Wendungen in sich selbst multiple Realitäten entstehen können. Wir haben es hier, um mit Leibniz zu sprechen, mit einer Art von erweiterten Monaden zu tun, die sich hinsichtlich ihres Inhalts teilweise überlappen, und das Problem ist, sich den Raum ihrer Koexistenz vorzustellen, da es kein göttliches Absolutes gibt, das sie alle umfasst.

Zweitens: Es ist ein bisschen zu einfach, wenn man sagt, der Betrachter sehe nicht die Welt, sondern sei Teil eines Weltprozesses. In einem radikalen Sinne bin ich (als betrachtendes Subjekt) nie direkt Teil der Welt, in der meine Wahrnehmung stattfindet, weil jede Realität, die ich wahrnehme, schon auf meinem spezifischen subjektiven Standpunkt beruht – ich kann mich per definitionem nicht direkt in der Realität verorten, weil das bedeuten würde, dass ich irgendwie aus mir herausgetreten wäre und mich »objektiv« von nirgendwo her betrachtet hätte. Das bedeutet, dass ich als Subjekt nicht unmittelbar Teil der Welt bin. Ich habe natürlich keine substanzielle Realität außerhalb der Welt, sondern ich bin die Leere (das, was Hegel die reine sich auf sich beziehende Negativität nennt), welche die Konstitution einer bestimmten Realität (Manzottis »vergängliches Ganzes«) inmitten des chaotischen nicht-orientierbaren Realen ermöglicht.

Kehren wir wieder zur Singularität zurück. Wenn man der radikal externalistischen Ansicht zustimmt, dann sollte man, so scheint es, die Aussicht auf gemeinsame Erfahrungen durch ein verdrahtetes Gehirn als Sackgasse erkennen und ablehnen. Denn da die Realität, die wir wahrnehmen, kein Bild in unserem Kopf, sondern außerhalb unseres Kopfes ist, das im Ganzen des Gehirns, der wahrgenommenen Objekte oder Prozesse und der Interaktionen zwischen ihnen verortet ist, kann eine Maschine, selbst wenn sie es schafft, meine Gehirnprozesse vollständig zu reproduzieren, niemals meine Erfahrung des Gesehenen reproduzieren, weil sie diese auf das reduziert, was in meinem Gehirn vorgeht und so zwangsläufig das komplexe Ganze verpasst, in dem meine Erfahrung verortet ist ... Der Fall ist freilich alles andere als schlüssig. Die komplexe Interaktion meines Gehirns mit seiner Umgebung bringt komplexe sinnvolle Erfahrungen hervor, doch muss diese Interaktion auch irgendwie in meinem Gehirn registriert werden. Durch Reproduktion der neuronalen Prozesse in meinem Gehirn könnte es also möglich sein, diese auch in einem anderen Subjekt zu erzeugen, so dass wir dieselbe Erfahrung teilen. Geschieht so etwas nicht, wenn jemand eine fehlende Gliedmaße spürt? Natürlich kann eine solche Erfahrung nur aus der konkreten Interaktion zwischen der Person, ihrem Körper und ihrer Umgebung heraus entstehen, aber sie bleibt im Gehirn registriert und kann »pathologisch« wiederbelebt werden, selbst wenn die Gliedmaße nicht mehr da ist.

Die Aussicht auf gedankengesteuerte Maschinen sollte uns nicht allzu sehr überraschen. Ist mein Körper nicht ohnehin schon eine Art gedankengesteuerte Maschine, ein Organismus, der unmittelbar von meinem Geist gelenkt wird? Der Haken an der Sache ist natürlich, dass mein Körper mir gehört – ich bin direkt in ihn eingebettet, während eine Maschine mir äußerlich ist. Die Aussicht auf ein verdrahtetes Gehirn sorgt nun für einen Riss in jener Unmittelbarkeit: Wenn es einer externen Maschine möglich ist, unmittelbar meine Gedanken zu registrieren, heißt das dann nicht, dass ich auch nicht unmittelbar mein Körper bin, dass also auch mein Körper mir äußerlich ist und ich somit gewissermaßen außerhalb von mir selbst bin?

Doch selbst wenn wir die Möglichkeit gemeinsamer Erfahrungen einräumen, ergeben sich an dieser Stelle einige Fragen. Die erste betrifft die Rolle der Sprache bei der Bildung unserer Gedanken und unseres »Innenlebens« im Allgemeinen. Elon Musk geht einfach davon aus, dass unsere Gedanken unabhängig von ihrem sprachlichen Ausdruck in unserem Kopf vorhanden sind; wenn ich also mein Gehirn direkt mit dem einer anderen Person verbinde, wird diese meine Gedanken unmittelbar in aller Fülle, mit allen Feinheiten und unverzerrt von der Schwerfälligkeit und Simplifizierung der Sprache erleben. Was aber, wenn die Sprache in all ihrer Schwerfälligkeit und Simplifizierung den flüchtigen Reichtum unserer Gedanken erzeugt? Es stimmt ja, dass die Sprache das Durcheinander unserer Gedanken auf einfache Worte und Sätze reduziert – wenn ich etwa zu jemandem sage »Ich liebe dich!«, dann wird der Reichtum meiner Gefühle auf eine simple Formel reduziert, die täglich Tausende Male geäußert wird. Aber gerade diese Verdichtung der chaotischen Fülle erzeugt einen komplexen Sinn, sie beschwört die reiche Textur dessen herauf, was ungesagt bleibt. Wir werden hier automatisch zu Opfern einer fetischistischen Illusion: Das Mehr des »tieferen Sinns« des Ungesagten ist nicht schon da und wird einfach nur entdeckt oder angedeutet, sondern es wird durch die Reduktion unserer Gedanken auf schlichte sprachliche Formeln erst erzeugt. Denken wir zum Beispiel nur an die Ersetzung des Wortes »Boot« durch »Segel«. Das Boot wird auf eines seiner Teile reduziert, aber diese Reduzierung bringt selbst wieder ein ganzes Netz von Bedeutungen hervor, die weit über das schlichte »Boot« hinausgehen.

Man könnte hier die Hegel'schen Variationen durchspielen: Der wahre Inhalt eines Gedankens verwirklicht sich nur durch seine sprachliche Äußerung – vor dieser Äußerung ist er nichts Substanzielles, nur eine verworrene innere Absicht. Ich als Sprechender erfahre erst, was ich eigentlich sagen wollte, wenn ich es wirklich ausspreche. Wir denken in Worten. Auch wenn wir Dinge und Vorgänge als einzelne Entitäten sehen und erleben, ist deren Wahrnehmung immer schon durch unser symbolisches Netzwerk strukturiert. Wenn ich beispielsweise ein Gewehr vor mir sehe, sind alle damit zusammenhängenden Bedeutungen symbolisch überdeterminiert – kurz, ich nehme ein Gewehr wahr, aber diese Wahrnehmung bekommt ihre spezielle Bedeutung durch das Wort »Gewehr«, das in ihm widerhallt, und Worte beziehen sich immer auf allgemeine Begriffe. Darin liegt die Paradoxie der symbolischen Überdeterminierung: Wenn ich ein Gewehr vor mir sehe, dann ist es das mit ihm assoziierte abstrakt-allgemeine Wort »Gewehr«, das meiner Wahrnehmung die reiche und komplexe Bedeutungstextur verleiht, die diese Wahrnehmung färbt.

Durch diese Schlüsselrolle der Worte für unsere Sinnerfahrung wird das Projekt Neuralink jedoch nicht automatisch entwertet. Zu seiner Rettung muss man nur Musks Prämisse aufgeben, dass Gedanken unabhängig von ihrer sprachlichen Äußerung in unserem Kopf vorhanden seien. Wenn Neuralink unseren inneren Erfahrungsstrom registriert, warum sollte es dann nicht auch das sprachliche Material in unserem Geist registrieren, die Worte, in denen wir denken – die zwar auf mentale Repräsentationen reduziert, aber schließlich immer noch Worte sind?[7] Der Kern des Problems liegt woanders, nämlich in der Tatsache, dass die bloße Reduktion der materiellen Stütze des Ausdrucks einer Idee den ausgedrückten Inhalt (die Bedeutung) verstärken kann. Um diesen entscheidenden Punkt zu veranschaulichen, wählt Hegel ein wundervolles Beispiel aus dem Bereich der Erziehung. Er bemerkt, dass kleine Kinder Bilder lieber in Farbe malen, während sie später grau bevorzugen und eher zum Bleistift greifen. Humanistische Bildungstheoretiker sehen darin einen Beweis für das unterdrückerische Schulsystem und dessen erzieherische Gewalt: Die Kreativität der Kinder werde zerstört, sie müssten die Zwangsjacke der Farblosigkeit anlegen, um sich auszudrücken, und so weiter. Hegels Lesart geht genau in die andere Richtung. Für ihn ist die Reduktion auf den farblosen Raum dadurch, dass der sinnliche Reichtum vermindert wird, gerade dasjenige, was die Kinder befähigt, die höhere geistige Dimension auszudrücken.

Das tragische Schicksal von Sergei Eisensteins erstem Tonfilm *Die Beshin-Wiese* ist Stoff für eine Legende.[8] Die Produktion des Films, der von einer kommunistischen Jugendgruppe in Auftrag gegeben worden war, dauerte von 1935 bis 1937, als sie von der sowjetischen Zentralregierung gestoppt wurde, die darin künstlerische, soziale und politische Verfehlungen erkannte. In den 1960er Jahren kam heraus, dass Eisensteins Frau Pera Attaschewa Schnipsel des Films vom Schneidetisch gerettet hatte; von 1964 an machten sich der Regisseur Sergei Jutkewitsch und der Filmhistoriker Naum Kleiman an eine Rekonstruktion des Films (die mit Musik von Sergei Prokofjew unterlegt wurde). Der Filmschnitt folgte dem Originaldrehbuch, um die ursprüngliche Schnittkontinuität zu bewahren; nach dem Drehbuch wurden auch neue Zwischentitel und eine neue gesprochene Einleitung eingefügt. Heute existiert der Film als 35-minütige »Stummfilm-Diashow«, vergleichbar mit Chris Markers *Am Rande des Rollfelds (La Jetée)* von 1962, einem 28-minütigen Schwarz-Weiß-Kurzfilm, der fast nur aus Standbildern besteht (und die Geschichte eines postatomaren Zeitreiseexperiments erzählt). Ähnlich wie in Cindy Shermans Fotoserie »Untitled Film Stills«

(mit Standbildern aus nicht existierenden Spielfilmen, denen manchmal sogar Untertitel mit Dialogen hinzugefügt wurden) ist die Reduktion des filmischen Flusses auf eine Abfolge von bewegungslosen Standbildern bei Marker beabsichtigt und Teil seines künstlerischen Projekts. Im Fall der *Beshin-Wiese* ist die Sache nicht so eindeutig. Die Reduktion auf eine Stummfilm-Diashow gehört natürlich nicht zum ursprünglichen Plan des Projekts, sondern resultiert aus dem verzweifelten Bemühen, zu retten, was zu retten war, und das verbliebene Rohmaterial irgendwie präsentabel zu machen. Das Ergebnis ist allerdings so eindrucksvoll, dass einen zwangsläufig Zweifel beschleichen: Was, wenn die Reduktion auf Standbilder einen besseren Film hervorgebracht hat als Eisensteins verloreneres Original, einen vollständigen Tonfilm? Was, wenn er nicht nur eine ganz eigene poetische Wirkung entfaltet, sondern uns auch die »echte« fortlaufende Handlung viel besser und inhaltsreicher vorstellen lässt als eine direkte Wiedergabe in Bewegtbildern?

In der menschlichen Sexualität finden wir die Kehrseite der Simplifizierung, die einen Überschuss erzeugt: eine unnötige Komplikation, die den direkten Weg zum Ziel verhindert. Die menschliche Sexualität kommt in einer Vielzahl von pervertierten Formen und Praktiken vor, die sich nicht nur nicht darauf reduzieren lassen, verschiedene Wege zum gleichen Ziel der Fortpflanzung zu sein, sondern diesem Ziel auch oft direkt zuwiderlaufen. Dennoch sollte man immer daran denken, dass diese ausufernde Vielfalt von einer zugrunde liegenden Unmöglichkeit beziehungsweise einem Antagonismus in Gang gesetzt wird. Vom psychoanalytischen Standpunkt aus ist daher eines sicher: Der Schritt zum Posthumanen läuft im Grunde auf die Überwindung (das Hintersichlassen) des Sexuellen in seiner radikalsten ontologischen Dimension hinaus – nicht nur der »Sexualität« als einer bestimmten Sphäre des menschlichen Daseins, sondern des Sexuellen als Antagonismus, als Barre einer

Unmöglichkeit, die für das Menschsein in seiner Endlichkeit konstitutiv ist. Das ist die Lehre aus der Transgeschlechtlichkeit: Wir haben das Männliche, das Weibliche und ihren Antagonismus (Unterschied, Differenz) als solchen; Transgender-Personen unterscheiden sich (vom etablierten Unterschied) und somit sind sie der Unterschied/die Differenz selbst – die Differenz von der etablierten Differenz ist die Differenz selbst. Deshalb ist die dritte Kategorie derer, die nicht in die hegemoniale Zweiteilung aus männlich und weiblich passen, »allgemein« und »different«. Sie stehen genau aus dem Grund für Allgemeinheit, weil sie radikal verschieden sind, das heißt, weil sie keinen eigenen Platz in der bestehenden Ordnung haben. Entsprechend kann man die für Transgender erforderliche dritte Art von öffentlichen Toiletten (weder männlich noch weiblich) ebenso als »allgemein« wie als »different« bezeichnen.

Die Frage, der die Anhänger des neuen asexuellen Mannes vorsichtig aus dem Weg gehen, lautet: In welchem Maß hängen viele andere Eigenschaften, die üblicherweise mit dem Menschsein identifiziert werden, wie Kunst, Kreativität, Bewusstsein und so weiter, von dem Antagonismus ab, der das Sexuelle konstituiert? Es ist daher wichtig und unvermeidlich, »asexuell« mit in die Liste der in der Abkürzung LGBT+ mitgemeinten sexuellen Ausrichtungen aufzunehmen, denn das Bestreben, die Sexualität von jeglicher »binären« Unterdrückung zu befreien, um sie in ihrer ganzen polymorphen Perversität freizusetzen, endet zwangsläufig in der Abschaffung der Sphäre der Sexualität selbst – die Befreiung *der* Sexualität muss in der Befreiung (der Menschheit) *von* der Sexualität enden.

Die Sexualität liefert auch die Grundmatrix der dialektischen Umkehrung des Scheiterns in Erfolg. Da Frankreich das Land der Liebe und der Verführung ist, verwundert es nicht, dass auch die französische Küche, das Musterbeispiel der Haute Cuisine, auf diese Weise funktioniert. Haben nicht viele ihrer berühmten Speisen und Getränke ihren Ursprung darin, dass beim Versuch, ein normales Gericht zuzubereiten, etwas schiefging, man dann aber merkte, dass sich dieses Scheitern als Erfolg verkaufen ließ? Man stellte Käse auf dem üblichen Wege her, der dann aber verdarb und zu stinken anfing, worauf man begann, in dieser Abscheulichkeit (nach normalen Maßstäben) einen eigenen Reiz zu entdecken; oder man stellte Wein her wie immer, bis etwas mit der Gärung schieflief, so dass man darauf kam, Champagner zu produzieren ... Funktioniert unsere (menschliche) Sexualität nicht genauso? Etwas geht fürchterlich schief (nach den Maßstäben der einfachen, instinktgeleiteten Paarung), doch dieses Scheitern wird dann als Quelle neuer sexueller Genüsse goutiert und kultiviert. Kann man sich etwas Dämlicheres vorstellen (nach den Maßstäben der erfolgreichen Fortpflanzung) als die Tradition der höfischen Liebe, wo der Vollzug des Geschlechtsakts endlos hinausgezögert wird? Wie konnte die höfische Liebe also zum Vorbild der Hocherotik werden? Und was sollen wir von den perversen Spielchen halten, bei denen ein Partikularobjekt oder eine bestimmte Geste, die eigentlich nur ein untergeordnetes Moment des erotischen Vorspiels darstellen sollte, ins Zentrum rückt, zum Brennpunkt wird und den großen Zeugungsakt in den Hintergrund drängt? Gerät diese Dimension der erotischen Vermittlung durch direkte Gehirn-zu-Gehirn-Verbindungen nicht in Gefahr?

In der britischen Fernsehserie *Doc Martin*, die in einem Dorf am Meer in der Grafschaft Cornwall spielt, scheitern die Verabredungen zwischen den beiden Hauptfiguren Martin, einem Arzt, der aus London zugezogen ist, und der heimischen Grundschullehrerin Louisa ständig an Martins distanzierter Haltung (er küsst sie und sagt ihr dann, mit ihrem Magen könne etwas nicht stimmen, weil sie Mundgeruch habe, und so weiter), so dass sie sich von ihm trennt und die beiden sich fortan höflich ignorieren und ihre Interaktion auf das Nötigste beschränken. Als er nach einer dieser kühlen Begegnungen im Begriff ist, ihr Haus zu verlassen, dreht er sich kurz vor der Tür plötzlich noch einmal um, geht auf sie zu und sagt mit verzweifelter Stimme: »Heirate mich!« Sie antwortet unverzüglich mit »Ja« und die beiden umarmen sich leidenschaftlich … Es gibt hier kein allmähliches Aufwärmen, kein geduldiges Bemühen, das zerrissene Band wieder zu knüpfen. Als ihre Beziehung eigentlich gescheitert ist, reduziert sich ihr Dilemma auf die nackte Tatsache, dass sie sich wirklich lieben, die Tatsache, die in ihrer ganzen rohen Kraft explodiert. So kann sich der Erfolg (die triumphale Wiedervereinigung des Paares) nur im Anschluss an und durch eine Reihe von Fehlschlägen einstellen.

Das Cliffhanger-Finale der zweiten Staffel der US-amerikanischen Fernsehserie *Succession* (2019) ist ein weiteres Beispiel für eine solche Umkehrung. Logan Roy, Patriarch einer superreichen Familie und Boss des Medienimperiums Waystar Royco, versammelt auf seiner Yacht seine drei Söhne, eine Tochter sowie einige weitere Topmanager zum finalen Countdown vor der Aktionärsversammlung, die über die Besitzverhältnisse des Unternehmens entscheiden wird. Allen Anwesenden ist klar, dass aufgrund eines großen sexuellen Belästigungsskandals ein »Blutopfer« vollzogen werden muss, das heißt, ein führendes Familienmitglied (einige Hauptaktionäre schlagen Logan selbst vor) muss geopfert werden – die ausgewählte Person muss sich öffentlich zur Alleinverantwortlichen für den Skandal erklären und damit alles auf sich nehmen, da sie in ihrer Beichte auch erklären wird, dass außer ihr niemand an der Spitze etwas gewusst habe. Am Vorabend hat Logan eine private Unterredung mit Kendall, seinem zweitältesten Sohn und designierten Nachfolger als Firmenchef. Obwohl ihre Beziehung stets voller Spannungen war, teilt Logan seinem Sohn mit, wie sehr er dessen Einfallsreichtum und Intelligenz schätzt; als Kendall den Vater jedoch fragt, ob er ihn wirklich ernsthaft als Nachfolger an der Spitze des Unternehmens in Erwägung gezogen habe, antwortet Logan, ihm fehle noch etwas Entscheidendes, um eine Spitzenposition bekleiden zu können, nämlich die Bereitschaft, ein »Killer« zu sein, das heißt über Leichen zu gehen und den Gegner, wenn nötig, rücksichtslos zu vernichten. Als die Familie versammelt ist, informiert Logan sie daher, dass Kendall geopfert wird. Er soll in einer Senatsanhörung erscheinen, die gesamte Verantwortung auf sich nehmen und so das Familienimperium retten. Kendall stimmt großherzig zu, diesen Schritt zu gehen, doch als er bei der Anhörung erscheint, wird er tatsächlich zum »Killer« und bezichtigt Logan, den eigenen Vater, allein für den Skandal und andere illegale Machenschaften in der Firma verantwortlich zu sein. Außerdem kündigt er an, bald Dokumente vorzulegen, die all das beweisen sollen. Die Umkehrung findet in den letzten Sekunden der Folge statt, in denen man Logan (der Kendalls öffentliche Stellungnahme im Fernsehen verfolgt) mit einem rätselhaften Lächeln der Befriedigung im Gesicht sieht – was hat dieses Lächeln zu bedeuten? Brian Cox (der Darsteller des Logan) erklärte dazu in einem Interview mit dem Online-Magazin *Vulture*: »Das war gewissermaßen unvermeidlich. [...] Logan baut Kendall wirklich dazu auf, der Mann zu werden, der er nicht war.«[9] Dies knüpft an das Gespräch an, in dem Logan Kendall über sein Blutopfer informiert und auf ein Ritual der Inka verweist, bei dem der Sonne ein Kind geopfert werden muss, damit sie wieder aufgeht:

> Logan wusste, wenn er sich selbst opfern wollte, musste er es durch seine Familie tun. Er dachte sich, dass seine einzige Chance darin bestehen würde, Kendall zu einem Killer zu machen. Das ist der Grund, warum er am Ende lächelt. Er hat erreicht, was er wollte. »Mein Sohn ist erwachsen geworden. Er ist jetzt offiziell ein Killer.« [...] Nachdem Logan das Todesurteil erhalten hatte, war es ihm wichtig, wer ihm den Todesstoß ver-

setzen würde. Er wollte, dass es jemand innerhalb der Familie war, niemand, der von außen kommt. Mit dem Lächeln sagt er: »Endlich stellt mein Sohn sich der Herausforderung und tut, was er tun muss, um ein Unternehmen zu führen. Endlich ist er der rechtmäßige Erbe von Waystar Royco.«[10]

Kurzum, Logan wusste, dass er selbst geopfert werden musste, um die Firma zu retten, und seine Geste, Kendall zu opfern, ist genau kalkuliert: Er weiß, dass Kendall ihn verraten und sich gegen ihn wenden wird, dass er, indem er das tut, zu einem »Killer« wird, und damit genau die Fähigkeit erwirbt, die ihm fehlt, um der nächste Firmenchef zu werden. Das wahre Opfer ist also nicht das von Kendall, sondern das von Logan, und die einzige Frage, die offen bleibt, ist: War Kendall selbst dieses Doppelspiel bewusst, das heißt, war der gesamte Plan zwischen Vater und Sohn abgestimmt, oder glaubte Kendall wirklich, dass er einfach geopfert werden würde? Wenn wir Logans unbestechlicher Logik folgen, dann musste Kendalls Schlag echt sein: Die Spitze musste geopfert werden, aber um die Firma in der Familie zu behalten, musste der Todesstoß aus der Familie selbst kommen; und um ihn öffentlichkeitswirksam zu machen, musste der Killer (Kendall) aufrichtig erscheinen … Wenn Logans Plan gelingen sollte, dann musste der Verrat an ihm echt sein und nicht nur Teil eines ausgeklügelten Familienspiels.[11]

So ein ins Positive gewendetes Scheitern lässt sich am besten mit der Schleife der symbolischen Repräsentation veranschaulichen: Ein Subjekt ist bestrebt, sich selbst adäquat zu repräsentieren, die Repräsentation scheitert und das Subjekt *ist* das Resultat dieses Scheiterns. Denken wir etwa an das Phänomen, das man im Hinblick auf eine Szene aus dem Film *Vier Hochzeiten und ein Todesfall* (*Four Weddings and a Funeral*, 1994) als »Hugh-Grant-Paradox« bezeichnen könnte: Der Held will einer Frau seine Liebe gestehen und verhaspelt sich dabei ständig in konfusen Wiederholungen; aber genau durch dieses Scheitern beim Versuch, seine Botschaft deutlich zu artikulieren, beweist er deren Authentizität … Dieses Paradox erklärt, wie Hegel in der *Phänomenologie* schreibt, warum man über die Äußerungen der Sprache und der Arbeit

> ebensosehr sagen [kann], daß diese […] das Innere zu sehr als daß sie es zu wenig ausdrücken; *zu sehr*, – weil das Innere selbst in ihnen ausbricht, bleibt kein Gegensatz zwischen ihnen und diesem; sie geben nicht nur einen *Ausdruck* des Innern, sondern es selbst unmittelbar; *zu wenig*, – weil das Innere in Sprache und Handlung sich zu einem Anderen macht, so gibt es sich damit dem Elemente der Verwandlung preis, welches das gesprochene Wort und die vollbrachte Tat verkehrt und etwas anderes daraus macht, als sie an und für sich als Handlungen dieses bestimmten Individuums sind.[12]

Sie drücken es zu wenig aus, weil sie unsere innere Absicht nie hinreichend erfassen können: Ständig scheitern wir daran, in Worte zu fassen, was wir sagen wollten. Gleichzeitig drücken sie es zu sehr aus, weil sie gerade im und durch das Scheitern mehr preisgeben als wir eigentlich sagen wollten – die Wahrheit dessen, was wir subjektiv meinten. Wir dürfen Hegel hier noch ein wenig ergänzen, denn jenes »zu sehr« umfasst zwei Aspekte; es kann sich auf die sozial festgelegte »objektive« Bedeutung unserer Rede beziehen (wir meinen etwas vielleicht als ein aufrichtiges Lob, aber der vorherrschende Sprachgebrauch macht daraus eine kühle, zynische Einschätzung – wir haben keine Kontrolle über die Auswirkungen unserer Äußerung); es kann sich aber auch auf die tiefere Wahrheit über das sprechende Subjekt selbst beziehen (das Scheitern des Subjekts daran, zu sagen, was es eigentlich sagen wollte, fördert womöglich eine Dimension seines Begehrens zu Tage, die ihm nicht bewusst war). Statt uns also damit aufzuhalten, ob Neuralink die wahre

Bedeutung unseres Gedankenstroms erfassen kann, sollten wir den Fokus auf eine andere Frage legen: Kann die Technik die von Hegel angedeutete Überschneidung von *zu wenig* und *zu sehr* erfassen, kann sie den Exzess registrieren, den das Scheitern selbst hervorbringt?

Außerdem ist offensichtlich, dass die Individualität des von Hugh Grant gespielten Charakters genau durch dieses Scheitern zum Ausdruck gebracht wird. Wäre seine Liebeserklärung vollkommen glatt und geschliffen, würde sie wirken wie von einem Roboter aufgesagt. Die nächste Frage, die sich daher stellt, lautet: Wird unsere Individualität diesen Übergang zur Singularität überstehen? Die Technik hat unsere Individualität bisher verstärkt, weil sie mehr Entfremdung, zusätzliche Schichten im Austausch mit anderen herbeigeführt und uns sogar uns selbst entfremdet hat (mein Bild auf dem Bildschirm bin nicht unmittelbar »ich selbst«) – was also geschieht, wenn diese Distanz verschwindet? Musks erste Verteidigungslinie ist, dass das Individuum in seiner Version des BCI nicht vollständig darin eingetaucht sei; es bewahre vielmehr eine minimale Distanz zum Interface. Um der Maschine (oder durch sie einem anderen Individuum) zu gestatten, die eigenen Gedanken und Gefühle zu registrieren beziehungsweise zu teilen, müsse man dem aktiv zustimmen, man müsse es also wollen:

> Eine Sorge, die insbesondere dann aufkommt, wenn Menschen von Gedankenkommunikation hören, ist der mögliche Verlust der Individualität. Würden wir dadurch zu einer großen Schwarmintelligenz werden, in der jedes einzelne Gehirn nur eine kleine Biene wäre? Die Experten, mit denen ich sprach, glaubten fast durch die Bank, dass das Gegenteil eintreten wird. Wir könnten, wann immer es uns nützt, einmütig zusammenarbeiten, aber die Technik hat bislang die menschliche Individualität verstärkt. […] »Niemand wird einfach deine Gedanken lesen können – du müsstest es wollen. Wenn du es nicht willst,

passiert es auch nicht. So wie dein Mund nicht spricht, wenn du nicht willst, dass er spricht.«[13]

Aber woher will Musk wissen, dass das Individuum diese minimale Distanz bewahren wird? Das BCI arbeitet schließlich »objektiv«, wie wir uns erinnern: Unser Gehirn ist verdrahtet, mit einer Maschine verbunden, die streng genommen nicht »unsere Gedanken liest«, sondern Hirnprozesse, welche die neuronalen Entsprechungen unserer Gedanken sind. Nun bin ich mir aber beim Denken der neuronalen Prozesse in meinem Gehirn gar nicht bewusst – wie soll ich also wissen, ob ich gerade angeschlossen bin oder nicht? Ist es daher nicht viel vernünftiger anzunehmen, dass ich, wenn ich an das BCI angeschlossen bin, gar nicht mitbekomme, wenn mein Innenleben für andere offensteht? Kurzum, bietet sich das BCI nicht als das ideale Medium zur (politischen) Kontrolle des Innenlebens von Individuen an? Wie bei allen Erfindungen, die eine Bedrohung für die menschliche Freiheit darstellen, versuchen deren Befürworter, das Problem zu verschleiern, indem sie immer wieder leuchtende Beispiele dafür anführen, wie diese Technologien das Leben von Menschen mit Behinderungen erleichtern könnten. Ein typischer Bericht lautet etwa: »Gelähmter kann sich mit Roboteranzug bewegen. Thibault [...] ist nach einer Verletzung an der Halswirbelsäule gelähmt und hat sich zwei Gehirnimplantate einsetzen lassen. Diese übermitteln durch 64 Elektroden Gehirnaktivitäten, die eine Software in Befehle für den Roboteranzug verwandelt. Thibault kann so gehen und auch seine Arme bewegen.«[14] Unerwähnt bleibt, dass gedankengesteuerte Maschinen natürlich im Umkehrschluss auch die maschinelle Steuerung der Gedanken selbst bedeuten.

Schon im Mai 2002 wurde gemeldet, dass Wissenschaftler einer New Yorker Universität einen empfangsfähigen Computerchip direkt mit dem Gehirn einer Ratte verbunden hätten und so in der Lage seien, diese mittels eines Steuerungsmechanismus (ähnlich der Fernbedienung eines Spielzeugautos) zu lenken (also die Richtung zu bestimmen, in die die Ratte läuft). Damit war zum ersten Mal der »Wille« eines lebendigen tierischen Akteurs, seine »spontanen« Entscheidungen über die Bewegungen, die er machen wollte, von einer externen Maschine übernommen worden. Die große philosophische Frage lautet hier natürlich: Wie hat die arme Ratte ihre Bewegungen »erfahren«, die effektiv von außen bestimmt wurden? »Erfuhr« sie diese nach wie vor als etwas Spontanes (war ihr also vollkommen unbewusst, dass ihre Bewegungen gelenkt waren) oder hat sie gemerkt, dass »etwas nicht stimmte« und dass eine äußere Macht ihre Bewegungen kontrollierte? Noch wichtiger ist es, diese Argumentation auf ein identisches Experiment mit Menschen zu übertragen (einmal abgesehen von den ethischen Bedenken, sollte dies technisch gesehen nicht komplizierter sein als im Fall der Ratte). Bei der Ratte kann man noch argumentieren, dass auf sie die menschliche Kategorie der »Erfahrung« nicht angewendet werden darf, im Fall des Menschen muss man die Frage dagegen stellen. Also noch einmal: Wird ein gelenkter Mensch seine Bewegungen weiterhin als etwas Spontanes »erfahren«? Wird ihm vollkommen unbewusst bleiben, dass seine Bewegungen gelenkt sind, oder wird er merken, dass »etwas nicht stimmt«, dass eine äußere Macht seine Bewegungen kontrolliert? Und wie wird diese »äußere Macht« genau erscheinen – als etwas »in mir«, ein unaufhaltsamer innerer Trieb, oder einfach als äußerer Zwang? Sollte dem Subjekt vollkommen unbewusst bleiben, dass sein spontanes Verhalten von außen gelenkt wird, kann man dann wirklich noch so tun, als hätte dies keine Auswirkungen auf unsere Vorstellung des freien Willens? Die meisten derer, die sich Gedanken über Neuralink machen, legen den Fokus auf die Individualität der eigenen Erfahrung – werde ich diese einbüßen, wenn ich in die Singularität eingetaucht bin, oder nicht? Es gibt aber auch die umgekehrte Möglichkeit: Was ist, wenn ich meine Individualität der Erfahrung behalte und nicht einmal weiß, dass ich kontrolliert und gelenkt werde?

Das Hauptaugenmerk bei der Beschäftigung mit den Implikationen von Hirn-Computer-Schnittstellen gilt meist der Frage, wie das Eintauchen in die Singularität uns verändern und zum *Homo Deus* machen wird. Wie ein göttliches Wesen werde ich imstande sein, nur durch die Kraft meiner Gedanken Dinge in der Realität zu bewegen und Prozesse auszulösen – im Deutschen Idealismus nannte man diese Überschneidung von Wahrnehmung und Handlung *intellektuelle Anschauung* – eine Wahrnehmung, die das Wahrgenommene selbst hervorbringt. Eigentlich sind dazu nur Götter fähig, weil unser endlicher Geist für immer durch die Kluft begrenzt wird, die das Denken oder Wahrnehmen vom Handeln trennt. Wir sollten aber zunächst einmal einen Schritt zurück gehen und fragen: Wer wird die Chips in unseren Gehirnen kontrollieren, die dem BCI zugrunde liegen? Chips sind billig … Der traurigste Aspekt der Neuralink-Vision ist vielleicht das zynisch opportunistische Kalkül, das dahintersteckt: Wir (Menschen) haben eine höhere Form der Intelligenz hervorgebracht, die, wenn sie die Möglichkeit bekommt, ihre Stärken zu entfalten, uns zu Gorillas in einem Zoo machen wird:

> Die meisten Posthumanisten sind sich einig, dass es etwas Ironisches hätte, wenn die Menschheit von Wesen übertroffen würde, die erst durch Menschen möglich wurden, und dass es tragisch wäre, wenn diese posthumanen Wesen die Menschheit komplett abschaffen würden. Dennoch sagen nicht wenige Posthumanisten ganz ohne Nostalgie, dass die evolutionäre Entwicklung dem Schicksal des Vorherigen gegenüber gleichgültig ist. Aufgrund der Aussicht, uns selbst im Prozess der Hervorbringung von etwas viel Größerem als dem Menschen dramatisch zu verbessern, ist es für sie mehr als gerechtfertigt, Risiken einzugehen.[15]

Unsere einzige Chance, diesem Schicksal zu entgehen, liegt darin, uns auf die Seite des Siegers zu schlagen, unsere Menschlichkeit hinter uns zu lassen und in die Singularität einzutauchen … Wird sich dann aber die Menschheit als ganze »auf die Gewinnerseite schlagen« oder wird das Auftauchen der Singularität zu neuen, ungekannten Herrschaftsformen führen, so dass die (post)humanen Wesen ihrerseits wieder in Gewinner und Verlierer eingeteilt werden?

3
Die Sackgasse der sowjetischen Technognosis

Dies führt uns zu einem Thema, das von den gegenwärtigen Transhumanisten vernachlässigt wird: Wie sieht es eigentlich mit den gesellschaftlichen Konsequenzen des Übergangs in die Singularität aus? Welche Sozialordnung folgt aus deren Aufstieg? Klar ist, dass die derzeitige liberale Demokratie mit ihrem Individualismus in diesem Fall dem Untergang geweiht wäre – aber was tritt an ihre Stelle? Die Transhumanisten beschränken sich auf gelegentliche Warnungen, dass die Kehrseite der Aussicht auf den Homo Deus nie dagewesene Möglichkeiten der sozialen und direkten geistigen Kontrolle seien. Schon in den 1920er Jahren gab es allerdings eine starke posthumanistische Tendenz in der damaligen UdSSR: Der sogenannte »Biokosmismus« war eine seltsame Kombination aus Vulgärmaterialismus und gnostischer Spiritualität, die eine okkulte Schattenideologie, die obszöne Geheimlehre, des sowjetischen Marxismus bildete. Während der mittleren Periode des Sowjetstaats wurde der Biokosmismus aus der öffentlichen Wahrnehmung verdrängt und wurde nur im ersten und den beiden letzten Jahrzehnten der sowjetischen Herrschaft offen propagiert; seine Hauptthesen sind: Die Ziele der Religion (kollektives Paradies, Überwindung aller Leiden, vollkommene Unsterblichkeit des

Einzelnen, Auferstehung der Toten, Sieg über Zeit und Tod, Eroberung des Weltalls weit über das Sonnensystem hinaus) können durch die Entwicklung der modernen Wissenschaft und Technik im irdischen Leben verwirklicht werden. In der Zukunft wird nicht nur der Geschlechtsunterschied abgeschafft und es werden keusche, posthumane Wesen entstehen, die sich durch biotechnische Reproduktion fortpflanzen; es wird auch möglich sein, die Toten der Vergangenheit wieder zum Leben zu erwecken (indem man aus den sterblichen Überresten ihre biologische Formel bestimmt und sie dann neu erzeugt – DNA kannte man damals noch nicht ...), wodurch dann sogar alle vergangenen Ungerechtigkeiten ausgelöscht und Leid und Zerstörung »ungeschehen« gemacht werden können. In dieser strahlenden biopolitischen kommunistischen Zukunft werden nicht nur Menschen, sondern auch Tiere und alle übrigen Lebewesen an einer unmittelbar kollektivierten Vernunft des Kosmos teilhaben ... Exemplarisch ist hier die Sicht Trotzkis:

> Was ist der Mensch? Er ist keineswegs ein fertiges oder harmonisches Wesen. Nein, er ist immer noch ein äußerst unbeholfenes Geschöpf. Der Mensch als Tier hat sich nicht planmäßig, sondern spontan entwickelt und sich viele Widersprüche aufgeladen. Die Frage, wie der Mensch auszubilden und zu kontrollieren sei, wie man seine physische und geistige Konstruktion verbessern und vervollständigen könne, ist ein riesiges Problem, das nur auf der Grundlage des Sozialismus verstanden werden kann. [...] Eine neue, »verbesserte Version« des Menschen zu produzieren – das ist die künftige Aufgabe des Kommunismus. Und dafür müssen wir zuerst alles über den Menschen, seine Anatomie, seine Physiologie und jenen Teil seiner Physiologie, der als seine Psyche bezeichnet wird, herausfinden. Der Mensch muss sich selbst anschauen, sich als Rohstoff – oder bestenfalls als halb fertiges Produkt – betrachten und sagen: »Endlich, mein lieber *Homo sapiens*, werde ich an dir arbeiten.«[1]

Es handelt sich hier nicht einfach um idiosynkratische theoretische Prinzipien, sondern um eine wahre Massenbewegung in Kunst, Architektur, Psychologie, Pädagogik und Organisationsforschung, die Hunderttausende Menschen umfasste. Der offiziell unterstützte Kult des Taylorismus, dessen radikalster Vertreter der bolschewistische Ingenieur und Dichter Alexej Gastew war, der schon 1922 den Begriff »Biomechanik« verwendete, ging der Vision einer Gesellschaft nach, in der Mensch und Maschine miteinander verschmelzen sollten. Gastew leitete das Zentralinstitut für Arbeit und führte dort Experimente durch, in denen Arbeiter lernen sollten, wie Maschinen zu funktionieren. Er betrachtete die Mechanisierung des Menschen als nächsten Schritt der Evolution und erträumte

> ein Utopia, in dem »Menschen« durch »proletarische Einheiten« ersetzt und durch Ziffern wie »A, B, C oder 325, 075, 0 und so weiter« gekennzeichnet werden sollten. [...] Ein »mechanisierter Kollektivismus« würde »den Platz der individuellen Persönlichkeit in der Psyche des Proletariats einnehmen«. Emotionen wären dann überflüssig, und die menschliche Seele würde nicht mehr »durch einen Ruf oder ein Lächeln, sondern mit Hilfe eines Druckmessers oder eines Geschwindigkeitsmessers« beschrieben werden.[2]

Man sollte darauf achten, dass man die theologischen Implikationen dieser Vision nicht aus dem Blick verliert: Die Kehrseite des Austauschs der individuellen Persönlichkeit mit einer neuen Form von kollektivem Bewusstsein, das heißt der Zerstörung der Grenze, die meinen Geist von anderen trennt, ist eine Stärkung der Grenze, die meinen Geist von meiner körperlichen (Selbst-)Erfahrung trennt. Ich bin dann auch nicht mehr vollständig verkörpert, ich beobachte meinen Körper ganz emotionslos und lese seine Botschaften als Zeichen einer Maschine (ich fühle keine Hitze, sondern registriere die Temperatur als Wert auf meinem Körperthermometer und so weiter). Was wir hier bekommen, ist die materialistische Version der Erlösung vom Sündenfall, die vage an die einzigartige Theologie des Nicolas Malebranche erinnert, einem Schüler von Descartes, der dessen lächerlichen Verweis auf die Zirbeldrüse als Erklärung für das Zusammenspiel von materieller und geistiger Substanz – Leib und Seele – verwarf. Wie aber lässt sich deren Zusammenwirken erklären, wenn es keinen Kontakt zwischen den beiden gibt, keinen Punkt, an dem die Seele ursächlich auf den Körper einwirken kann und umgekehrt? Da die beiden Kausalnetzwerke (das der Ideen in meinem Geist und das meiner körperlichen Verbindungen) vollkommen unabhängig voneinander sind, gibt es nur eine Lösung: Es muss eine dritte, wahre Substanz (Gott) geben, welche die beiden koordiniert, zwischen ihnen vermittelt und dabei den Schein der Kontinuität aufrechterhält. Wenn ich daran denke, meine Hand zu heben, und sie sich daraufhin hebt, hat mein Gedanke das Heben der Hand nicht direkt verursacht, sondern nur »okkasionell« – sobald er meinen auf das Heben der Hand gerichteten Gedanken registriert, setzt Gott die andere, die materielle Kausalkette in Gang mit dem Ergebnis, dass meine Hand sich tatsächlich hebt. Wenn wir an die Stelle von »Gott« nun den »großen Anderen«, die symbolische Ordnung setzen, erkennen wir die Nähe des Okkasionalismus zur Position Lacans. Dieser erklärt in einer Polemik gegen Aristoteles, dass die Beziehung zwischen Seele und Körper nie direkt sei, da der große Andere sich stets zwischen die beiden stelle.[3] Okkasionalismus ist also im Grunde ein Name für die »Arbitrarität des Zeichens«, für die Lücke, die das Netzwerk der Ideen von dem der körperlichen (realen) Kausalität trennt, für die Tatsache, dass der große Andere der Grund für die Koordination der beiden Netzwerke ist, so dass meine Seele eine angenehme Empfindung hat, wenn mein Körper in einen Apfel beißt. Um diese Lücke ging es auch schon den antiken aztekischen Priestern, die Menschenopfer veranlassten, um sicherzustellen, dass die Sonne wieder aufging. Das Menschenopfer war eine Bitte an Gott, die Koordination zwischen den beiden Reihen, der körperlichen Notwendigkeit und der Verkettung symbolischer Ereignisse, aufrechtzuerhalten. So »irrational« die Opfer der Aztekenpriester auch erscheinen mögen, die Annahme, die ihnen zugrunde liegt, ist viel einsichtiger als unsere banale Intuition, die Koordination zwischen Leib und Seele erfolge unmittelbar und es sei »natürlich«, dass ich eine angenehme Empfindung habe, wenn ich in einen Apfel beiße, weil diese Empfindung direkt durch den Apfel verursacht werde. Was dabei verloren geht, ist die vermittelnde Rolle, die der große Andere für die Gewährleistung der Koordination zwischen der Realität und dem, wie wir sie mental erfahren, spielt. Und lässt sich dasselbe nicht auch über das Eintauchen in die virtuelle Realität sagen? Wenn ich meine Hand hebe, um einen Gegenstand im virtuellen Raum anzustoßen, bewegt sich der Gegenstand wirklich – ich habe natürlich die Illusion, dass die Bewegung meiner Hand die Verschiebung des Gegenstands direkt verursacht hat, denn in meiner Versunkenheit übersehe ich die komplizierten Mechanismen der computergesteuerten Koordination, die der Rolle Gottes bei der Gewährleistung der Koordination der beiden Reihen im Okkasionalismus entspricht.[4]

Es ist eine bekannte Tatsache, dass der »Tür-schließen«-Knopf in den meisten Aufzügen ein völlig wirkungsloses Placebo ist und nur angebracht wird, um uns glauben zu machen, wir könnten die Dinge irgendwie beschleunigen – wenn wir den Knopf aber drücken, schließt sich die Tür genauso schnell, wie wenn wir nur den Knopf für das Stockwerk gedrückt hätten. Dieser extreme und eindeutige Fall von Pseudopartizipation ist eine geeignete Metapher für die Teilhabe des Einzelnen an unserem »postmodernen« politischen Prozess; und er zeigt den Okkasionalismus in Reinform: Aus Malebranches Sicht drücken wir ständig solche Knöpfe, und es ist das unaufhörliche Wirken Gottes, das unser Handeln und das darauf folgende Ereignis (das Schließen der Tür) aufeinander abstimmt, während wir glauben, dieses sei ein direktes Resultat unseres Knopfdrucks.

Der Okkasionalismus lässt uns auch ein neues Licht auf die genaueren Umstände des Sündenfalls werfen. Der Grund für Adams Sturz und Vertreibung aus dem Paradies war nicht einfach, dass er von Evas Sinnlichkeit in die Irre geführt wurde. Vielmehr beging er einen philosophischen Fehler, indem er vom Okkasionalismus in den vulgären empirischen Empirismus »zurückfiel«, demzufolge materielle Objekte unmittelbar, ohne Vermittlung durch den großen Anderen (Gott) auf unsere Sinne wirken – der Sündenfall ist in erster Linie eine Frage von Adams philosophischen Überzeugungen. Mit anderen Worten, vor dem Fall war Adam ganz und gar Herr über seinen Körper und hielt eine Distanz zu ihm: Da er sich bewusst war, dass die Verbindung zwischen Seele und Körper kontingent und nur okkasionell ist, war er jederzeit in der Lage, sie aufzuheben, sich abzulösen und weder Schmerz noch Lust zu empfinden. Schmerz und Lust waren kein Selbstzweck, sie dienten nur dazu, Informationen darüber zu liefern, was gut oder schlecht für das Überleben seines Körpers war. Der »Sündenfall« ereignete sich genau in dem Moment, in dem Adam sich exzessiv (das heißt über das notwendige Maß an Informationen zum Überleben in der natürlichen Umgebung hinaus) seinen Sinnen hingab, als seine Sinne so stark auf ihn einwirkten, dass er seine Distanz zu ihnen verlor und vom reinen Denken abgelenkt wurde. Das für den Fall verantwortliche Objekt war natürlich Eva: Adam fiel, als der Anblick der nackten Frau ihn vorübergehend ablenkte und irrigerweise annehmen ließ, dass Eva selbst, unmittelbar und nicht bloß okkasionell, der Grund seiner sexuellen Lust sei – Eva ist insofern verantwortlich für den Fall, als sie den philosophischen Irrtum des sinnlichen Realismus hervorruft. Schon der

Heilige Augustinus wies darauf hin, dass die Strafe, der Preis, den Adam für seinen Fall zahlen musste, passenderweise darin bestand, dass er nicht mehr vollständig Herr über seinen Körper war – die Erektion seines Phallus entzog sich seiner Kontrolle.

Sämtliche Hauptbestandteile des Posthumanismus sind im Biokosmismus zu finden: der Übergang zum posthumanen Stadium durch technologische Manipulation des Menschen; die Idee, dass der Mensch auf diese Weise göttlich wird (der Begriff des *Bogostroitel'stvo* [Gotterbauertum], der von Lunatscharski und sogar Gorki vorangetrieben wurde); die Idee, dass wir mit dem Übergang zur Posthumanität die Sexualität hinter uns lassen werden (die in einigen Versionen als letzte Bastion der bourgeoisen Ideologie betrachtet wird); und schließlich die Idee, dass in diesem posthumanen Stadium an die Stelle der Kommunikation durch Medien direkte Verbindungen zwischen einzelnen Köpfen treten werden – Andrei Platonow, der Teil der Bewegung war, sie aber gleichzeitig auch kritisch beobachtete, schrieb eine Kurzgeschichte mit dem Titel »Der Ätherstrom«, in der

> [e]iner der Protagonisten, ein Wissenschaftler namens Matissen […] ein Gerät [kreiert], das einfache Befehle über eine Entfernung übertragen kann. Die Maschine übersetzt in einem Gehirn erzeugte elektromagnetische Wellen in einen Befehl und leitet diesen Befehl an eine andere Maschine, eine Person oder sogar an die Natur weiter. […] Seine Versuche führen jedoch zu einer Umweltkatastrophe und im Verlauf des Experiments schließlich zu seinem Tod.[5]

Die Paradoxie, die einem hier ins Auge springt, liegt darin, dass der sowjetische Hightech-Gnostizismus ausgerechnet unter den (materiellen) Bedingungen extremer Armut hervorbrach – Platonow entwickelte eine ganze (implizite) »Ontologie des armen Lebens«, um die Umrisse der Lebensweise der Menschen zu skizzieren, die er »geringer als Proletarier« nannte. Oder sollte uns das gar nicht überraschen? Sind es vielleicht gerade die Epochen explodierender Armut und chaotischer Zustände, die auch utopische Explosionen hervorbringen? Und können wir nicht heute ein ganz ähnliches »Zusammenfallen der Gegensätze« beobachten, bei dem die Träume von der Singularität und die Zunahme obdachloser Flüchtlinge zwei Seiten derselben Medaille darstellen und ein weiteres Beispiel des Hegel'schen »unendlichen Urteils« (Verbindung zwischen dem »Niedrigsten« und dem »Höchsten«) abgeben, das unsere Zeit bestimmt? Was Platonow angeht, so sollten wir uns hier auf den Wandel konzentrieren, der sich irgendwann in den späten 1920er Jahren in seinem Werk vollzieht. Bis zu diesem Zeitpunkt sah er die materielle Basis des »armen Lebens« in dem, was er »Lebensarbeit« nannte, dem unaufhörlichen Kampf ums Überleben. Wer in der »Lebensarbeit« gefangen ist, ist nicht wirklich lebendig, sondern nur »ins Leben verwickelt«: »Im mühseligen Dasein gibt es keine Zeit zum Leben oder wie der Reservist Komjagin sagt: ›Ich lebe ja nicht, ich bin bloß irgendwie ins Leben verwickelt.‹ Es scheint, dass viele von Platonows Figuren nicht leben, sondern nur ›ins Leben verwickelt‹ sind, das heißt, mit dem Zustand des armen Lebens zu kämpfen haben.«[6] Ein besonderer Dreh ist auch, dass die »Lebensarbeit« auch die Sexualität mit einschließt, die folglich keine Erlösung bringt, sondern nur eine weitere Last im Kampf ums Überleben ist – Sexualität wird hier auf die »Mühen der sozialen Reproduktion« reduziert:

> In seinem frühen Essay »Die Kultur des Proletariats« schreibt Platonow: »Der Sexus wurde zum wichtigsten, zentralen Sinn im Kampf um die Existenz, zur Seele des Menschen. Und das Befolgen des Gesetzes des Sexus wurde zum höchsten Heil der Menschen.«. Daraus folgt, dass Geschlecht, biologische Fortpflanzung, Sex und die Kernfamilie Mittel zur Unsterblichkeit in der kapitalistischen Gesellschaft sind. Im Gegensatz zum unbewussten Kampf für das Überleben des Einzelnen in Akten der

biologischen Fortpflanzung ist der Kommunismus das gemeinsame Leben des neuen geschlechtslosen Menschen.[7]

Wenn nicht einmal die Sexualität einen Ausweg aus der Lebensarbeit aufzeigt, wo lässt sich dann überhaupt eine Pause oder Unterbrechung im Kontinuum von Arbeit und Produktion finden? Platonows Lösung heißt *Toska* [Тоска], ein russisches Wort, das er verwendet, um die Erfahrung zu beschreiben, die sich einstellt, wenn

> der Arbeitsprozess eine Leerstelle bildet, eine Pause. Es ist buchstäblich die Inhaltslosigkeit, eine Leere, die durch den Mangel an Arbeit entsteht. Diese Leere bringt einen Gedanken hervor, während das absolute Ausgefülltsein (die Beschäftigung) mit Arbeit keinen Raum für eine Pause oder eine Lücke zum Denken lässt. [...] Platonow benutzt ein bestimmtes russisches Wort, *Toska*, um diesen existenziellen Zustand beziehungsweise dieses Gefühl der Versklavung im armen Leben zu beschreiben. [...] *Toska* ist den englischen Begriffen »melancholy« und »longing« nahe, hat aber weder Ursache noch Ziel oder Richtung. Insofern ist es eher mit dem deutschen Wort *Sehnsucht* verwandt.[8]

Der Status des armen Lebens ist mithin zutiefst ambivalent. Es ist der niedrigste, beständige Überlebenskampf, bewegt sich andererseits aber auch am Rande des Rückzugs vom aktiven Leben und schafft dadurch Raum für einen Ausbruch aus dem Kontinuum von Arbeit und Produktion – im Gegensatz zu den Proletariern arbeiten die nomadischen »Übrigen« nicht, ihre Verzweiflung kann keinen Trost in der produktiven Beschäftigung finden. Und auch hier sollte man die kosmische Dimension von *Toska* beachten: »Aber warum, Nikita, liegt das Feld so trübsinnig da? Ist wirklich Schwermut [*Toska*] in der ganzen Welt, und nur allein in uns der Fünfjahrplan?«[9] *Toska* ist nicht nur eine menschliche Stimmung, sie durchdringt die gesamte Realität und ist sogar in der Trägheit verlassener Felder gegenwärtig. Man sollte sich aus diesem Grund nicht zu sehr auf den emotionalen Aspekt von *Toska* konzentrieren (ist es Verzweiflung oder Melancholie und so weiter); es ist vielmehr Denken am Nullpunkt, ein reiner Gedanke als Abkopplung vom mühsamen Kreislauf des Lebens:

> Platonow scheint das mühselige Dasein, das keine Unterbrechungen kennt, und das Denken als Pause, das Leere und ein »zeitloses« Gefühl von *Toska* schafft, nebeneinander zu stellen. [...] Das Ende der Zeit ist das Ende des mühseligen Daseins, und *Toska* offenbart die Notwendigkeit des Kommunismus als einziges Mittel, um die endlose Zeit der Reproduktion zu überwinden.[10]

In dieser radikalen politisch-kosmischen Vision wird es im Kommunismus keine *Toska* geben, weil der Kommunismus die Bedingungen hinter sich lässt, die *Toska* erst entstehen lassen. Er ist das Ende der Zeit, wie wir sie kennen, insofern die Zeit für uns und unsere historische Erfahrung die Zeit des Verlusts und des Mangels, der Leiden und Mühen ist. Als solcher ist der Kommunismus nicht nur eine gesellschaftliche Umwandlung, sondern ein kosmisches Ereignis, das nicht radikaler sein könnte: Alles, was existiert, auch Tiere und Pflanzen, muss vom armen Leben befreit werden ...[11] Mitte der 1920er Jahre verlor Platonow dann allerdings seine Illusionen über die Durchführbarkeit dieses kosmisch-sozialen Kurzschlusses (einer sozialen Revolution, welche die Natur selbst erlöst); er

> kritisiert die Möglichkeit des technischen Fortschritts und der Überwindung von Klassengegensätzen durch eine reine Form des Bewusstseins und zieht stattdessen den Schluss, dass zyklische Produktion und Reproduktion, Organisation und Desorganisation die ontologische Voraussetzung aller Gesellschaftsformen ist. [...] Die Umwelt ist so zu gestalten, dass diese Organisations-

> gesetze berücksichtigt werden, um die soziale Welt nicht gegen sie, sondern im Einklang mit ihnen organisieren zu können. Das Sozialleben hängt von der Spontaneität und Negativität natürlicher Zyklen ab. Deshalb kann das mühselige Dasein nur negiert, aber nie ganz abgeschafft werden. Das bedeutet, dass Platonow nicht die Idee der Aufhebung verwendet.[12]

Das Wort Aufhebung ist hier nichthegelianisch zu verstehen. In Platonows ursprünglicher Vision muss die Sexualität im naiven Sinne ihrer tatsächlichen Vernichtung »aufgehoben« werden. Im posthumanen Kommunismus wird es demnach keine Sexualität mehr geben, während für Hegel »Aufhebung« eine Negation ist, welche die entscheidende Dimension des negierten Phänomens bewahrt und dieses auf eine höhere Stufe hebt (für Hegel wird beispielsweise die tierische Paarung in der menschlichen Sexualität aufgehoben). Genau diese eher hegelianische Aufhebung der Sexualität schwebt Platonow in seiner zweiten Phase vor: »Die Frage soll nicht durch die völlige Abschaffung des Sex gelöst werden, sondern durch die Abschaffung der Mühseligkeit des Lebens, die Frauen dazu zwingt, als Waren und als Gebärmaschinen zu dienen.«[13] Im Kurzroman *Dshan* von 1935, dem exemplarischen Werk seiner »reifen« Periode, ist die typische Platonow'sche Gruppe der »Übrigen« zwar noch da – als Nomadenvolk der »Dshan« (ein turksprachliches Wort für Seele), das durch die Wüste irrt und jeden Lebensmut verloren hat –, aber die Koordinaten haben sich vollkommen verändert. Der Held ist diesmal ein in Moskau ausgebildeter stalinistischer Erzieher, der in die Wüste zurückkehrt, um seinem »Volk« den wissenschaftlichen und kulturellen Fortschritt nahezubringen und so neuen Lebensmut in ihm zu wecken. (Platonow bleibt seiner Uneindeutigkeit natürlich treu: Am Ende des Romans muss der Held akzeptieren, dass er anderen nichts beibringen kann.) Angezeigt wird dieser Wandel durch die radikal veränderte Rolle der Sexualität. Für den Platonow der 1920er Jahre war Sexualität die antiutopische »schmutzige« Macht der Trägheit, während sie hier als Königsweg zur geistigen Reife rehabilitiert wird – obwohl er als Erzieher scheitert, findet der Held Trost in der geschlechtlichen Liebe, so dass das »Volk« fast nur noch den Hintergrund für die Schaffung eines Liebespaars zu bilden scheint. Platonow kommt hier der Hollywood-Formel von der Produktion des Paares gefährlich nahe, die selbst noch in Spätwestern wie Kevin Costners *Der mit dem Wolf tanzt* (*Dances With Wolves*, 1990) erkennbar ist, der Geschichte eines Lieutenants der US-Armee namens John J. Dunbar, der sich auf der Suche nach einem authentischeren Leben von seiner Einheit entfernt und in die Wildnis aufbricht. Er schließt sich einem Lakota-Stamm an und verliebt sich in Steht mit einer Faust, eine Weiße, die bei dem Stamm aufwuchs, nachdem sie als Kind einem tödlichen Überfall auf ihre Eltern durch Pawnee-Indianer entkam. Die Stammesangehörigen versichern Dunbar, dass sie ihn nicht als Weißen, sondern als Sioux-Krieger sehen, und geben ihm den Namen Der mit dem Wolf tanzt. Im Winterquartier beschließt Dunbar jedoch, mit Steht mit einer Faust den Stamm zu verlassen; da er inzwischen von der US-Armee gesucht wird, würde sein Bleiben eine große Gefahr für die Lakota darstellen. Am Ende wird also ein glückliches Paar produziert, das in die Zivilisation zurückkehrt, während das nomadische Lakota-Volk einfach verschwindet und sich in ein unbekanntes Gebiet zurückzieht. Gleiches gilt sogar für den Film *Zeit des Erwachens* (*Awakenings*, 1990) von Penny Marshall, wo das »Volk« der katatonischen Patienten von einem Arzt (Robin Williams) wiederbelebt wird, einem schüchternen Menschen, der sich nicht traut, sich mit Frauen zu verabreden. Am Ende des Films fragt er dann doch eine Krankenschwester nach einem Date und sie sagt erfreut zu, so dass die Patienten in ihre Katatonie zurückkehren können – der einzige, der in dem Film wirklich erwacht, ist kein Patient, sondern der Arzt selbst. Als weiterer Beweis für die Verbindung zwischen Hollywood und dem Hochstalinismus sei noch Micheil Tschiaurelis berühmt berüchtigter Film *Der Fall von Berlin* (*Padenije Berlina*, 1949) erwähnt, ein Paradebeispiel des stalinistischen Kriegsepos, das die Geschichte des sowjetischen Sieges über Hitlerdeutschland erzählt. Der Film beginnt im Jahr 1941, unmittelbar vor dem deutschen Überfall auf die UdSSR. Die Hauptfigur, ein stachanowistischer Stahlarbeiter, der in eine örtliche Lehrerin verliebt, aber zu schüchtern ist, sie direkt anzusprechen, wird mit einem Leninorden ausgezeichnet und von Stalin persönlich in dessen Datscha empfangen. In einer Szene, die nach 1953 herausgeschnitten wurde und verlorengegangen ist, bemerkt Stalin nach der offiziellen Gratulation bei dem Protagonisten eine gewisse nervöse Unruhe und fragt ihn, was los sei. Der Held gesteht Stalin seine Liebesprobleme und dieser rät ihm, um das Herz der jungen Frau zu gewinnen, solle er ihr Gedichte vortragen und dergleichen. Nach seiner Rückkehr gelingt es dem Helden tatsächlich, die Lehrerin zu verführen, doch just in dem Moment, als er sie auf dem Arm ins Kornfeld trägt (aller Wahrscheinlichkeit nach um Sex mit ihr zu haben) fallen überall um sie herum die ersten Bomben aus deutschen Flugzeugen – es ist der 22. Juni 1941. Im anschließenden Getümmel wird die Frau von den Deutschen gefangen genommen und in ein Arbeitslager bei Berlin verbracht, während der Held der Roten Armee beitritt und an vorderster Front kämpft, um wieder bei seiner Liebsten sein zu können. Als sich am Ende des Films die jubelnde Menge der von der Roten Armee befreiten Lagerinsassen mit den russischen Soldaten vermischt, landet ein Flugzeug auf einem offenen Feld in der Nähe. Stalin selbst entsteigt der Maschine und geht auf die Menge zu, die ihn leidenschaftlich begrüßt. Genau in diesem Augenblick – als ob auch dies durch Stalins Hilfe zustande gekommen wäre – wird das Liebespaar wieder vereint, als die Frau den Helden in der

Menge erblickt. Bevor sie ihren Geliebten umarmt, geht sie zu Stalin und fragt ihn, ob sie ihn auf die Wange küssen dürfe … Der Fall von Berlin ist im Grunde die Geschichte eines wiedervereinten Paares. Der Zweite Weltkrieg dient als Hindernis, das es zu überwinden gilt, damit der Held zu seiner Liebe gelangen kann, und Stalin spielt die Rolle eines Zauberers und Ehestifters, der das Paar weise wieder zusammenführt …

Das Beharren auf der strikt hegelianischen Bedeutung der Aufhebung ist hier keine Pedanterie. Was der »reife« Platonow im Sinn hat, ist nichts anderes als eine hegelianische Aufhebung der »Lebensarbeit«, zu der auch die geschlechtliche Fortpflanzung gehört. Auch im Kommunismus hängt das Sozialleben noch »von der Spontaneität und Negativität natürlicher Zyklen ab. Deshalb kann das mühselige Dasein nur negiert, aber nie ganz abgeschafft werden.« In streng hegelianischer Manier wird das mühselige Dasein gerade nicht direkt negiert, sondern »abgeschafft« im Sinne der Aufhebung: Es verliert seinen unmittelbaren Charakter des Überlebenskampfs und erscheint »vermittelt« wieder, als Moment einer höheren sozialen Totalität, die geistigen Zielen folgt. Dasselbe gilt für den Sex, der zu einem vermittelten Moment intersubjektiver geistiger Erfüllung wird …

Hier tun sich allerdings sofort zwei Probleme auf. Das erste ist, dass eine solche Aufhebung im Kapitalismus bereits stattfindet: Ein Kapitalist wird nicht durch einen Überlebenskampf zur Fortpflanzung motiviert. Wie Marx schon vor langer Zeit erkannte (vgl. die Hegel-Verweise in seiner Beschreibung der Zirkulation des Kapitals), verhält sich das »Kapital« in seiner Selbstreproduktion wie eine Hegel'sche Idee; der Zweck seiner Reproduktion ist nicht das Überleben der Arbeiter, sondern seine eigene ständige Vermehrung (gemessen am wachsenden Profit). Aus diesem Grund ist es völlig verfehlt, den Kapitalismus als ein System des Egoismus zu kritisieren. Ein wahrer Kapitalist

ist kein Hedonist, er kann sogar ein sehr asketisches Leben führen und alles, alle seine Freuden und Genüsse, dem reibungslosen Ablauf der Reproduktion des Kapitals opfern. Wir sollten daher wie schon Hegel und Marx vor langer Zeit zwischen zwei »Naturen« unterscheiden: der unmittelbaren »natürlichen Natur« (biologisches Leben) und der »zweiten Natur«, einem gesellschaftlichen Produkt, das eine falsche Autonomie erlangt und Individuen als ihr Schicksal beherrscht. Und mit der Sexualität ist es genauso: Die menschliche Sexualität ist per definitionem nie ein bloßes Mittel zum Überleben (Fortpflanzung); sie ist immer »denaturiert« und zwingt ihrer biologischen Grundlage ihren eigenen Rhythmus auf. Auch wenn der Kapitalismus gelegentlich Millionen in die Armut stürzt, so ist seine Logik doch nicht die des »armen Lebens«, sondern die eines Lebens, das Armut als Kehrseite seiner Produktion von exzessivem Reichtum erzeugt.

Das zweite, für uns hier entscheidende Problem: Die Singularität (Neuralink) ist so beunruhigend für einen Hegelianer ebenso wie für den späten Platonow und andere Verfechter der Aufhebung (also der »Vermittlung« einer niedrigeren Stufe in das Moment einer höheren Totalität), weil sie etwas tut (oder zumindest zu tun verspricht), was Hegel nicht einmal in Betracht zieht. Für Hegel bleibt alles geistige Leben, alle tatsächliche Existenz des Geistes, verwurzelt in unserem endlichen körperlichen Dasein, unserer materiellen historischen Realität. Es gibt kein unabhängiges Reich des Geistes, dieser existiert ausschließlich in der menschlichen Kultur und die Sprache ist sein Medium. Nun wurzelt zwar auch Neuralink noch in der materiellen Realität (digitale Netzwerke, Neurobiologie) und ist gewissermaßen ein ins Extrem gesteigerter wissenschaftlich-materialistischer Reduktionismus, aber Neuralink erreicht eben auch das andere Extrem: In einem großen Sprung nach vorn eröffnet es die Aussicht auf eine direkte Verbindung zwischen Geistern, eine Kommunikation ohne materielles Ausdrucksmedium. Neuralink verspricht somit, um es noch einmal hegelianisch zu formulieren, sein eigenes unendliches Urteil umzusetzen, bei dem das Niedrigste (die materielle Realität neuronaler und digitaler Netzwerke) und das Höchste (der Geist) »zusammenfallen«. Es eröffnet sich somit die Möglichkeit des reinen Denkens: eines Denkens, das in dem präzisen Sinn einer direkten Verbindung zwischen Geistern »rein« sein wird, die keinerlei kommunikative Vermittlung braucht. Ist dies nicht auch eine Version des Kommunismus im Sinne eines Raums direkt geteilter Gedanken?

In der Vision des reifen Platonow ist der Kommunismus keine Version der Singularität mehr und die *Toska* bleibt im üblichen Sinn der Verzweiflung über das mühselige Leben, nicht im absoluten Sinne, in ihm wirksam. Vielleicht können wir die Ausgangssituation seines Meisterwerks *Die Baugrube* dennoch als eine Art Negativ der kosmischen Idee des Kommunismus lesen. Was wäre, wenn die Baugrube – dieses gigantische Loch in der Erde, das nie mit dem neuen kommunistischen Gebäude gefüllt werden wird, dieses Symbol der sinnlosen Verschwendung von Arbeit, die für den Kampf ums Überleben oder für ein besseres Leben keine Rolle spielt – ein spektakuläres Denkmal der *Toska* als unauslöschbarer Bedingung unseres Lebens wäre?

4
Singularität: Die gnostische Wende

Die Schlüsselrolle der *Toska* für Platonows Idee des Kommunismus führt uns von der Politik zur Theologie zurück, genauer zu den theologischen Implikationen bestimmter Visionen nicht nur des verdrahteten Gehirns sondern auch des Kommunismus. Heute erlebt diese theologische Dimension des verdrahteten Gehirns ein spektakuläres Comeback, nur eben (wie erwartet) ohne ihren kommunistischen Unterbau. Die erhabene Kehrseite von Musks zynischer Einsicht, dass wir »besser versuchen sollten, die Maschinen einzuholen, um nicht zu Affen im Zoo zu werden«, ist die gnostische New-Age-Lesart der Singularität, derzufolge diese nicht nur die neue Stufe der Posthumanität ist, sondern auch ein kosmisches Schlüsselereignis und die Erfüllung der göttlichen Selbstverwirklichung. In der Singularität werden demnach nicht nur wir Menschen göttlich, sondern es wird auch Gott selbst erst vollständig göttlich. Insofern die Singularität auch eine Art von Synchronizität der Geister umfasst, verwundert es nicht, dass sie theosophische Spekulationen hervorruft. Denn wenn über Synchronizität diskutiert wird, ist die obskurantistische Versuchung nahezu unwiderstehlich – kein Wunder, dass Jung diese Idee liebte.[1] Michael Zimmermans Essay über dieses Thema liefert eine prägnante Darstellung dieser

Hypothese, die von Ray Kurzweil populärwissenschaftlich ausgearbeitet wurde:

> [D]as Zusammenfließen von Nanotechnologie, Künstlicher Intelligenz, Robotik und Gentechnik wird bald posthumane Wesen hervorbringen, die uns an Macht und Intelligenz bei weitem übertreffen werden. So wie Schwarze Löcher eine »Singularität« bilden, aus der keine Informationen entweichen können, werden auch die posthumanen Wesen eine »Singularität« bilden, deren Ziele und Fähigkeiten unseren geistigen Horizont übersteigen. Technologische Posthumanisten stützen sich wissentlich oder unwissentlich auf den seit langer Zeit geführten christlichen Diskurs der »Theosis«, derzufolge der Mensch imstande ist, Gott oder gottähnlich zu werden. Von Paulus und Luther bis zu Hegel und Kurzweil spielt die Idee der menschlichen Selbstvergöttlichung eine herausragende Rolle. Besonders Hegel betont, dass Gott erst in dem Prozess ganz verwirklicht wird, durch den die Menschheit absolutes Bewusstsein erlangt. Kurzweil stimmt zu, dass Gott nur durch historische Prozesse, die das gesamte Universum erleuchten und somit transformieren, ganz verwirklicht wird. Der Unterschied ist, dass Kurzweil und vielen anderen Vertretern des Posthumanismus zufolge unsere Nachkommen – die posthumanen Wesen – diesen außerordentlichen Prozess ausführen werden.[2]

Oder, um Kurzweil selbst aus seinem Buch *Menschheit 2.0* zu zitieren: »Unsere Zivilisation wird sich ausweiten und alle tote Materie und Energie in intelligente und transzendente Materie und Energie verwandeln. Die Singularität wird also in gewissem Sinne das Universum beseelen.«[3] Kurzum, die Singularität ist für Kurzweil

> ein Wendepunkt im Evolutionsprozess, der außerordentliche Wesen hervorbringen wird, die in der Lage sind, das gesamte materielle Universum aufzuwecken. Man kann den Standpunkt vertreten, dass eine solche Erweckung nur ein Potenzial ver-

wirklicht, das von Anfang an da war. Indem sie das Wort ›Singularity‹ großschreiben, deuten die Posthumanisten an, dass das Ereignis nicht nur wichtig, sondern numinos ist, das heißt etwas besitzt, das einer heiligen Dimension gleichkommt. Posthumanisten wie Kurzweil stellen die Zukunft auf eine Weise dar, die zumindest mit einigen Gottesvorstellungen durchaus vereinbar ist.[4]

Die gnostische Hypothese der Posthumanisten besagt, dass

> posthumane Wesen irgendwann das gesamte Universum in eine allmächtige Intelligenz verwandeln werden, die in wesentlichen Punkten dem monotheistischen Gott ähnelt. Kurzweils Gott transzendiert nicht die Natur, sondern führt diese stattdessen an den Zenit ihrer inneren Möglichkeiten. [...] Ein solches göttliches Selbstbewusstsein kann nur durch die Menschheit entstehen. Nachdem der Geist sich selbst ein Anderes in Form der Natur, die im Raum ausgedehnter Geist ist, gesetzt hat, manifestiert er sich als bewusste Menschheit, die sich in der Folge daran macht, die von der ausgedehnten Natur konstituierte Andersheit zu erkennen und so zu assimilieren. Materielle Dinge sind im Raum ausgedehnte »versteinerte Intelligenz«, das Bewusstsein ist dagegen verflüssigte Intelligenz, die sich mit der Zeit (Geschichte) entfaltet. »[V]on der Idee entfremdet, ist die Natur nur der Leichnam des Verstandes. Die Natur ist aber nur an sich die Idee, daher sie Schelling eine versteinerte, andere sogar die gefrorene Intelligenz nannten; der Gott bleibt aber nicht versteinert und verstorben, sondern die Steine schreien und heben sich zum Geiste auf.«[5]

Die Bezüge zu Hegel (oder, allgemeiner, zum Deutschen Idealismus) werden hier klar dargelegt, ebenso wie die Kluft, die die Idee der Singularität vom Deutschen Idealismus trennt. Durch den Prozess der Verwirklichung ihrer inneren geistigen Potenziale wird die träge materielle Realität allmählich zum Geiste. Der erste Höhepunkt dieses Prozesses ist die menschliche Intelligenz, worin der Geist seiner selbst bewusst wird und von seiner Entfremdung/Entäußerung in der materiellen Realität zu sich selbst zurückkehrt. Auf dieser Stufe bleibt der Geist jedoch der Realität entgegengesetzt, er wird sich seiner selbst als individuelles Bewusstsein im Gegensatz zur materiellen Realität bewusst. Um sich vollständig zu verwirklichen, muss der Geist diesen Gegensatz überwinden und sich seiner selbst als der geistigen Dimension, des geistigen Innenlebens der gesamten (materiellen) Realität bewusst werden. Auf dieser Stufe überschneidet sich mein Selbstbewusstsein mit dem Selbstbewusstsein der gesamten Realität oder, theologisch ausgedrückt, mein Bewusstsein von Gott ist zugleich das Selbstbewusstsein Gottes. Gott ist kein Wesen außerhalb des Prozesses der Realität, das diese aus sicherer Entfernung lenkt; der Prozess der Realität ist der Prozess, der in Gott selbst stattfindet, er überschneidet sich mit dem Werden Gottes selbst. – Der Unterschied zwischen den Vertretern des Deutschen Idealismus und denen der Singularitätstheorie besteht darin, dass für Erstere diese vollständige Einheit von Geist und Realität in der philosophischen Spekulation (oder, in einer mystischeren Version, in der theosophischen Erfahrung) schon erreicht ist. Die menschliche Selbstbewusstheit spielt eine zentrale Rolle im Kosmos, weil sich in ihr die Realität ihrer selbst bewusst und Gott ganz wirklich wird. Für die Vertreter der Singularitätstheorie hingegen können wir endlichen Menschen die vollständige Einheit von Geist und Realität nicht verwirklichen – unser einzelnes, individuelles Bewusstsein ist ein zu großes Hindernis. Eine Versöhnung der Realität mit dem Geist ist nur möglich, wenn wir unsere getrennte Individualität aufgeben und eins werden mit dem Geist, der die Realität selbst durchdringt, wenn sich unser Selbstbewusstsein als die Selbstbewusstheit der Realität selbst erlebt, kurzum: wenn wir in die Singularität eintreten:

> Der Motor der Geschichte, der »hinter dem Rücken« der historischen Akteure läuft, ist der Imperativ des Universums, sich vollständig selbstbewusst zu machen. Für Kurzweil lag Hegel in vielen Punkten richtig, jedoch nicht in diesem: Alpha ist nicht zu Omega geworden, der Endzweck ist noch nicht erreicht und der Geist ist seiner selbst noch nicht vollständig bewusst geworden. Die gewaltige Andersheit muss noch geweckt werden, indem sie an die göttliche Intelligenz angeglichen wird. Wenn ein starkes kosmisches Telos dabei geholfen hat, überhaupt erst einmal die selbstbewusste Menschheit entstehen zu lassen, so kann dasselbe Telos möglicherweise diejenigen beleben, die heute eine posthumane Zukunft für möglich und wünschenswert halten. […] Der Kosmos hat sich durch die Menschheit zur Selbstbewusstheit gebracht. Irgendwann wird sich der Mensch über sich selbst hinaus entwickeln, indem er Formen des Bewusstseins und der Technologie schafft, die eine kosmische Selbstverwirklichung möglich machen, welche der paulinischen Hoffnung gleichkommt, dass »[a]uch die Schöpfung […] von der Sklaverei und Verlorenheit befreit werden [soll] zur Freiheit und Herrlichkeit der Kinder Gottes.«[6]

Wir haben es hier mit einer weiteren (dritten) Version des Gedankens »Hegel war zu früh« zu tun. Die erste stammt vom jungen Georg Lukács, für den Hegels Versöhnung das idealistische Urbild der wirklichen Versöhnung von Subjekt und Substanz war, der proletarischen Revolution, durch die sich das Proletariat die entfremdete historische Substanz aneignet; die zweite lieferte Francis Fukuyama, für den der ideale Vernunftstaat, der Abschluss der Weltgeschichte, in dem die individuelle Freiheit mit der organischen Gesellschaftsordnung versöhnt wird, nicht (wie Hegel annahm) in der rationalen Monarchie erreicht wird, sondern erst in der heutigen liberalen Demokratie; und schließlich gibt es noch die Transhumanisten, für die erst die Aussicht auf die Singularität eine wirkliche Versöhnung von Geist und Realität möglich macht.[7] Das Problem, das sich hier ergibt, ist natürlich, was während dieses Übergangs mit uns Menschen geschehen wird.

> Nach Ansicht der Posthumanisten kann sich die Menschheit nicht in der für die Rekonstruktion des Universums geforderten Weise entwickeln, weil der organische Körper für diese Aufgabe zu schwach ist. So wie die Menschheit auf dem Weg zur Erlangung der Herrschaft auf dem Planeten viele Tierarten ausgerottet hat, darunter sehr wahrscheinlich auch andere höhere Primaten, könnten die posthumanen Wesen die Menschen ausrotten, um die galaktische und möglicherweise sogar kosmische Herrschaft zu erlangen, all dies auf der Suche nach einem totalen Selbstbewusstsein, wie wir es uns nicht vorstellen können.[8]

Manche Vertreter des Posthumanismus begrüßen dieses Verschwinden heldenhaft als »die einzige Chance in der kosmischen Geschichte, dass sich selbstbewusste Wesen in Richtung der Singularität bewegen können.«[9] Wir verlieren unsere körperliche Existenz, aber wir können die Grundlage unserer Existenz von Hardware auf Software umstellen: Wir können unser Bewusstsein auf eine postbiologische (digitale) Einheit hochladen und uns dann auf diesem Wege unbegrenzt reproduzieren. Es bleibt natürlich die Frage: »Muss manche unschuldige Blume zertreten werden, [...] damit der Geist den Sprung zum unsterblichen Superbewusstsein schafft?«[10] Wir können die Frage auch theologisch formulieren: Unser Selbst als das, was der Realität entgegensteht (und von Gott getrennt ist), wird von der Religion als Sündenfall beschrieben – könnte die Menschheit demnach ihren prälapsarischen Zustand zurückerlangen, indem sie in die Singularität eintritt? Mit diesem Dilemma ist noch ein weiteres verknüpft, dem wir schon begegnet sind: Werden wir in der Singularität unser individuelles Selbstbewusstsein behalten? Einige Theoretiker behaupten, die Singularität bedeute kein völliges Eintauchen in die geistige Substanz, wir könnten Subjekte bleiben, die mit substanziellem Inhalt spielen. So sagt beispielsweise Cadell Last:

> Wenn wir uns überlegen: »Wie würde Hegel Kurzweil lesen?«, dann neigen wir, glaube ich, dazu, Kurzweil für eine Art »Spinozisten« zu halten, der sich nach einer »immanenten Verbindung« mit der »physischen Substanz« sehnt (der Geist erweckt durch komplexe Computerberechnungen das gesamte Universum zum Leben). Aber sollten wir diese Kurzweil'schen Spekulationen, durch die Hegel'sche Linse betrachtet, nicht eher als »absolutes Bild« auffassen (an dem Fichte steckenblieb) und stattdessen darüber nachdenken, ob nicht »jedes Subjekt letztlich die Schaffung (aus dem Nichts) seines eigenen Universums verlangen wird«? Wäre das nicht der beste Ausdruck dafür, »das Absolute als Substanz, aber ebensosehr als Subjekt« aufzufassen? Mit dieser Formel vermeiden wir den Gedanken, dass »die Subjektivität mit anderen Subjekten verschmilzt« oder »die Subjektivität mit dem physischen Objekt verschmilzt«. Sollten wir nicht vielmehr darüber nachdenken, wie jedes Subjekt in Bezug zu seinem eigenen virtuellen (begrifflichen) Universum agiert?[11]

Aus freudianischer Sicht ist Lasts Lösung pervers: Statt in der göttlichen Singularität aufzugehen, machen die Subjekte Gebrauch von ihr und gehen spielerisch damit um. Das Interessante an dieser Lösung ist, dass sie Lacans Haltung aus der letzten Phase seiner Lehre widerspiegelt. Nach jahrzehntelangem Bemühen, durch das imaginäre/symbolische Gespinst der Fiktionen zum reinen Realen durchzudringen, gestand er seine Niederlage ein. Adrian Johnston hat die Feinheiten und Ambiguitäten dieser »pessimistischen« Wende herausgearbeitet, die sich ganz am Ende von Lacans Lehre ereignet und die in seiner neuen Formel gipfelt, wonach am Ende der psychoanalytischen Behandlung die Identifikation mit dem Symptom stehe (nicht dessen Auflösung):

> Das Durchmachen einer abschließenden Erfahrung der »subjektiven Destitution«, in der sowohl Identifikationen auf der Ich-Ebene als auch Bezugspunkte wie große Andere und Subjekte, denen Wissen unterstellt wird, ins Schwanken geraten oder vollkommen verschwinden, ist ein wesentlicher, einschneidender Moment des lacanianischen Analyseprozesses. Dennoch hält Lacan es weder für möglich noch für wünschenswert, ständig in einem solchen die Analyse beschließenden, trostlosen Zustand zu verweilen. Er betrachtet es als ebenso angemessen wie unausweichlich, dass sich Ichs, große Andere, Subjekte, denen Wissen unterstellt wird, und so weiter für den Analysanden nach der Analyse wieder neu bilden. Die Hoffnung ist, dass diese Neubildungen im Anschluss an und als Reaktion auf die Analyse bessere, erträglichere Versionen für den Analysanden sein werden.[12]

Wir bekommen es hier mit einer Art von »postmodernem« Lacan zu tun: Wir können dem Realen nur in seltenen Momenten der Klarheit begegnen, doch diese extreme Erfahrung kann nicht andauern, und wir müssen zur Normalität zurückkehren, das heißt, zu einem Leben im Schein und in symbolischen Fiktionen ... Und gilt nicht dasselbe für den christlichen Atheismus? Der naheliegende Vorwurf an Badiou, mich und andere »christliche Atheisten« lautet: Warum stehen wir nicht direkt für den Materialismus ein, wozu brauchen wir einen Umweg über die Religion? Der christliche Atheist sagt, dass wir die Religion nicht einfach hinter uns lassen können, dass wir ihr Trugbild brauchen, um immer wieder dagegen zu verstoßen, oder, um es kantianisch auszudrücken: Die Religion ist nicht nur ein historisches Phänomen, sondern eine Art transzendentale Illusion, die dem menschlichen Geist innewohnt. Statt also Gott aus dem Bild zu tilgen, besteht der einzige Weg darin, zu lernen, wie man »von *Dieu comme le Nom-du-Père* ›Gebrauch machen‹ kann.«[13] In welchem präzisen Sinn gilt denn dann, dass *les non-dupes errent*, das heißt, dass die, die sich angeblich von der religiösen Illusion nicht täuschen lassen, umherirren und unrecht haben? Johnston zeigt es an:

> Wenn Lacan in Abwandlung eines Dostojewski-Zitats sagt, wenn Gott tot sei, dann sei nichts mehr erlaubt, so scheint der Sinn dahinter zu sein, dass permanenter radikaler Atheismus nach der strengen lacanianischen Definition des Begehrens nicht begehrenswert ist. De Kesel behauptet, für Lacan genieße die Religion den Vorteil, dass sie das Begehren aufrechterhalte. Strebt, wenn das so ist, Lacans Version der Analyse wirklich danach, mit dem Theismus, der Religion und so weiter aufzuräumen? […] Die libidinöse Ökonomie des Unbewussten, in deren Mittelpunkt das Begehren mit seinen fundamentalen Phantasmen um das *objet petit a* steht, wird vom Gesetz Gottes als dem toten Vater und/oder Namen-des-Vaters gestützt. Stirbt dieser Gott, bricht die gesamte Ökonomie, die Er unterstützt, zusammen (d. h. »nichts ist erlaubt«). In seinem Aufsatz »Television« erwähnt Lacan im Zusammenhang mit ödipalen Angelegenheiten: »Selbst wenn die Erinnerungen an die familiäre Unterdrückung nicht wahr wären, so müssten sie erfunden werden, und das wird ganz gewiss getan.« In Abwandlung dieser Bemerkung könnte man sagen, wenn es nach Lacan ginge, müsste Gott, wenn er tot wäre, mindestens aus libidinösen Gründen wiederauferweckt werden – und das ist ganz gewiss getan worden.[14]

Bedeutet der Satz »wenn Gott nicht existiert, ist alles verboten« somit nicht, dass wir, um unser Begehren aufrechtzuerhalten, so etwas wie Gott brauchen (und sei es auch nur in seiner neutraleren, irreligiösen Form als Subjekt, dem Wissen unterstellt wird)? Wie lässt sich dies mit Lacans Behauptung vereinen, der Atheismus sei der Gipfel der psychoanalytischen Erfahrung? Ist Lacans Sicht, dass man den Namen-des-Vaters nicht abschaffen, sondern nutzen sollte, der einzige Ausweg? Gilt nicht darüber hinaus Ähnliches für den (etwaigen) Übergang in die Singularität? Impliziert dieser Übergang nicht, dass das Symbolische in gewissem Sinne ins Reale fällt und das (menschliche) Begehren damit getötet wird? Stehen wir hier also nicht ebenfalls vor der Alternative, diesen Übergang entweder zu vollziehen und damit alles zu riskieren oder (im Einklang mit dem späten Lacan) Abstand davon zu nehmen und am Reich der symbolischen Fiktionen festzuhalten? Sollte demnach die Aufforderung, nicht in die Singularität einzutreten, zu einer neuen Version des Inzestverbots erhoben werden? Der Übergang in die Singularität ist auch weit davon entfernt, ein Schritt in die göttliche Dimension zu sein (wie die New-Age-Vertreter der Singularität behaupten) – er bedeutet im Gegenteil den Verlust dieser Dimension, die Abschaffung jeder Transzendenz, die äußerste Vulgarisierung/Verflachung unserer Existenz. Johnston deutet Lacans Lösung als Flucht in die Perversion, in ein perverses Spiel mit der Übertretung: Man postuliert den großen Anderen, um ihn zu verletzen/zu töten, mit der Implikation, dass er vor seinem Tod lebendig/vollständig/nicht ausgestrichen war:

> Der paradoxe Status des Christentums als Religion des Atheismus, ein Status, den Lacan wie so viele andere von Hegel bis Žižek diesem Monotheismus zuweist, ist ein wesentlicher Bestandteil dessen, was es nach Lacans Einschätzung im strengsten Sinne pervers macht. Der/die Lacan'sche Perverse spielt ein doppeltes Spiel. Auf der einen Seite registriert er/sie zumindest unbewusst den Signifikanten des ausgestrichenen Anderen S($\not{A}$), das heißt Anzeichen dafür, dass es keinen Ort der Allwissenheit, Allmacht, Vollkommenheit und dergleichen gibt. Auf der anderen Seite unternimmt der/die Perverse als Reaktion auf dieses Registrieren von S($\not{A}$) wiederholt den Versuch, die Risse im großen Anderen auf die ein oder andere Weise zu kitten (d.h. »das Loch im Anderen zu stopfen«). Als Religion des Atheismus offenbart das Christentum, dass der große Andere nicht existiert (»Vater, warum hast du mich verlassen?«), und verbirgt zugleich diese Offenbarung durch verschiedene Mittel (Leugnung des To-

des Gottes, Vergöttlichung/Fetischisierung Jesu als Gott Christus und so weiter).[15]

Den Schlüssel zu diesem Paradox liefert uns Lacans Erklärung, der Trick beim Inzestverbot liege darin, eine immanente Unmöglichkeit als Resultat eines (letztlich äußerlichen) Verbots zu präsentieren – als ob man den Inzest voll und ganz genießen könnte, wenn nur die Mutter nicht verboten wäre. Das Verbot lässt also die trügerische Hoffnung aufkeimen, wir könnten, wenn wir gegen es verstoßen, das *Ding* bekommen – die Tatsache, dass die Mutter verboten ist, maskiert, einfach ausgedrückt, den Umstand, dass die Mutter von vornherein nicht *die* Mutter/das *Ding* ist. Heterosexuelle Männer suchen sich Frauen als Muttterersatz, um die Tatsache zu verschleiern, dass die Mutter selbst nicht *die* Mutter ist.

Es hat mithin den Anschein, dass auch Lacan in seiner letzten Periode dieses Spiel akzeptiert: Wir brauchen Fiktionen und Illusionen, um zu überleben. Statt also zu versuchen, durch Formalisierung und/oder das Gebrabbel von *Lalangue* zum reinen Realen (jenseits des Imaginären/Symbolischen) zu gelangen, bekräftigt er die Dimension des Symbolischen/Imaginären mit ihren Fiktionen und Lügen und betont deren Unausweichlichkeit. Die Fokussierung auf das Reale beim späten Lacan ist daher nicht das letzte Wort und man sollte »eine scharfe Trennung zwischen dem späten Lacan und dem endgültigen Lacan« vornehmen.[16] Ganz am Schluss, in seinen Seminaren XXIV (*L'insu que sait de l'une-bévue, s'aile à mourre* [1976–1977]) und XXV (*Le moment de conclure* [1977–1978]),

> gibt Lacan selbstkritisch vieles von dem auf, was er in der Spätphase seiner Lehre von den 1960er bis Mitte der 1970er Jahre vertreten hat. [...] Ab 1976 beendet er die Herrschaft des Mathems, das heißt, den Versuch einer von Bedeutung bereinigten Analyse durch Formalisierungen im Stil der Mathematik, die sich auf ein

sinnloses Reales beziehen. [...] Der endgültige Lacan entscheidet sich dagegen für eine nichtreduktive Behandlung des *sens*, die erklärtermaßen vom Marx'schen Materialismus inspiriert wurde. Die Bedeutungen der imaginär-symbolischen Realität gehen aus einem sinnlosen Realen hervor, demgegenüber sie anschließend relativ autonom werden und das seinerseits von ebenjenen Bedeutungen beeinflusst und gestört wird.[17]

Johnston gibt die Verschiebung, die sich beim ganz späten Lacan ereignet, richtig wieder. Hinzuzufügen wäre noch, dass man in diesen Schluss nicht zu viel hineininterpretieren sollte. Er ist kein letzter Triumph des Lacan'schen Denkens, sondern eher das Eingeständnis einer ausweglosen Lage. Die Parallele zum historischen Materialismus (das »nichtreduktive« Verhältnis zwischen dem »Unterbau« des Realen und dem »Überbau« des Imaginären/Symbolischen) ist kein positives Resultat, sondern recht erbärmlich. Die Frage bleibt: Wie soll man sich den Schnitt im Realen vorstellen, der den Raum eröffnet, in dem das Imaginäre/Symbolische entstehen kann?

Man muss es deutlich sagen: Lacans spätes Eingeständnis des Scheiterns schließt auch das Scheitern seiner »antiphilosophischen« Haltung ein, es ist das Ergebnis seines Widerwillens, die philosophischen Implikationen seiner Theorie zu durchdenken. Wir sollten daher furchtlos zur Philosophie zurückkehren, konkret zu Hegel, denn er hat mit demselben entscheidenden Problem zu kämpfen: Warum ist der Umweg über die Illusionen notwendig? Sollten wir dies als zynisches Spiel des Absoluten mit sich selbst erklären? Tatsächlich sind Hegels Formulierungen manchmal trügerisch, so als wolle er sagen, dass die absolute Idee mit sich selbst spielt, sich entäußert und diese Entäußerung dann überwindet – er verwendet in diesem Zusammenhang sogar den Ausdruck »genießen«, wie im allerletzten Satz seiner *Enzyklopädie*, wo es heißt, dass »die ewige an und für sich seiende Idee sich ewig als absoluter Geist betätigt, erzeugt und genießt.«[18] Der Perversion verfallen wir nur, wenn wir akzeptieren, dass es ein Absolutes gibt, das (selbst-)transgressive Spielchen spielt, um sich zu amüsieren. Folglich ist diese gesamte Konfiguration im Ganzen abzulehnen – sie beruht auf der zynischen Lesart von *»les non-dupes errent«*: Man muss das Spiel mitspielen, sich täuschen lassen, selbst wenn man weiß, dass es falsch ist. Die Formel *»les non-dupes errent«* bedeutet jedoch etwas anderes: Wer nicht getäuscht wird, irrt, nicht nur pragmatisch (wir brauchen Illusionen, um unser Begehren aufrechtzuerhalten), sondern auch ganz eigentlich, in Bezug auf die Wahrheit selbst. Das Spiel nur mitzuspielen, ohne es ernst zu nehmen, ist nicht der Ausweg.

Doch was ist dann der Ausweg? Wir müssen akzeptieren, dass keine der drei folgenden Lösungen funktioniert: (1) Wir sollten auf das Reale zielen und versuchen, die Illusionen hinter uns zu lassen; (2) wir wissen, dass Illusionen eben genau das sind, sollten sie aber dazu »nutzen«, unser Begehren aufrechtzuerhalten und nicht in die Sackgasse der Depression zu geraten; (3) wir sollten die Tatsache hinnehmen, dass es nichts anderes gibt als eine inkonsistente Textur aus Illusionen, dass die Idee eines Realen jenseits der Illusionen gerade die größte Illusion ist, und sollten freudig mit dieser Textur der Illusionen spielen. Es gibt eine vierte Lösung: Das Reale ist nicht äußerlich, nicht außerhalb der imaginären/symbolischen Textur der Fiktionen, sondern ist die immanente Unmöglichkeit dieser Textur – Illusionen kreisen um ein unmögliches Reales, das keinen substanziellen Status außerhalb der Textur der Illusionen besitzt. Mit anderen Worten: Das Reale ist kein harter, unerreichbarer Kern der Realität, um den herum symbolische/imaginäre Fiktionen flottieren, die uns davor schützen, vom Realen unmittelbar berührt zu werden; es ist vielmehr ein rein virtueller (und in diesem Sinne fiktiver) Bezugspunkt, um den herum wir verschiedene Versionen der Realität konstruieren. Sobald wir diesen Begriff des Realen voll und ganz übernehmen, brauchen wir den zynischen Rückgriff auf das unserem Begehren zugrunde liegende Netz der Illusionen nicht mehr. Die Spannung, die das Begehren definiert, ist bereits im »reinen« Realen wirksam, bei dem es sich nicht um ein reines Chaos außerhalb des Symbolischen handelt, sondern um dessen immanente Unmöglichkeit. Lacans Idee des Borromäischen Knotens, der die drei Dimensionen des Realen, des Symbolischen und des Imaginären untrennbar miteinander verbindet, kann daher nicht die endgültige Antwort auf die Frage sein, wie die Realität strukturiert ist. Das Symbolische und das Imaginäre gehören nicht zur eigentlichen ontologischen Realität. Wir müssen uns mit der Frage auseinandersetzen, wie das vormenschliche Reale strukturiert sein muss, damit das Symbolische und das Imaginäre in ihm entstehen können.

Und wieder gerät Lacan in eine Sackgasse, nicht weil er der Philosophie zu sehr verhaftet bleibt, sondern weil er in der philosophischen Reflexion nicht weit genug geht. Hinter seiner Vorstellung des Realen lauert stets die naive Idee des Realen als einer substanziellen Andersheit, die sich der Symbolisierung entzieht. Lacan versäumte es, die Konsequenzen aus der Tatsache zu ziehen, dass das Reale dem Symbolischen absolut inhärent und dessen immanente Aporie/Unmöglichkeit ist.

Mit dem »christlichen Atheismus« ist daher nicht die zynische Haltung gemeint, sich die religiöse Fiktion »zunutze zu machen« und mit Gott zu spielen, obwohl man weiß, dass er eine Illusion ist. Das meint Lacan nicht, wenn er erklärt, Theologen seien die einzig wahren Materialisten. Er behauptet vielmehr, dass sich das Reale (im materiellsten Sinne) nur in den Rissen/Inkonsistenzen theologischer Gebäude erkennen lässt, weil es von diesen Rissen konstituiert wird, weil es nur in diesen Rissen wohnt. Hier geht es nicht um ein ironisches oder zynisches Spiel, nicht um Aussagen wie »Wir sind in Wirklichkeit Materialisten, aber wir spielen mit religiösen Fiktionen, um unseren Standpunkt zu beweisen.« Wenn Lacan sagt, dass *»Gott unbewusst ist«*[19] *(Dieu est inconscient)*, so ist diese Aussage eindeutig gegen Jung gerichtet. Sie bedeutet nämlich nicht, dass die Göttlichkeit das Reich unserer tiefgründigen unbewussten psychischen Archetypen ist; daraus dass Lacan das Unbewusste *(inconscient)* als *»ics«* abkürzt, was auch *»inconsistant«* (inkonsistent) bedeuten könnte, und dass logische Inkonsistenz für Lacan das Definitionsmerkmal der Materialität ist, folgt, dass die göttliche Inkonsistenz der einzige Weg zum Materialismus ist – »die Götter sind aus dem Feld des Realen«,[20] und das Reale ist nur über die göttliche Inkonsistenz zugänglich. Jeder »direkte« Materialismus gerät in die Falle der Ontologie.

Lässt sich dasselbe nicht auch über die Singularität sagen? Man kann die zynische Lesart der Singularität vertreten: Um nicht in deren kollektivem Raum unmittelbar geteilter Erfahrungen zu ersticken, werden sich die Subjekte die Illusion unserer normalen Interaktivität als freie Individuen »zunutze machen« und das Spiel des Verharrens in der gewohnten Realität spielen, als ob es die echte wäre. Wir stoßen hier auf dieselbe Ambiguität wie am Ende des Films *Matrix*. In der letzten Szene verkündet Neo die Befreiung der Menschheit von der Matrix – aber der Stellenwert dieser Befreiung ist zweifelhaft. Als Resultat von Neos Eingreifen kommt es zum Systemversagen (»SYSTEM FAILURE«) in der Matrix; gleichzeitig wendet sich Neo an die Menschen, die noch immer in der Matrix gefangen sind, als ihr Retter, der sie lehren wird, wie sie sich aus den Zwängen der Matrix befreien können – sie werden fähig sein, die physikalischen Gesetze zu brechen, Metall zu verbiegen, durch die Luft zu fliegen … Das Problem ist, dass alle diese »Wunder« nur möglich sind, solange wir *in* der von der Matrix generierten virtuellen Realität bleiben und lediglich deren Regeln beugen oder ändern. Unser »realer« Status ist immer noch der von Sklaven der Matrix, wir gewinnen sozusagen nur ein wenig Macht dazu, um unsere mentalen Gefängnisregeln zu verändern. Warum schlägt Neo nicht vor, die Matrix vollständig zu verlassen und in die normale Realität einzutreten, in der wir als elende Kreaturen auf der zerstörten Erdoberfläche wohnen? Weil diese elende Realität, wie er von Morpheus gelernt hat, nicht das Reale ist. Die Matrix ist natürlich eine Metapher für das, was Lacan den »großen Anderen« genannt hat, die symbolische Ordnung, das Netzwerk, das die Realität für uns strukturiert. Diese Dimension des »großen Anderen« ist die der konstitutiven Entfremdung des Subjekts in der symbolischen Ordnung: Der große Andere zieht die Fäden, das Subjekt spricht nicht, es »wird« von der symbolischen Struktur »gesprochen«. Die Paradoxie, das »unendliche Urteil« der Matrix ist die wechselseitige Abhängigkeit zweier Aspekte: der völligen Künstlichkeit (Konstruiertheit) der Realität und der triumphalen Rückkehr des Körpers in Form von ballettartigen Kämpfen in Zeitlupe und unter Missachtung der Gesetze der gewöhnlichen physikalischen Realität. Überraschenderweise ist der Film viel präziser im Hinblick auf die Unterscheidung zwischen dem Realen und der Realität als man denken würde. Morpheus' berühmter Ausspruch, »Willkommen in der Wüste des Realen!«, bezieht sich nicht auf die reale Welt außerhalb der Matrix, sondern auf das rein formale digitale Universum der Matrix selbst. Als Morpheus Neo mit dem Bild der Ruinen von Chicago konfrontiert, sagt er bloß: »Das ist die Welt, wie sie heute existiert«, das heißt das, was von der Realität außerhalb der Matrix nach der Katastrophe übriggeblieben ist; die »Wüste des Realen« bezieht sich dagegen auf die Düsterkeit des rein formalen, digitalen Universums, das den falschen »Erfahrungsschatz« der in der Matrix gefangenen Menschen generiert.[21]

Den großen Anderen zu zerstören, ist daher nicht die Lösung; sie liegt vielmehr in der Separation, Lacans Gegenstück zur Alienation (Entfremdung). Meint Lacan mit Separation das, was

Neo am Ende des Films zu predigen scheint, ein »Savoir-faire«, durch das wir uns die Matrix zunutze machen, anstatt in ihr entfremdet zu sein? Nein: Separation bedeutet in erster Linie die Trennung des großen Anderen von sich selbst und unsere (des Subjekts) Verortung in dieser Lücke, die den Anderen von sich selbst trennt. Wie wir schon am Beispiel des Christentums gesehen haben, ist die Lücke, die uns von Gott trennt, gleichbedeutend mit der, die Gott von sich selbst trennt. Niemand – weder wir noch Gott – kann hier die Position des zynischen Manipulanten einnehmen. Separation bedeutet vor allen Dingen, dass die gesamte Konstellation zutiefst inkonsistent und chaotisch ist, weil es keine Kontrollinstanz gibt, die heimlich die Fäden zieht.

Können wir denselben Schritt in Bezug auf die Singularität vollziehen? Als Ausgangspunkt sollten wir hier die immanente Inkonsistenz der Singularität selbst wählen. Warum stellen wir uns den Übergang in die Singularität automatisch als Eintauchen in ein riesiges singuläres Feld vor? Könnte dieses nicht auch ein Bereich widersprüchlicher und inkonsistenter Räume sein? Es ist natürlich noch zu früh, über widerstreitende Singularitäten zu spekulieren, aber wir sollten zumindest die Möglichkeit widersprüchlicher und inkonsistenter Ebenen geteilter Erfahrungen in Betracht ziehen, die den Konflikt zwischen Individuen auf den zwischen Formen unmittelbarer kollektiver Erfahrung übertragen. Vielleicht können wir unsere Entfremdung in der Singularität ja mit der Separation überwinden, indem wir uns den immanenten Inkonsistenzen und Konflikten öffnen, die die Singularität selbst durchqueren. Die Separation ist also auch hier kein zynisches Spiel, in dem das von der Singularität befreite Subjekt selektiv mit deren verschiedenen Teilen spielt. (Wir erinnern uns, dass ich laut Musks Beschreibung mein Gehirn mit dem Raum gemeinsamer Erfahrungen verbinden oder von ihm trennen kann; im Gegensatz dazu sollten wir jedoch betonen, dass ich in den meisten Fällen nicht einmal merken werde, dass ich in die Singularität eingetaucht bin.) Separation bedeutet, dass ich, während ich noch dem Raum der Singularität ausgesetzt bin, feststelle, dass die Singularität kein einzelner Akteur ist, der das Spiel steuert, sondern ein von Widersprüchen durchzogener inkonsistenter Raum mit lauter Macken.

Georg Cantor revolutionierte die Mathematik, als er den idealistischen Mythos einer einzigen Unendlichkeit entlarvte und den materialistischen Topos mehrerer inkonsistenter Unendlichkeiten einführte. (Als frommer Katholik bemühte er sich verzweifelt, den Schaden, den er der religiösen Idee des göttlichen unendlichen Einen zugefügt hatte, wiedergutzumachen, indem er ein nichtquantitatives unendliches Eines erdachte, das die Mannigfaltigkeit numerischer Unendlichkeiten umfasst.) Vielleicht sollten wir es heute mit der Singularität ähnlich machen, indem wir die Idee einer einzigen Singularität als neue Form des Göttlichen entlarven und mannigfaltige inkonsistente und widersprüchliche Singularitäten einführen. Viel realistischer als ein großer Entwurf der Singularität ist daher die Überlegung, spezifische Typen von »posthumanen Wesen« für bestimmte Aufgaben zu produzieren – Soldaten, die lange, anstrengende Schlachten ertragen können, werden, soweit wir das beurteilen können, bereits »produziert«.

Kehren wir für einen Moment zur bereits erwähnten Möglichkeit einer mit anderen geteilten sexuellen Erfahrung zurück: Deren perverse Version würde darin bestehen, die Erfahrung nicht mit einer entfernten Person zu teilen (ein enger Freund oder eine Freundin erlaubt mir, seinen/ihren Liebesakt mitzuerleben), sondern sie direkt mit meinem Partner/meiner Partnerin zu teilen, während wir Sex haben. Die unmittelbaren Auswirkungen meiner sexuellen Aktivität auf meinen Partner »live« mitzuerleben – würde das nicht einer sexualisierten Version der Subjekt-Objekt-Identität gleichkommen? Das Beispiel konfrontiert uns mit dem Thema geteilter Erfahrungen, die miteinander im Konflikt stehen können. Stellen wir uns einen noch schlimmeren Fall vor: Ich bin ein Sadist und kann die Erfahrung der Person miterleben, die ich quäle – werde ich in der Lage sein, diese Erfahrung in meine eigene zu integrieren und zu einem zusätzlichen Quell meiner perversen Lust zu machen (»Großartig, ich fühle, wie mein Opfer leidet!«), oder wird die Kollision der beiden Erfahrungen zu einer Art Zusammenbruch führen? Diese Art der Überlagerung multipler Erfahrungen gleicht dem, was die Quantenphysik Superposition nennt (die nur im virtuellen Raum der Quantenschwankungen möglich ist): Sie kann in unserer Realität nicht vorkommen (so wie Schrödingers berühmte Katze in unserer Realität nicht gleichzeitig lebendig und tot sein kann).

Doch was wäre, wenn die Singularität nicht auf einem einzelnen Selbstbewusstsein aufbauen würde? Was, wenn sie ein fragmentarischer Raum wäre, der für eine Vielzahl verschiedener, inkonsistenter, ja sogar »widersprüchlicher« Erfahrungen offen wäre? Denken wir an die ambivalente Haltung eines Jugendlichen gegenüber seinem Vater: Was wäre, wenn die Singularität nicht nur Hass und Liebe nebeneinander enthalten könnte, sondern auch imstande wäre, den Konflikt als solchen zu registrieren? Und um noch einmal auf das Beispiel der geteilten sexuellen Erfahrung mit dem Partner zurückzukommen: Was, wenn diese mich in die Lage versetzt, die eigene Lust und das Leid des anderen ebenso zu erleben, wie man in Momenten intensiven Genusses nicht nur Lust *und* Schmerz verspürt, sondern Lust *im* Schmerz? Wenn wir es mit einer Überlagerung multipler Erfahrungen zu tun haben, die sich nicht in einem ekstatischen Einen totalisieren lassen, dann bedeutet das, dass es nicht nur eine einzige Singularität gibt, sondern eine inkonsistente Textur gemeinsamer Erfahrungen, die aus strukturellen Gründen immer begrenzt sein müssen – sind diese Grenzen zu weit gesteckt, schlägt meine geteilte Erfahrung plötzlich in einen Albtraum um. Damit sind wir wieder bei der Frage der Macht: Welcher Regulierungsmechanismus entscheidet darüber, welche Erfahrungen ich mit anderen teile, und wer kontrolliert diesen Mechanismus? Zwei Dinge sind sicher: Erstens sollte man die Idee, dass man selbst fähig sein wird, sein Gehirn zu verbinden/zu trennen, als utopisch verwerfen, und zweitens sollte man voll und ganz akzeptieren, dass eine breite, allumfassende Verbindung menschlicher Geister nicht auf der Ebene der subjektiven Erfahrung, sondern nur auf einer objektiven Ebene möglich ist, als komplexes Netzwerk aus Maschinen, die meine psychischen Zustände »lesen« – eine gigantische »synchrone« kollektive Erfahrung ist ein gefährlicher Mythos.

5
Der Fall, der uns wie Gott werden lässt

Unsere Schlussfolgerung lautet daher, dass die Singularität ihr theologisches Versprechen, uns vom Sündenfall zu erlösen, nicht halten kann. Es kann sein, dass wir uns in der Ära der Posthumanität in eine andere Dimension bewegen, in der wir nicht mehr »gefallen«, nicht mehr auf unsere Endlichkeit beschränkt sind; doch dies bedeutet keine Erlösung in dem Sinne, dass wir uns mit einer als göttlich erlebten Dimension wiedervereinigen würden. Es bedeutet allerdings auch nicht, dass wir das Thema Theologie aufgeben müssen – die Idee des Sündenfalls verdient eine genauere Untersuchung. Wir haben schon gesehen, dass sich der späte Platonow an diesem Punkt geschlagen geben musste, und seine Idee der *Toska* lässt sich als das Bewusstsein des Sündenfalls im biblischen Sinne zusammenfassen: harte Arbeit, Kinder gebären … kurz: das, was Platonow das mühselige Leben nennt. Hier ist die allgemein bekannte Darstellung aus der Genesis:

> Die Frau entgegnete der Schlange: Von den Früchten der Bäume im Garten dürfen wir essen; nur von den Früchten des Baumes, der in der Mitte des Gartens steht, hat Gott gesagt: Davon dürft ihr nicht essen und daran dürft ihr nicht rühren, sonst werdet ihr sterben. Darauf sagte die Schlange zur Frau: Nein, ihr werdet

> nicht sterben. Gott weiß vielmehr: Sobald ihr davon esst, gehen euch die Augen auf; ihr werdet wie Gott und erkennt Gut und Böse. Da sah die Frau, dass es köstlich wäre, von dem Baum zu essen, dass der Baum eine Augenweide war und dazu verlockte, klug zu werden. Sie nahm von seinen Früchten und aß; sie gab auch ihrem Mann, der bei ihr war, und auch er aß. Da gingen beiden die Augen auf und sie erkannten, dass sie nackt waren. Sie hefteten Feigenblätter zusammen und machten sich einen Schurz. Als sie Gott, den Herrn, im Garten gegen den Tagwind einherschreiten hörten, versteckten sich Adam und seine Frau vor Gott, dem Herrn, unter den Bäumen des Gartens. Gott, der Herr, rief Adam zu und sprach: Wo bist du? Er antwortete: Ich habe dich im Garten kommen hören; da geriet ich in Furcht, weil ich nackt bin, und versteckte mich. Darauf fragte er: Wer hat dir gesagt, dass du nackt bist? Hast du von dem Baum gegessen, von dem zu essen ich dir verboten habe? Adam antwortete: Die Frau, die du mir beigesellt hast, sie hat mir von dem Baum gegeben und so habe ich gegessen. Gott, der Herr, sprach zu der Frau: Was hast du da getan? Die Frau antwortete: Die Schlange hat mich verführt und so habe ich gegessen.[1]

Nachdem er die Schlange verflucht hat, wendet Gott sich an die Frau:

> Zur Frau sprach er: Viel Mühsal bereite ich dir, sooft du schwanger wirst. Unter Schmerzen gebierst du Kinder. Du hast Verlangen nach deinem Mann; er aber wird über dich herrschen. Zu Adam sprach er: Weil du auf deine Frau gehört und von dem Baum gegessen hast, von dem zu essen ich dir verboten hatte: So ist verflucht der Ackerboden deinetwegen. Unter Mühsal wirst du von ihm essen alle Tage deines Lebens. Dornen und Disteln lässt er dir wachsen und die Pflanzen des Feldes musst du essen. Im Schweiße deines Angesichts sollst du dein Brot essen, bis du zurückkehrst zum Ackerboden; von ihm bist du ja genommen. Denn Staub bist du, zum Staub musst du zurück.[2]

Über die Paradoxien in diesen Zeilen ist genug geschrieben worden, besonders über die augenfälligste: Warum nötigt Gott Adam und Eva ganz offensichtlich zu einer erzwungenen Wahl? Stephen Greenblatt stellt die Paradoxie folgendermaßen dar und erwähnt dabei sogar Elon Musk:

> Viele Kommentatoren stellen schon seit langem und immer wieder die Frage, warum der Gott in der Geschichte, nachdem er Adam und Eva befohlen hatte, nicht vom Baum der Erkenntnis von Gut und Böse zu essen, nicht mehr unternahm, um sie von dem verhängnisvollen Akt des Ungehorsams abzuhalten. Sicher, der Schöpfer warnte sie, dass auf jede Verletzung seines Verbots der Tod folgen würde, aber wie sollten die ersten Menschen überhaupt verstehen, was es heißt zu sterben? Warum war der Baum genau in der Mitte des Gartens gepflanzt und nicht weggeschlossen, so wie wir Gift (oder Atommüll) wegschließen? Und wie hätten die Menschen in ihrer paradiesischen Unschuld, bevor sie das Wissen über Gut und Böse erlangten, überhaupt die moralische Bedeutung ihres Tuns erfassen sollen? Adam und Eva hatten eindeutig keine ausreichenden Kenntnisse über die Langzeitfolgen ihres Handelns, und Gott, der ihnen diese Kenntnisse viel leichter hätte einpflanzen können als Elon Musks geplanter Chip, entschied sich offenbar, dies nicht zu tun.[3]

Wichtiger für unseren Zweck ist das Paradoxon des Wissens. Die Schlange sagt zu Eva, wenn sie den Apfel vom verbotenen Baum esse, werde sie wie Gott; wie Hegel bemerkt, lügt die Schlange nicht – Gott bestätigt sie umgehend, wenn er sagt, Adam und Eva seien nun »geworden wie wir« (lassen wir den mysteriösen Pluralis Majestatis hier einstweilen außer Acht). Wie kann also der Verzehr des Apfels, der Erkenntnis und Göttlichkeit bringt, die Menschen in das Elend der Sterblichkeit und der Unkenntnis stürzen? Die Standarderklärung lautet natürlich, dass Gott den ersten Menschen, indem er sie vor eine schwierige, wenn auch vorbelastete Wahl stellt, die Freiheit schenkt und ihnen ihre Verantwortung vor Augen führt, zwischen Gut und Böse wählen zu müssen. Selbst die Beschränkung des Wissens dient diesem Zweck, denn wenn man über vollständiges Wissen verfügt, wenn ich ein klares Bild aller Einzelheiten einer Situation habe, dann ist die Wahl einfach; das Schwierige an einer moralischen Wahl ist ja gerade, sich in einer undurchsichtigen Situation entscheiden zu müssen, in der man die »Qual der Wahl« hat … Im weiteren Verlauf des zitierten Artikels stellt Greenblatt das Argument auf prägnante Weise dar:

> Nahezu alle frühen Interpreten sind sich einig, dass der Schöpfer die grundlegende Natur des Menschen nicht dadurch aufs Spiel setzen wollte, dass er ihm die Wahlfreiheit nahm, selbst wenn diese Freiheit der Grund für so viel Not und Elend war. Wenn Adam und Eva alles gewusst hätten, was aus ihrem Handeln folgte – wenn sie die unvorstellbar umfangreichen Berechnungen hätten anstellen können, die ihnen, in Shakespeares Worten, »das Künftige im Jetzt« offenbart hätten –, dann hätten sie ihren katastrophalen Fehler vielleicht vermeiden können, doch wäre dies, wie die Geschichte der Genesis nahelegt, auf Kosten ihrer Menschlichkeit gegangen.
> Dies ist kein Lob der Unwissenheit oder Schwäche. Es gab schließlich eine ausdrückliche Warnung, wie schwer es für die ersten Menschen auch gewesen sein mag, diese richtig zu deuten, und die Konsequenzen der verhängnisvollen Wahl waren eindeutig schrecklich. Doch die Bibel stellt Menschen weder als Automaten dar – als Sklaven Gottes – noch als wunderbare Weise, die über alles nötige Wissen verfügen, um die unausweichlich richtigen Entscheidungen zu treffen.[4]

Das zentrale Rätsel bleibt freilich ungelöst: Inwiefern impliziert Moral (den Unterschied zwischen Gut und Böse zu erkennen und entsprechend zu handeln) die Unwissenheit (oder zumindest eine radikale Einschränkung unseres Wissens)? Der Philosoph, der sich diesem Problem gestellt und die einzige konsequente Antwort vorgelegt hat, ist Kant. Wenn Kant sagt, er habe das Wissen reduziert, um Raum zum Glauben zu schaffen, so sollte man ihn beim Wort nehmen und ganz antispinozistisch verstehen: Aus kantischer Perspektive erscheint Spinozas Position als albtraumhafte Vision von Subjekten, die auf Marionetten reduziert sind. Wofür genau steht eine Marionette als subjektive Haltung? Bei Kant finden wir den Begriff »Marionette« in einem rätselhaften Unterkapitel der *Kritik der praktischen Vernunft* mit dem Titel »Von der der praktischen Bestimmung des Menschen weislich angemessenen Proportion seiner Erkenntnisvermögen«, in dem er sich um eine Antwort auf die Frage bemüht, was mit uns geschehen würde, wenn wir Zugang zum Feld der Noumena, zum *Ding an sich* hätten:

> [S]tatt des Streits, den jetzt die moralische Gesinnung mit den Neigungen zu führen hat, in welchem, nach einigen Niederlagen, doch allmählich moralische Stärke der Seele zu erwerben ist, würden *Gott* und *Ewigkeit*, mit ihrer *furchtbaren Majestät*, uns unablässig *vor Augen* liegen […]. [S]o würden die mehresten gesetzmäßigen Handlungen aus Furcht, nur wenige aus Hoffnung und gar keine aus Pflicht geschehen, ein moralischer Wert der Handlungen aber, worauf doch allein der Wert der Person und selbst der der Welt, in den Augen der höchsten Weisheit, ankommt, würde gar nicht existieren. Das Verhalten der Menschen, so lange ihre Natur, wie sie jetzt ist, bliebe, würde also in einen bloßen Mechanismus verwandelt werden, wo, wie im Marionettenspiel, alles gut *gestikulieren*, aber in den Figuren doch *kein Leben* anzutreffen sein würde.[5]

Der direkte Zugang zum Feld der Noumena würde uns also, Kant zufolge, ebenjener »Spontaneität« berauben, die den Kern der transzendentalen Freiheit ausmacht. Er würde uns in leblose Automaten verwandeln oder, um es zeitgemäß auszudrücken, in »Denkmaschinen«. Und wird nicht genau dies im Blick auf die Singularität als tatsächlich erreichbar dargestellt? Neuralink darf nicht einfach als ein weiteres »ontisches« wissenschaftliches Forschungsprojekt abgetan werden, das philosophisch eigentlich uninteressant ist, bietet es doch etwas tatsächlich Neues und Unerhörtes, das unseren Status als Menschen auf die Probe stellt: die Aussicht auf eine wirkliche (empirische) Überwindung unserer Endlichkeit/Geschlechtlichkeit/Eingebettetheit-in-das-Symbolische. Der Eintritt in diese andere Dimension der Singularität ist nicht mehr nur eine sublime innere Erfahrung, sondern wird zu einem schlichten positiven Faktum. Was bedeutet das für den Status unserer Subjektivität und für unsere Selbsterfahrung? Können wir uns eine Form der Selbstbewusstheit auf der Ebene des selbst-losen Schwebens im Raum der Singularität vorstellen? Insofern ich als einzelnes Selbst in der Singularität nicht mehr existiere, lässt sich möglicherweise eine Parallele zwischen dem Schicksal des Selbst in der Singularität und der buddhistischen Erleuchtung ziehen, bei der das Selbst sein eigenes Nichtsein unmittelbar erfahrungsmäßig annimmt. Ein solches erleuchtetes Bewusstsein ist kein Selbstbewusstsein mehr. Ich erlebe mich nicht mehr als Wirkursache meiner Gedanken, »mein« Bewusstsein ist das unmittelbare Bewusstsein eines selbst-losen Systems, eines selbst-losen Wissens. Dennoch gibt es einen Unterschied zwischen der buddhistischen Erleuchtung und der Singularität: In der Singularität gewinne ich keine Distanz zu meinen Gefühlen und anderen Erfahrungen, ich identifiziere mich nicht mit der Leere, die die Wahrheit der Erscheinungen ist; im Gegenteil: Ich tauche voll und ganz in den gemeinsamen Raum der Gefühle und anderer Erfahrungen ein.

Es besteht hinsichtlich der Frage des Schicksals der Subjektivität in der Singularität noch eine grundlegendere Sorge. Der innerste Kern der Subjektivität liegt in einem einzigartigen Akt dessen, was Fichte »Selbstsetzung« genannt hat. Jedes Subjekt ist ein Punkt absoluter Autonomie, das heißt, es lässt sich nicht auf einen Moment im Netzwerk von Ursache und Wirkung reduzieren – in einem Akt der Selbstbezüglichkeit, den Hegel als »absoluten Gegenstoß« bezeichnet hat, muss es die Ursachen seiner Existenz rückwirkend selbst »setzen«. Somit ist dieser geschlossene selbstreferenzielle Kreis des absoluten Gegenstoßes, in dem die Ursache der rückwirkende Effekt ihrer Wirkungen ist, quasi eine Realisierung der berühmten Lügengeschichte des Barons von Münchhausen, in der dieser behauptet, er habe sich mitsamt dem Pferd, auf dem er saß, am eigenen Schopf aus dem Sumpf gezogen. In der natürlichen Realität ist ein solches Herausziehen am eigenen Schopf natürlich unmöglich, eine unsinnige Paradoxie, die höchstens als Witz durchgeht; im Bereich des Geistes jedoch *kann* es nicht nur vorkommen, es ist sogar *das* Definitionsmerkmal des Geistes schlechthin. Die materielle Basis dieser Schleife der Selbstsetzung bleibt natürlich bestehen: »Es gibt keinen Geist ohne Materie«; zerstört man den Körper, verschwindet der Geist. Die Selbstsetzung des Geistes ist allerdings nicht bloß eine »Benutzerillusion«; sie hat vielmehr ihre eigene Wirklichkeit mit tatsächlichen Auswirkungen.

In diesem Sinne behauptet Lacan, dass das Subjekt am Ende der psychoanalytischen Behandlung bereit sei, sich als *Causa sui*, als Ursache seiner selbst zu begreifen. Die Ursache eines Subjekts ist natürlich kein Objekt in der Wirklichkeit, sondern Objekt *a*, die Objektursache des Begehrens, die keine substanzielle Realität besitzt – sie ist ein rein virtuelles X, das lediglich die Leere des Begehrens verkörpert. In unserem alltäglichen Begehren fetischisieren/verdinglichen wir Objekt *a*, das heißt, wir behandeln es als reale, präexistente Ursache unseres Begehrens; am Ende der Behandlung erkennt das Subjekt dann, dass die Ursache seine eigene (Voraus-)Setzung war, die das Subjekt selbst im Nachhinein als Wirkung gesetzt hat – hier wird das Paradox des absoluten Gegenstoßes verwirklicht, der Kreis wird geschlossen, die Wirkung setzt ihre eigene Ursache. Vertreter der sogenannten »materialistischen Theorie der Subjektivität«

(die darauf bestehen, dass das Subjekt das Ergebnis eines prä-subjektiven Prozesses ist, der nicht auf die Selbstvermittlung des Subjekts reduziert werden kann) sehen in dieser Schließung des Kreises die idealistische Grundillusion der Selbstursächlichkeit, die Illusion, die den dezentralen Prozess verschleiert, aus dem ein Subjekt hervorgeht. Streng lacanianisch-hegelianisch betrachtet ist diese Selbstursächlichkeit allerdings nicht bloß eine spekulative/idealistische Illusion; sie bezeichnet vielmehr einen Einschnitt, eine Unterbrechung im Realen selbst. »Idealistisch« ist die Selbstsetzung des Subjekts nur, wenn wir die Realität als vollständige Textur aus Ursachen und Wirkungen definieren, die keinerlei Lücken oder Einschnitte aufweist. Aus diesem Grund hat Nietzsche mit seinem abfälligen Münchhausen-Bezug in *Jenseits von Gut und Böse* gleich doppelt unrecht:

> Das Verlangen nach »Freiheit des Willens«, [...] das Verlangen, die ganze und letzte Verantwortlichkeit für seine Handlungen selbst zu tragen [...], ist [...] nichts Geringeres, als [...] sich selbst aus dem Sumpf des Nichts an den Haaren ins Dasein zu ziehn.[6]

Was Nietzsche hier zurückweist, ist die Selbstsetzung, die im Deutschen Idealismus das Subjekt definiert, und unsere Behauptung lautet, dass man diesen Akt der Selbstsetzung auch materialistisch interpretieren kann, obgleich die Folgen dieses Aktes oft recht paradox sind. Sehen wir uns dazu ein aktuelles Beispiel an. In den Medien war zu lesen, dass der Inder Raphael Samuel seine Eltern verklagen will, weil sie ihn in die Welt gesetzt haben. Samuel führt auf wunderbare Weise vor, was Günther Anders die prometheische Scham genannt hat, die Scham darüber, geboren, in die Welt geworfen und nicht hergestellt worden zu sein. Er sagt den Menschen, besonders den indischen Kindern, dass sie ihren Eltern nichts schuldeten; außerdem sei es falsch, Kinder ohne deren Zustimmung Institutionen wie der Schule oder dem Arbeitsmarkt auszusetzen.[7] Wir sollten Samuels Klage nicht sofort als lächerlich zurückweisen – es steckt eine tiefe Einsicht darin, wir dürfen nur nicht die empirische und die transzendentale Ebene durcheinanderbringen. Empirisch werde ich natürlich »in die Welt geworfen«, ich suche mir weder meinen Körper noch die Kultur, in der ich groß werde, aus und so weiter. Um zu einem Selbst zu werden, ist jedoch ein transzendentaler Akt der Selbstsetzung notwendig, das heißt, ich muss meine Subjektivität mit einem Mindestmaß an Aktivität selbst annehmen; die Frage lautet nun: Kann dieser »absolute« Akt das Eintauchen in die Singularität überstehen? Neulich las ich in einer slowenischen Tageszeitung einen Artikel über Transgender-Personen, dessen Überschrift genau dasselbe Paradoxon wiedergibt: »Endlich lebe ich in einem Körper, in den ich hineingeboren werden wollte« – als ob ich schon vor der Geburt meine Geschlechtsidentität gewählt und das biologische Schicksal meine Wahl nicht respektiert hätte …

Die Idee der unbewussten Reflexivität löst auch das Problem des infiniten Regresses bei der Begründung einer normativen Ordnung (welchen Regeln folgen wir, um unsere Regelbefolgung zu begründen?) oder des Selbstbewusstseins (wenn ich mir meines Bewusstseins bewusst bin, bin ich mir dann auch bewusst, dass ich mir meines Bewusstseins bewusst bin, und so weiter, ad infinitum?). Die Lösung ist nicht die Fichte'sche (im absoluten Ich fallen Setzen und Gesetztwerden zusammen, ich setze mich als Setzender), wenngleich sie strikt homolog zu ihr ist. Die Lösung ist, dass dieser Akt der Selbstsetzung, der Akt, durch den, wie Lacan es ausgedrückt hat, das Subjekt als Ursache seiner selbst handelt, unbewusst ist, dass er vom bewussten Ich immer schon vorausgesetzt wird. Hegel nannte diesen Kreis der Selbstsetzung »absoluten Gegenstoß«: Die Wirkungen einer Ursache erzeugen rückwirkend diese ihre eigene Ursache. Eine solche »materialistische« Selbstsetzung zeichnet sich im Gegensatz zu Fichtes »idealistischer« Selbstsetzung dadurch aus, dass sie die Struktur des Scheiterns aufweist, die sich am besten anhand der Schleife der symbolischen Repräsentation veranschaulichen lässt: Ein Subjekt ist bestrebt, sich selbst adäquat zu repräsentieren, die Repräsentation scheitert und das Subjekt *ist* das Resultat dieses Scheiterns. Denken wir noch einmal an das bereits erwähnte »Hugh-Grant-Paradox«: Der Held will einer Frau seine Liebe gestehen und verhaspelt sich dabei ständig in konfusen Wiederholungen; aber genau durch dieses Scheitern bei dem Versuch, seine Botschaft deutlich zu artikulieren, beweist er deren Authentizität ... Das Subjekt ist somit nicht einfach in der Reflexivität des absoluten Gegenstoßes gefangen, es *ist* nichts anderes als diese Reflexivität.

Die Idee eines solchen Aktes der unbewussten Selbstsetzung ist nicht bloß eine abstrakte Grübelei, sie kann uns vielmehr helfen, eine Spannung innerhalb der vorherrschenden Version der LGBT+-Ideologie aufzulösen, die von vielen Beobachtern festgestellt worden ist und das Verhältnis von sozialem Konstruktivismus und (einer Art von biologischem) Determinismus betrifft: Wenn ein biologisch als Mann identifiziertes/wahrgenommenes Individuum sich in seiner psychischen Ökonomie als Mann empfindet, betrachtet man das als soziales Konstrukt; empfindet sich ein biologisch als Mann identifiziertes/wahrgenommenes Individuum dagegen als Frau, so wird das als ein Drang und damit nicht einfach als ein willkürliches Konstrukt, sondern als eine tiefere, nicht verhandelbare Identität verstanden, die geschlechtsangleichende chirurgische Maßnahmen erfordert, wenn die Person dies verlangt. Slowenische Medien berichteten, dass ein »progressiver« Lehrer an einer höheren Schule in Ljubljana mit seinen Schülern und Schülerinnen einen Ausflug in ein großes Schwimmbad gemacht habe, wo sie ihre Kleidung tauschen sollten (die Jungen sollten BHs tragen und so weiter). Der Sinn dieses Experiments lag offensichtlich darin, den Kindern zu zeigen, dass die Geschlechtsidentität keine biologische Tatsache, sondern ein Konstrukt aus gesellschaftlichen Gewohnheiten ist – ich kann mir allerdings kaum ein rücksichtsloseres und dümmeres Experiment vorstellen! Was wäre denn gewesen, wenn sich unter den Kindern ein (biologischer) Junge befunden hätte, der sich psychisch als Mädchen identifiziert? Ich bezweifle, dass er/sie Erleichterung darüber verspürt hätte, sich für kurze Zeit entsprechend seiner/ihrer als wahr empfundenen Identität kleiden zu können. Hätte das Experiment ihn/sie nicht eher daran erinnert, dass die Identität eben *nicht* einfach daraus resultiert, wie man sich kleidet und so weiter? Ein traumatisches Crossdressing (ein »Mädchen«, das gezwungen ist, sich als Junge zu kleiden) ist für ihn/sie schließlich Alltag!

Dazu passend haben Kindergärten in Norwegen die Anweisung erhalten, Jungen in ihrem Verhalten zu bestärken, wenn sie mit Mädchen spielen, auch das Spiel mit Puppen solle gefördert werden und so weiter, damit die Jungen ihre eventuell vorhandene weibliche psychische Identität zum Ausdruck bringen können. Hier ist die Lösung recht einfach: Ja, die psychische Geschlechtsidentität ist eine Wahl und keine biologische Tatsache, aber sie ist keine bewusste Wahl, die das Subjekt beliebig wiederholen und verändern kann. Sie ist eine unbewusste Wahl, die der Subjektkonstitution vorausgeht und somit die Subjektivität mit formt. Die Veränderung dieser Wahl zöge daher die radikale Veränderung des Wählenden nach sich, kurzum: Die Wahl ist ein Beispiel für den unbewussten Akt der Selbstsetzung.

Der Begriff »Sündenfall« ist die theologische Bezeichnung für eine solche unbewusste Wahl und dieser »Fall« benennt die Wunde (der Trennung, des konstitutiven Verlustes), die unser Menschsein endlich und geschlechtlich macht. Musk (und andere Befürworter von Schnittstellen zwischen Computern und Gehirnen) wollen diese Wunde buchstäblich heilen: Sie wollen die Lücke füllen und den Menschen mit Gott vereinen, indem sie ihn gottgleich machen, sprich: indem sie ihn mit Eigenschaften und Fähigkeiten ausstatten, die wir (bislang) als »göttlich« empfunden haben. Wirklich traumatisch wird diese Option dadurch, dass sie den Zwischenraum verdreht, der unsere normale Alltagserfahrung von erhabenen Spekulationen über unsere Nähe zu Gott trennt. Wenn jemand sagt, er spüre eine Einheit mit Gott, dann wird ein Realist ihn auffordern, sich erst einmal zu beruhigen: »Verliere dich nicht in deinen Träumen und denke daran, dass du nach wie vor in dieser jämmerlichen irdischen Realität verwurzelt bist!« Angesichts der Aussicht auf die Singularität ließe sich auf diese »realistische« Sicht freilich einfach antworten: »Wir sind die wahren Realisten. Wir können göttliche Unsterblichkeit in unserer empirischen Realität bieten, während du immer noch glaubst, dass unsere materielle Sterblichkeit der äußerste Horizont unseres Seins sei und dass ich träume – du hängst noch immer der alten Vorstellung von Realität an und ignorierst den großen Durchbruch!«

Unsere Wette lautet nun, dass wir genau an diesem Punkt, an dem Fichte und Hegel vollkommen unzeitgemäß und ohne jeden Bezug zu unserer Jetztzeit erscheinen, zu ihnen – genauer gesagt, zu Hegels Interpretation des Sündenfalls – zurückkehren müssen, wenn wir über die bloße Faszination über die Aussicht auf die Singularität hinausgehen und wirklich darüber nachdenken wollen, was hier eigentlich vor sich geht. Wie wir bereits gesehen haben, deuten (einige) Verfechter der Singularität diese in hegelianischer Weise als die endgültige Versöhnung von Geist und Realität, als Heilung der Wunde des Sündenfalls. Eine solche Deutung ist jedoch mit Hegels Interpretation des Sündenfalls vollkommen unvereinbar. Die gängige Paulus-Interpretation geht davon aus, dass Gott dem Menschen das Gesetz gab, um ihm seine Sünden bewusst zu machen, ja, um ihn noch mehr sündigen zu lassen und ihm so vor Augen zu führen, dass er der Erlösung bedarf, die er nur durch die Gnade Gottes erlangen kann. Aber liegt dieser Lesart nicht eine seltsam perverse Vorstellung von Gott zugrunde? Einer solch perversen Deutung lässt sich nur entgehen, wenn wir darauf bestehen, dass die beiden Gesten absolut identisch sind: Gott stößt uns nicht *zuerst* in die Sünde, um die Notwendigkeit der Erlösung zu schaffen und sich *dann* als Heiland anzubieten, der uns wieder aus dem Schlamassel befreit, den er selbst uns eingebrockt hat – der Sündenfall geht der Erlösung nicht voraus, er ist vielmehr identisch mit ihr, er ist »an sich« schon die Erlösung. Denn was ist eigentlich die »Erlösung«? Sie ist der Ausbruch der Freiheit, das Sprengen unserer natürlichen Ketten – und genau das geschieht mit dem Fall. Vergessen wir nicht, dass der christlichen Vorstellung des Falls eine zentrale Spannung innewohnt: Als »Rückfall« in den Naturzustand der sklavischen Abhängigkeit von unseren Leidenschaften ist er im strengen Sinne identisch mit dem, *wovon* wir abfallen, das heißt, das Fallen selbst ist genau dasjenige, wodurch das, was mit ihm verlorengeht, erst erzeugt oder ermöglicht wird.

»Die Wunde schließt der Speer nur, der sie schlug«, heißt es bekanntlich am Ende von Wagners Oper *Parsifal*. Hegel sagt im Grunde dasselbe, wenngleich er den Akzent in die andere Richtung verschiebt: Der Geist ist selbst die Wunde, die er zu heilen versucht, das heißt, er hat sich die Wunde selbst zugefügt. »Geist« ist im elementarsten Sinne die »Wunde« der Natur. Das Subjekt ist die immense – absolute – Macht der Negativität, die Macht, eine Lücke oder einen Schnitt in die unmittelbar gegebene substanzielle Einheit einzuführen, die Macht, zu differenzieren, zu »abstrahieren«, auseinanderzureißen und als selbständig zu behandeln, was in Wirklichkeit Teil einer organischen Einheit ist. Aus diesem Grund ist der Begriff der »Selbstentfremdung« des Geistes (die Vorstellung, dass der Geist sich in seiner Andersheit, in seiner Objektivierung, in seinem Resultat verliert) paradoxer als er zunächst erscheinen mag.

Man sollte ihn zusammen mit Hegels Behauptung des gänzlich nichtsubstanziellen Charakters des Geistes verstehen: Es gibt keine *res cogitans*, kein Ding, welches (als sein Merkmal) auch denkt, sondern der Geist ist nichts als der Prozess der Überwindung der natürlichen Unmittelbarkeit, der Kultivierung dieser Unmittelbarkeit, des Rückzugs in sich selbst, des »Sich-Absetzens« oder – warum nicht – der Entfremdung von ihr. Das Paradox ist folglich, dass es kein Selbst gibt, das der »Selbstentfremdung« des Geistes vorausgeht. Der Entfremdungsprozess selbst erzeugt erst das »Selbst«, von dem der Geist sich entfremdet und zu dem er dann zurückkehrt. (Hegel dreht hier die Standardvorstellung um, dass eine gescheiterte Version von X dieses X als Norm oder Maßstab voraussetzt: Nur durch das wiederholte Scheitern daran, X zu erreichen, wird X erzeugt und sein Raum umrissen.) Die Selbstentfremdung des Geistes gleicht, das heißt deckt sich vollkommen mit seiner Entfremdung von seinem Anderen (der Natur), weil er sich durch seine »Rückkehr zu sich selbst« aus dem Eintauchen in die Andersheit der Natur konstituiert. Die Rückkehr des Geistes zu sich selbst schafft, mit anderen Worten, erst ebenjene Dimension, zu der sie zurückkehrt. (Dies gilt für jede »Rückkehr zu den Ursprüngen«: Auch die »alten ethnischen Wurzeln«, zu denen die ab dem 19. Jahrhundert entstehenden Nationalstaaten in Mittel- und Osteuropa zurückkehren wollten, wurden durch ebendiese Rückkehr erst erzeugt.) Das bedeutet, dass die »Negation der Negation«, die »Rückkehr zu sich« aus der Entfremdung nicht dort geschieht, wo man sie vermutet. Die Negativität des Geistes wird bei der »Negation der Negation« nicht relativiert und unter eine umfassende Positivität subsumiert; sie ist, im Gegenteil, die »einfache Negation«, die mit der vorausgesetzten Positivität verbunden bleibt, die sie negiert hat, der vorausgesetzten Andersheit, von der sie sich entfremdet, und die »Negation der Negation« ist nichts anderes als die Negation des substanziellen Charakters dieser Andersheit selbst, die vollständige Anerkennung des Abgrunds der Selbstbezüglichkeit des Geistes, die rückwirkend alle ihre Voraussetzungen setzt. Mit anderen Worten: Sobald wir einmal in der Negativität sind, können wir sie nicht mehr verlassen und die verlorene Unschuld des Ursprungs zurückerlangen; im Gegenteil: Erst in der »Negation der Negation« sind die Ursprünge wirklich verloren, ja, ihr Verlust selbst ist verloren, sie sind des substanziellen Status dessen, was verloren ist, beraubt. Der Geist heilt seine Wunde nicht direkt, sondern indem er sich des vollständigen und gesunden Körpers entledigt, dem die Wunde zugefügt wurde. In diesem präzisen Sinne gilt für Hegel, dass »[d]ie Wunden des Geistes heilen, ohne daß Narben bleiben.«[8] Es geht nicht darum, dass der Geist seine Wunden so vollkommen heilt, dass in einer magischen Geste der rückwirkenden Aufhebung sogar die Narben verschwinden; Hegels Punkt ist vielmehr, dass sich im Verlauf des dialektischen Prozesses ein Perspektivwechsel ereignet, der die Wunde selbst als ihr Gegenteil erscheinen lässt – die Wunde ist, von einem anderen Standpunkt aus betrachtet, ihre eigene Heilung. Am deutlichsten tritt dieses Zusammenfallen der Gegensätze beim Selbstbewusstsein, das heißt beim denkenden Subjekt zutage:

> Bösesein heißt abstrakt, mich *vereinzeln*; die Vereinzelung, die sich abtrennt vom Allgemeinen; dies ist das Vernünftige, die Gesetze, die Bestimmungen des Geistes. Aber mit dieser Trennung entsteht das Fürsichsein und erst das Allgemeine, Geistige, Gesetz, das, was sein soll. Es ist also nicht, daß die Betrachtung zum Bösen ein äußeres Verhältnis hat, sondern das *Betrachten selbst ist das Böse.*[9]

Und dies führt uns wieder zur Genesis. Sagt die Geschichte vom Sündenfall nicht genau dasselbe? Die Schlange verspricht Adam und Eva, dass sie wie Gott werden, wenn sie die Frucht vom Baum der Erkenntnis essen, und nachdem sie es getan haben, sagt Gott: »Seht, der Mensch ist geworden wie wir« (1 Mos 3,22). Hegels Kommentar dazu lautet: »Die Schlange hat also nicht gelogen; Gott bestätigt, was sie sagte.«[10] Im Weiteren widerspricht er der Behauptung, dass Gott dies ironisch gemeint habe: »Die Erkenntnis ist das Prinzip der Geistigkeit, die aber [...] auch das Prinzip der Heilung des Schadens der Trennung ist. Es ist in diesem Prinzip des Erkennens in der Tat auch das *Prinzip der Göttlichkeit* gesetzt [...].«[11] Es ist entscheidend, hier Hegels gesamter Argumentationslinie zu folgen und, um deren Kühnheit nicht zu übersehen, diese Stelle zusammen mit der Passage zu lesen, in der er behauptet, dass subjektive Erkenntnis nicht nur die Möglichkeit des Menschen ist, zwischen Gut und Böse zu wählen, sondern »daß es die Betrachtung oder die Erkenntnis ist, die ihn böse mache, so daß sie das Böse sei, und diese Erkenntnis es sei, die nicht sein soll, die der Quell des Bösen sei.«[12] Kurzum, was uns göttlich macht, ist gerade unser Fall (ins Böse), denn das Denken ist beides zugleich: das Böse und die Versöhnung. Hegel ist hier eindeutig: Denken eröffnet nicht nur die Wahlmöglichkeit zwischen Gut und Böse, es ist vielmehr schon an sich böse, weil die mit ihm einhergehende Reflexivität dafür sorgt, dass das Denken in Distanz zur unmittelbaren substanziellen Einheit geschieht – wenn wir denken, abstrahieren wir, wir reißen die Einheit des Gegenstands des Denkens auseinander. Gleichzeitig bedeutet diese mit dem Denken einhergehende reflexive Distanz Freiheit (in unseren Gedanken sind wir frei – zumindest formell).

In diesem Sinn ist Hegels Diktum aus der *Phänomenologie* zu verstehen, dass das Böse der Blick selbst ist, der überall um sich herum Böses wahrnimmt. Dieser Blick, der überall Böses sieht, schließt sich selbst aus dem gesellschaftlichen Ganzen aus, das er kritisiert, und dieser Ausschluss ist das formale Charakteristikum des Bösen. Hegels These lautet, dass das Gute als Möglichkeit und Pflicht nur aus dieser ursprünglichen, konstitutiven

Wahl des Bösen heraus entsteht. Wir erfahren das Gute, wenn uns nach der Wahl des Bösen die vollkommene Unzulänglichkeit unserer Situation bewusst wird.

So bahnbrechend Hegels Interpretation der Genesis auch ist, sie greift doch an zwei (miteinander verbundenen) Stellen zu kurz, und dies liegt nicht daran, dass Hegel zu sehr Gefangener seiner Zeit ist, um die Dimensionen zu erkennen, die er verpasst – paradoxerweise ist es vielmehr in beiden Fällen so, dass er nicht hegelianisch genug ist und es versäumt, eine typisch hegelianische Umkehrbewegung vorzunehmen. Im ersten Fall, der Charakterisierung einer bösen Person, reduziert Hegel das Böse auf das Moment der Besonderheit im Gegensatz zur Allgemeinheit (natürlicher Egoismus, selbstsüchtiges Verhalten …). Aus diesem Grund, erklärt Hegel, muss jede konsequente Gestalt des Bösen einige Merkmale des Guten aufweisen – erwartungsgemäß nennt er den Teufel aus Miltons *Das verlorene Paradies*, der offenkundig eine Figur von großer persönlicher Macht ist, die ein Projekt verfolgt, das sie als zutiefst ethisch empfindet … Aber ging Schelling (in seinen *Philosophischen Untersuchungen über das Wesen der menschlichen Freiheit*) in diesem Punkt nicht viel tiefer, indem er im Bösen eine von Prinzipien geleitete (im Kant'schen Sinne »nichtpathologische«) Haltung entschlüsselte, die als solche radikal geistig ist? Das wahre Böse hat nichts mit partikulärem Egoismus oder selbstsüchtigen Interessen zu tun, sondern ist ein positives geistiges Projekt, für das Menschen sogar ihr Leben zu opfern bereit sind (wie es zum Beispiel Nazis taten, um Juden zu vernichten, oder linientreue stalinistische Kommunisten, um den Widerstand von Trotzkisten oder Kulaken zu brechen). Wollte Hegel vollkommen im Einklang mit dem Kern seines eigenen Denkens bleiben, müsste er sogar sagen, dass das Gute selbst nichts als das verallgemeinerte Böse ist, ein Böses, das über andere siegt und die Position der Allgemeinheit erlangt. Hier setzt auch Hegels Kritik der abstrakten

Allgemeinheit an: Die französischen Revolutionäre waren in ihrer Schreckensherrschaft für ihn genau deswegen böse, weil sie streng prinzipientreu und gnadenlos eine Allgemeinheit verfolgten, die letztlich jeden besonderen Inhalt ausschloss. Wenn der besondere Inhalt nicht mit der Allgemeinheit versöhnt wird, liegt die Schuld daher umso mehr aufseiten der »abstrakten« Allgemeinheit.

Den meisten Menschen fällt es schwer, selbst die Möglichkeit eines radikalen ethischen Mangels ganz einzugestehen, das heißt, zu akzeptieren, dass es wirklich böse Menschen gibt. So sagte zum Beispiel Greta Thunberg beim UN-Klimagipfel im September 2019 zu den versammelten Staatsoberhäuptern: »Doch ganz egal wie traurig und wütend ich bin, will ich das nicht glauben. Denn würdet Ihr die Situation wirklich vollauf begreifen und trotzdem nicht handeln, dann wärt Ihr böse. Und ich weigere mich, das zu glauben.«[13] Vielleicht sollte sie ihre Weigerung aufgeben und einfach akzeptieren, dass sie böse *sind*.[14] Manchmal kommt der Punkt, an dem man den Glauben aufgeben sollte, dass unsere Gegner, so fehlgeleitet sie auch sind, noch ganz menschlich sind und dieselben Ziele verfolgen wie wir alle – was ist, wenn wir es mit echten Feinden zu tun haben, Feinden, die wirklich böse sind?

Dies führt uns zur zweiten Einschränkung Hegels, die für unsere Belange sogar noch wichtiger ist. Wenn Hegel das Böse als Entzweiung,[15] als Trennung und als Selbstteilung des Absoluten beschreibt, übergeht er (in seiner Interpretation des Sündenfalls) stillschweigend eine entscheidende Tatsache: Wenn das Absolute der »gefallenen« Besonderheit gegenübersteht, liegt die wahre Schuld und Verantwortung aufseiten des Absoluten selbst. Kehren wir noch einmal zur Geschichte des Sündenfalls zurück: Hegel hätte sagen sollen (weil es sich eindeutig aus der Binnenlogik seines Denkens ergibt), dass die wahrhaft böse Gestalt in der ganzen Angelegenheit Gott selbst ist, der die ersten Menschen zum Sündenfall drängt; und was die Sache noch schlimmer macht: Statt dies offen zu tun, wäscht er sozusagen seine Hände in Unschuld und stellt den Fall als Folge einer »freien« menschlichen Entscheidung dar … Aus diesem Grund gipfelt das Christentum in der Kreuzigung, einer Szene, in der die Entzweiung (die für Hegel das Böse formell definiert) direkt und explizit von der Spaltung zwischen Gott und den Menschen in Gott selbst hineinverlegt wird, der (im Schreckensmoment des Ausrufs »Vater, warum hast du mich verlassen?«) von sich selbst getrennt ist. Die Kategorie für diese Verschiebung der Kluft, die uns von Gott trennt, zu einer Kluft, die Gott von sich selbst trennt, ist die der »Ungleichheit«. Der Begriff taucht gleich dreimal an einer Schlüsselstelle der Vorrede zur *Phänomenologie des Geistes* auf, wo Hegel die prägnanteste Formel dafür liefert, was es heißt, die Substanz auch als Subjekt aufzufassen:

> Die Ungleichheit, die im Bewußtsein zwischen dem Ich und der Substanz, die sein Gegenstand ist, stattfindet, ist ihr Unterschied, das *Negative* überhaupt. Es kann als der *Mangel* beider angesehen werden, ist aber ihre Seele oder das Bewegende derselben; weswegen einige Alte das *Leere* als das Bewegende begriffen, indem sie das Bewegende zwar als das *Negative*, aber dieses noch nicht als das Selbst erfaßten. – Wenn nun dies Negative zunächst als Ungleichheit des Ichs zum Gegenstande erscheint, so ist es ebensosehr die Ungleichheit der Substanz zu sich selbst. Was außer ihr vorzugehen, eine Tätigkeit gegen sie zu sein scheint, ist ihr eigenes Tun, und sie zeigt sich wesentlich Subjekt zu sein.[16]

Entscheidend ist hier die letzte Umkehrung: Die Ungleichheit zwischen Subjekt und Substanz ist zugleich die Ungleichheit der Substanz zu sich selbst, oder um es lacanianisch auszudrücken: Ungleichheit bedeutet, dass der Mangel des Subjekts zugleich der Mangel im Anderen ist. Subjektivität entsteht, wenn die Substanz keine vollkommene Gleichheit mit sich selbst erreichen kann, wenn sie in sich selbst »gebarrt«, von einer immanenten Unmöglichkeit oder einem Antagonismus durchzogen wird. Die epistemologische Unwissenheit des Subjekts, sein Scheitern daran, den ihm entgegengesetzten substanziellen Inhalt ganz zu erfassen, signalisiert zugleich auch eine Beschränkung, ein Scheitern oder einen Mangel in dem substanziellen Inhalt selbst. Auch die entscheidende Dimension der theologischen Revolution des Christentums beruht darauf. Die Entfremdung des Menschen von Gott muss auf Gott selbst zurück projiziert/transferiert werden, als Entfremdung Gottes von sich selbst (darin liegt der spekulative Gehalt des Begriffs der göttlichen Kenosis) – dies ist die christliche Version von Hegels Einsicht, dass die Ungleichheit von Subjekt und Substanz die Ungleichheit der Substanz in Bezug auf sich selbst impliziert. Aus diesem Grund wird die Einheit von Mensch und Gott im Christentum auf eine Weise dargestellt, die sich fundamental von der heidnischer Religionen unterscheidet, wo der Mensch sich anstrengen muss, um seinen Abfall von Gott zu überwinden, indem er sich bemüht, sein Sein von materiellem Schmutz zu reinigen und sich zu erhöhen, um wieder eins mit Gott zu werden. Im Christentum dagegen *wiederholt Gott gewissermaßen Adams und Evas Sündenfall*: Er fällt von sich selbst ab und wird ein endlicher, sterblicher Mensch, der von Gott im Stich gelassen wird (in der Figur des Christus und seines Ausrufs am Kreuz: »Vater, warum hast du mich verlassen?«), und der Mensch kann die Einheit mit Gott nur erreichen, indem er sich mit diesem von sich selbst verlassenen Gott identifiziert.

Diesen Aspekt, um es noch einmal zu sagen, lässt Hegel in seiner Interpretation der Genesis außer Acht. Er spricht nur über die Trennung des Menschen von Gott und erwähnt nicht, dass die Versöhnung von Gott und Mensch auch (und sogar vor allem) die Versöhnung Gottes *mit sich selbst* ist – erst durch die Versöhnung mit den Menschen wird Gott wirklich zu Gott (in der wahren konkreten Allgemeinheit dieses Begriffs), daher ist die Versöhnung zwischen Gott und Mensch ein Schlüsselereignis in und für Gott selbst … Dessen ungeachtet bleibt Hegels Haupteinsicht vollkommen gültig und zutreffend: Wir Menschen erlangen Unsterblichkeit und Unendlichkeit nicht, indem wir den Sündenfall ungeschehen machen, uns irgendwie von dem Hindernis der endlichen leiblichen Existenz befreien und in eine andere Dimension einer höheren Realität bewegen, sondern dadurch, dass wir uns mit dem (scheinbaren) Hindernis versöhnen und akzeptieren, dass dieses »Hindernis« die positive Rolle spielt, den Raum zu tragen, als dessen Hindernis es erschien. Versöhnung bedeutet nicht die Überwindung des Hindernisses, sondern dessen Anerkennung in seiner positiven Rolle.

Auf die Ebene des politischen und gesellschaftlichen Wandels gemünzt bedeutet das, dass wir jede Art von Ableitung einer nicht entfremdeten Zukunft aus gegenwärtigen Tendenzen aufgeben sollten – ein solches Denken (nach der Logik »wir befinden uns gerade in einem kritischen Moment äußerster Entfremdung und uns steht die Möglichkeit offen, aktiv auf die Überwindung der Entfremdung hinzuwirken«) ist Hegel vollkommen fremd. Er betont vielmehr immer wieder den rückwirkenden Charakter der Überwindung der Entfremdung: Wir überwinden die Entfremdung, indem wir erkennen, dass wir sie schon überwunden haben. Mit anderen Worten: Die Überwindung der Entfremdung bedeutet gar keine »wirkliche Veränderung«, wir wechseln lediglich die Perspektive und gewinnen die Einsicht, dass das, was als Entfremdung erscheint, die immanente Bedingung der Überwindung der Entfremdung und damit an sich schon diese Überwindung ist. In diesem Zusammenhang bringt Hegel in seiner »kleinen« Logik (in der *Enzyklopädie*) eine eigene Version von Lacans Diktum *la vérité surgit de la méprise* vor, wenn er mehrdeutig erklärt: »Nur aus diesem Irrtum geht die Wahrheit hervor«:

> Im Endlichen können wir es nicht erleben oder sehen, daß der Zweck wahrhaft erreicht wird. Die Vollführung des unendlichen Zwecks ist so nur, die Täuschung aufzuheben, als ob er noch nicht vollführt sei. Das Gute, das absolut Gute, vollbringt sich ewig in der Welt, und das Resultat ist, daß es schon an und für sich vollbracht ist und nicht erst auf uns zu warten braucht. Diese Täuschung ist es, in der wir leben, und zugleich ist dieselbe allein das Betätigende, worauf das Interesse in der Welt beruht. Die Idee in ihrem Prozeß macht sich selbst jene Täuschung, setzt ein Anderes sich gegenüber, und ihr Tun besteht darin, diese Täuschung aufzuheben. Nur aus diesem Irrtum geht die Wahrheit hervor, und hierin liegt die Versöhnung mit dem Irrtum und mit der Endlichkeit. Das Anderssein oder der Irrtum, als aufgehoben, ist selbst ein notwendiges Moment der Wahrheit, welche nur ist, indem sie sich zu ihrem eigenen Resultat macht.[17]

Die eigentliche Täuschung liegt, kurz gefasst, darin, nicht zu erkennen, dass man schon hat, wonach man sucht, so wie die Jünger Jesu, die auf dessen »wahre« Auferstehung warteten und blind dafür waren, dass ihr Kollektiv bereits der Heilige Geist, die Wiederkehr des lebendigen Christus war. Um diesen Prozess der notwendigen Täuschung zu verstehen, müssen wir uns die Struktur der Zeitlichkeit genauer ansehen, die hier angedeutet wird. Betrachten wir ein (möglicherweise) überraschendes Beispiel aus der Welt der Oper. Gegen Ende des ersten Aktes von Donizettis Meisterwerk *L'elisir d'amore* gibt es eine Passage, die auf musikalische Weise die Grundausrichtung der Hegel'schen Aufhebung[18] (beziehungsweise rückwirkenden Neupositionierung) veranschaulicht. Es handelt sich im Grunde um ein Terzett mit Chorunterstützung; das Liebesdreieck besteht aus Adina, einer schönen und reichen Gutsbesitzerin, Nemorino, einem Einfaltspinsel, der in sie verliebt ist, und Belcore, einem arroganten und prahlerischen Sergeant, der ebenfalls Adina heiraten will. Als er erfährt, dass Adina bereit ist, Belcore noch am selben Abend zu heiraten, fleht Nemorino sie an, die Hochzeit zu verschieben, worauf Belcore ihn unwirsch fortschickt: »Zeigst du dich ferner meinem Blicke, dann, dummer Schwätzer, kannst du dich freun! Dummer Bauer, geh zum Teufel! Dem Himmel dank's und seinem Walten, daß ich für trunken dich gehalten, nun pack dich von hier! Zeigst du dich ferner meinen Blicken, dann weh dir, weh!« Der Zauber liegt natürlich darin, wie diese einfache Unterhaltung in Musik gesetzt ist: Der eindrucksvollste Satz – *»va via, buffone, ti ascondi a me«* (was sinngemäß mit *»casse toi, pauvre con«* oder »verpiss dich, Arschloch« zu übersetzen ist) – wird zuerst aggressiv gesungen, später aber als Hintergrund des dominierenden Liebesduetts neu positioniert. Am Ende dieses Terzetts sind daher Frieden und Versöhnung bereits erreicht, auch wenn keiner der Beteiligten dies weiß. Was uns hier interessiert, ist jene seltsame Zwischenzeit, in der (wie die Form nahelegt) die Dinge schon entschieden sind, obwohl die Beteiligten noch ihre Streitigkeiten ausfechten … Sind dies nicht Augenblicke reinen Glücks – nicht in dem Sinn, dass es hier keine Konflikte gäbe, sondern dahingehend, dass der Konflikt, der ausgetragen wird, bereits im Raum der Versöhnung stattfindet?

Eine solche Zwischenzeit können wir auch in Epochen politischer Unruhen erleben. Als Juan Guaidó sich mit großer internationaler Unterstützung zum einzig rechtmäßigen Präsidenten Venezuelas erklärte, was eine neue Welle öffentlicher Proteste seitens seiner Befürworter auslöste, verkündete er am 7. Februar 2019: »Sie (die Regierung Maduro) sind schon besiegt. Jetzt ist unser einziger Feind die Verzweiflung. Jetzt ist unser einziger Feind der Zweifel. Jetzt ist unser einziger Feind die Furcht.« Doch auch wenn Guaidó die Situation darstellt, als sei sie bereits entschieden, ist die Sache in Wirklichkeit komplexer und die Lage viel ungewisser. Maduro wurde schon häufig »für tot erklärt« und hat es doch bislang geschafft, jede Krise zu überstehen. Die einzig korrekte Beschreibung der Situation müsste daher lauten: *Wenn* Guaidó am Ende siegen und Maduros Regime stürzen wird, *dann* werden wir (rückwirkend) sagen können, dass das Spiel schon lange vorher aus war. Sobald der Zusammenbruch (kontingent) geschieht, lässt sich sagen, dass er schon geschehen ist und dass er notwendig geschehen musste. Die Zwischenzeit erstreckt sich also zwischen den beiden Einschnitten: In der Realität verändert sich allmählich etwas, das bestehende Regime wird zunehmend untergraben, weil wir unter der Prämisse handeln, dass es im Grunde schon verloren und seine Zeit vorüber ist. An einem bestimmten Punkt bestätigt sich dann die Prämisse vollständig in der Realität und die bestehende Ordnung bricht tatsächlich zusammen. Die Logik, derzufolge »sich die Dinge ändern, weil sie sich schon geändert und ihre substanzielle Wahrheit verloren haben«, muss folglich um ihr scheinbares Gegenteil ergänzt werden: Die Dinge ändern sich allmählich auf der materiellen Ebene und diese Veränderung geschieht im Untergrund, wie die heimliche Ausbreitung einer tödlichen Infektion; wenn die Schlacht offen ausbricht, hat der Maulwurf sein Werk schon verrichtet und der Kampf ist de facto vorbei. Hegel wählt in seiner klassischen Beschreibung dieses Prozesses das Beispiel des Kampfes der Aufklärung mit dem Aberglauben. Für ihn ist die allmähliche Ausbreitung der reinen Einsicht der Aufklärung

> einer ruhigen Ausdehnung oder dem *Verbreiten* wie eines Duftes in der widerstandslosen Atmosphäre zu vergleichen. Sie ist eine durchdringende Ansteckung, welche sich nicht vorher gegen das gleichgültige Element, in das sie sich insinuiert, als Entgegengesetztes bemerkbar macht und daher nicht abgewehrt werden kann. Erst wenn die Ansteckung sich verbreitet hat, ist *sie für das Bewußtsein*, das sich ihr unbesorgt überließ. […] Sowie daher die reine Einsicht für das Bewußtsein ist, hat sie sich schon ver-

> breitet; der Kampf gegen sie verrät die geschehene Ansteckung; er ist zu spät, und jedes Mittel verschlimmert nur die Krankheit, denn sie hat das Mark des geistigen Lebens ergriffen […]; nun ein unsichtbarer und unbemerkter Geist, durchschleicht sie die edlen Teile durch und durch und hat sich bald aller Eingeweide und Glieder des bewußtlosen Götzen gründlich bemächtigt, und »*an einem schönen Morgen* gibt sie mit dem Ellbogen dem Kameraden einen Schub, und Bautz! Baradautz! der Götze liegt am Boden«.[19]

Jeder kennt die klassische Szene aus Zeichentrickfilmen:[20] Die Katze kommt an einen Abgrund und geht einfach weiter, obwohl sie keinen Boden mehr unter den Füßen hat; sie fällt erst, wenn sie nach unten schaut und den Abgrund bemerkt. Wenn das Regime seine Macht verliert, gleicht es der Katze über dem Abgrund: Damit es stürzt, muss man es nur daran erinnern, nach unten zu schauen … Das Gegenteil trifft allerdings ebenso zu: Wenn ein autoritäres Regime auf die finale Krise zusteuert, verläuft seine Auflösung in der Regel in zwei Schritten. Vor dem eigentlichen Zusammenbruch kommt es zu einem mysteriösen Bruch. Die Menschen wissen plötzlich, dass das Spiel aus ist, sie haben schlicht keine Angst mehr. Das Regime büßt nämlich nicht nur seine Rechtmäßigkeit ein, sondern seine Herrschaft wird selbst nur noch als ohnmächtige Panikreaktion wahrgenommen. Ryszard Kapuściński macht in seiner klassischen Darstellung der Chomeini-Revolution mit dem Titel *Schah-in-schah* den exakten Zeitpunkt jenes Bruches aus: Auf einer Kreuzung in Teheran weigerte sich ein einzelner Demonstrant, einem Polizisten Folge zu leisten, der ihn angeschrien hatte, das Feld zu räumen, worauf der Polizist verlegen abzog; binnen weniger Stunden wusste ganz Teheran von diesem Vorfall, und obschon es seit Wochen überall Straßenkämpfe gab, war plötzlich jedem klar, dass das Spiel aus war.[21]

Die Liebe beziehungsweise das Sich-Verlieben sind durch dieselbe zeitliche Lücke gekennzeichnet. In einer Erzählung von Henry James sagt der Protagonist über eine ihm nahestehende Frau: »Sie liebt ihn bereits, sie weiß es nur noch nicht.« Was wir hier vorfinden, ist eine Art freudianisches Gegenstück zu Benjamin Libets Experiment über den freien Willen; Libet hatte bekanntlich gezeigt, dass, noch bevor wir etwas bewusst entscheiden (beispielsweise einen Finger zu heben), die entsprechenden neuronalen Prozesse schon im Gange sind – was bedeutet, dass unsere bewusste Entscheidung lediglich zur Kenntnis nimmt, was schon stattfindet (und damit überflüssigerweise autorisiert, was in Wirklichkeit ein Fait accompli ist). Auch bei Freud geht die Entscheidung dem Bewusstsein voraus, sie findet jedoch unbewusst statt und ist kein rein objektiver Prozess. Freud knüpft hier wieder an Schelling an, für den eine wahrhaft freie Entscheidung ebenfalls unbewusst ist, weshalb wir uns nie in der Gegenwart verlieben. Nach einem (für gewöhnlich langen) im Untergrund wirkenden Reifeprozess wird uns mit einem Mal bewusst, dass wir (schon) verliebt sind. Das Verlieben geschieht nie – in einem bestimmten Moment ist es immer schon geschehen.

Um es noch einmal anders auszudrücken: Freiheit liegt nicht in der Fähigkeit, sich zu widersetzen, wenn man leidet – diese Art des Widerstands kommt von ganz allein. Freiheit bedeutet vielmehr, dass man beginnt zu genießen, wenn man leidet. Im Juni 2019 nahm die Polizei im Großraum Manchester die 93-jährige Josie Birds fest, obwohl sie keinerlei Verbrechen begangen hatte, weil dies ihr »Todeswunsch« war. Ihr Gesundheitszustand verschlechterte sich und bevor es zu spät sein würde, wollte sie verhaftet und auf ein Polizeirevier gebracht werden, um zu erfahren, wie es sich anfühlt, auf der falschen Seite des Gesetzes zu stehen.[22] Dieser Wunsch war ein Akt der Freiheit, wie er im Buche steht.

Auf dieser Ebene können wir einen Unterschied zwischen Sartre und Lacan ausmachen. Für Sartre ist der grundlegende freie Akt, mit dem ein Subjekt »sich selbst wählt« und das existenzielle Projekt formuliert, das seine Identität definiert, ein Akt des Selbstbewusstseins – das Unbewusste ist für ihn eine substanzielle, verdinglichte Größe, etwas, das mich objektiv bestimmt. Für Lacan dagegen ist die Urentscheidung unbewusst, weil das Unbewusste keine substanzielle Bestimmung des Subjekts, sondern die grundlegendste Ebene der Reflexivität ist. Die einzige Figur der Wahrheit in Christopher Nolans Film *The Dark Knight* (2008) ist der Joker, der Erzbösewicht und Gegenspieler Batmans. Der Zweck seiner terroristischen Angriffe auf Gotham City wird hier deutlich: Er wird damit aufhören, sobald Batman seine Maske abnimmt und seine wahre Identität offenbart. Was also ist dann der Joker, der die Wahrheit hinter der Maske aufdecken will und überzeugt ist, dass diese Enthüllung die gesellschaftliche Ordnung zerstören wird? Er ist nicht etwa ein Mann ohne Maske, sondern, im Gegenteil, jemand, der mit seiner Maske vollkommen identisch ist, der seine Maske *ist* – darunter ist nichts, es steckt kein »ganz normaler Typ« hinter dieser Maske. Deshalb hat der Joker auch keine Vorgeschichte und keine eindeutige Motivation. Er erzählt unterschiedlichen Leuten unterschiedliche Geschichten über seine Narben und spottet damit der Idee, es müsste irgendein tief verwurzeltes Trauma geben, das ihn antreibt. Todd Phillips' Film *Joker* (2019) finde ich aus diesem Grund problematisch. Ihm geht es gerade darum, eine Art sozialpsychologische Entstehungsgeschichte der Figur zu liefern und die traumatischen Ereignisse zu zeigen, die den Joker zu dem gemacht haben, was er ist. Das Problem dabei ist, dass Tausende andere Jungen, die in kaputten Familien aufwuchsen und von Gleichaltrigen schikaniert wurden, das gleiche Schicksal erlitten, aber nur einer diese Umstände zu der einzigartigen Figur des Joker »synthetisierte«.[23] Es ist also einerseits richtig, dass der Joker das Resultat einer Reihe pathogener Umstände ist, doch lassen sich diese Umstände erst im Nachhinein – wenn der Joker schon da ist – als ursächlich für jene einzigartige Figur beschreiben. In einem der frühen Hannibal-Lecter-Romane wird die Behauptung, Lecters Monstrosität sei das Ergebnis unglücklicher Umstände, wie folgt zurückgewiesen: »Nicht *ihm* geschah etwas. *Er* geschah.« Und auch hier liegt der Unterschied zwischen Sartre und Lacan darin, dass Sartre diese ursprüngliche Wahl der eigenen Existenz als höchsten Akt des Selbstbewusstseins begreift, während sie für Lacan ein Akt des Unbewussten par excellence ist.

Wir sollten diese unbewusste Reflexivität genauer beleuchten, denn unsere Hypothese lautet, dass sie genau die Struktur bezeichnet, die sich dem Zugriff der Singularität entziehen könnte. Damit sind wir wieder bei der philosophischen Grundfrage angelangt: Gibt es eine Dimension des Menschseins, die sich der Singularität im Prinzip entzieht, obwohl wir vollkommen in diese eingetaucht sind? Was könnte diese Dimension sein, wenn wir akzeptieren, dass unsere Selbstbewusstheit für die Singularität transparent ist? Für einen Freudianer besteht die Lösung darin, den Fokus vom Bewusstsein auf das Unbewusste zu verlagern.

6
Die Reflexivität des Unbewussten

Was geschieht im Falle unseres Eintauchens in die Singularität mit dem Unbewussten? Um diese Frage angemessen beantworten zu können, müssen wir zunächst den Begriff des Unbewussten klären. Wie Lacan klar erkannte, ist das Freud'sche Unbewusste nicht das substanzielle Reich Jung'scher Archetypen als ultimative psychische Realität des Wesens des Subjekts. Es gehört weder der Ordnung des Seins noch der des Nichtseins an, sondern dem virtuellen Raum der reinen Möglichkeit, der im Phänomen der Übertragung in der psychoanalytischen Behandlung verwirklicht wird und (soziale) Realität erlangt. Die Übertragung, bei der das Unbewusste realisiert wird, ist nicht die Projektion der »tieferen« Wirklichkeit traumatischer Fixierungen des Analysanden auf die aktuelle Beziehung zum Analytiker (ich behandle den Analytiker wie meinen Vater und so weiter); sie ist nicht die illusorische Darbietung einer Szene, deren eigentlicher Ort woanders ist, nämlich in den verdrängten Erinnerungen der Vergangenheit; vielmehr ist sie die Realität, in der das Unbewusste, dessen Status rein virtuell ist, verwirklicht wird – ich möchte dazu ausführlich Gabriel Tupinambá zitieren, der eine präzise Beschreibung des paradoxen Status des Unbewussten liefert:

Lacan verdichtete bekanntlich Freuds Definition der Übertragung zu der Behauptung, sie sei »das Ins-Werk-Setzen [*mise en acte*] der Realität des Unbewussten« – diese Aussage lässt sich jedoch nicht richtig verstehen ohne eine weitere Bemerkung, welche die »Potenz« genauer bestimmt, die in der klinischen Sitzung realisiert wird. Lacan schreibt dazu, dass »es da weder um ein Sein geht noch um ein Nicht-Sein, sondern um ein Nicht-Realisiertes [*non-réalisé*].« Das bedeutet, es stimmt, dass die Übertragung »die verborgenen und vergessenen Liebesregungen der Kranken aktuell und manifest« macht, wie Freud schreibt, aber Lacan fügt auch hinzu, dass diese künstliche Realität nicht der fragwürdige Ersatz für eine beständigere, wenn auch verborgene Realität ist, irgendeine tiefe psychologische Typisierung unserer Befriedigung. Das Ins-Werk-Setzen des Unbewussten tritt vielmehr an die Stelle von etwas, das nie eine vollständige, konsistente Realität besaß: etwas, das in der Klinik und unter deren künstlichen Bedingungen existiert, aber nicht über diesen Raum hinaus verallgemeinert werden kann, so als hätte es ein unabhängiges Sein. Es wäre falsch zu sagen, das Unbewusste habe kein Sein – denn sein Sein wird in der Übertragung ins Werk gesetzt; ebenso falsch wäre es zu behaupten, es habe ein Sein – denn es kann nicht direkt ontologisiert und über gewisse Grenzen hinaus übertragen werden. Eine weitere Möglichkeit, sich Lacans Bemerkung anzunähern, wäre zu sagen, dass der ontologische Status des Unbewussten nicht der eines anderen Seins ist – etwas, das außerhalb des klinischen Umfelds stattfindet –, sondern vielmehr der eines anderen gegenüber dem Sein – etwas, das als »negative Ergänzung« des Gesagten fungiert: Die Rede innerhalb der klinischen Sitzung offenbart einige inhärente Invarianzen, eine Art von virtueller Ergänzung, die, auch wenn sie innerhalb dieser künstlichen Beschränkungen lesbar ist, nicht von einer zugrunde liegenden Kausalbestimmung außerhalb des Raumes, in dem sie sich verwirklicht, zeugt. [...] Statt es als Ursache jener Bildungen darzustellen, in denen mein Sprechen über das, was ich sagen will, hinausgeht, wird das Unbewusste gebildet aus den »Wirkungen, die das Sprechen auf das

Subjekt hat«, aus den innerhalb der künstlichen Grenzen des freien Assoziierens gemachten zufälligen Assoziationen. Dass die unbewussten Bildungen zuallererst Wirkungen ohne unabhängige Ursachen sind, ist genau der Grund, warum Lacan den Status des Unbewussten als »irreal« definiert: nicht die Irrealität seiner Wirkungen – seine Manifestationen sind schließlich unübersehbar –, sondern die Irrealität der Ursache dieser Wirkungen, deren Abwesenheit im klinischen Umfeld man nicht mit einem externen Kausalprinzip verwechseln sollte.[1]

Unsere Frage lautet hier einmal mehr: Kann Neuralink beziehungsweise das verdrahtete Gehirn *diesen* Modus des Unbewussten erfassen – das Unbewusste nicht als substanzielle Basis des Seins des Subjekts, sondern das Unbewusste als virtueller Bezugspunkt, das nur als abwesender Bezugspunkt seiner Wirkungen existiert (oder vielmehr insistiert), das Unbewusste als die Ursache, die ihren Wirkungen nicht vorausgeht, sondern erst durch diese Wirkungen ins Werk gesetzt und somit rückwirkend durch sie verursacht wird? Das Unbewusste ist weder die ursprüngliche Realität beispielsweise meiner traumatischen Beziehung zu meinem Vater noch die gegenwärtige Realität meiner Beziehung zum Analytiker, sondern eine dritte, rein virtuelle Größe im Raum zwischen zwei wirklichen Entitäten, die Teil meiner Realität sind. Etwas Ähnliches stellte ich auch im Zusammenhang mit den beiden Versionen von Doctorows *Billy Bathgate* fest, dem ursprünglichen Roman und dessen Verfilmung. Der Film ist im Grunde ein Fehlschlag, allerdings ein interessanter, erweckt er doch im Zuschauer die Vorstellung, dass der Roman viel besser sein muss. Wenn man diesen dann allerdings liest, ist man enttäuscht – dies ist *nicht* der Roman, den der Film als das Maß evoziert hat, an dem er dann gescheitert ist. Die Wiederholung (eines gescheiterten Romans in Form eines gescheiterten Films) lässt somit ein drittes, rein virtuelles Element entstehen: den besseren Roman. Der Fall steht beispielhaft für etwas, das Deleuze an zentraler Stelle in *Differenz und Wiederholung* beschreibt:

> Wenn es aber zutrifft, daß die beiden Gegenwarten mit einer variablen Entfernung in der Reihe der Realobjekte aufeinanderfolgen, so bilden sie eher *zwei im Verhältnis zum virtuellen Objekt einer anderen Natur koexistierende Realreihen*, im Verhältnis zum virtuellen Objekt, das fortwährend in ihnen zirkuliert und sich in ihnen verschiebt [...]. Die Wiederholung vollzieht sich nicht von einer Gegenwart zur anderen, sondern zwischen den beiden koexistierenden Reihen, die diese Gegenwarten in Abhängigkeit vom virtuellen Objekt (Objekt = x) bilden.[2]

Im Hinblick auf *Billy Bathgate* heißt das: Der Film »wiederholt« nicht den Roman, auf dem er basiert; vielmehr »wiederholen« beide das nicht wiederholbare virtuelle »Objekt = x«, den »wahren« Roman, dessen Schemen im Übergang vom tatsächlichen Roman zum Film erzeugt wird. Dieser virtuelle Bezugspunkt ist, obwohl »irreal«, in gewisser Weise realer als die Realität: Er ist der *absolute* Bezugspunkt der gescheiterten realen Versuche. Das nicht existierende »bessere Buch« ist, was die beiden existierenden Werke wiederholen (und woran sie beide scheitern), es ist das, was eine Distanz zwischen den beiden aufrechterhält, die Unterbrechung zwischen den beiden, die ihr Unbewusstes ist. In Bezug auf unser Thema fragt sich, ob die Maschine, mit der unser Gehirn verdrahtet ist, dieses virtuelle Moment erfassen kann, das weder der Ordnung des Seins noch der des Nichtseins angehört.

Robert Schumann hat in die Partitur seiner »Humoreske« bekanntlich eine »innere Stimme« eingefügt, eine dritte Melodielinie zwischen der höheren und der tieferen Klavierstimme. Diese abwesende Melodie muss vor dem Hintergrund der Tatsache rekonstruiert werden, dass die erste und die dritte Ebene (die Klavierstimmen für die rechte und die linke Hand) sich nicht unmittelbar aufeinander beziehen, das heißt, ihre Beziehung ist keine direkte Spiegelung. Will man ihren Zusammenhang erklären, ist man also gezwungen, eine dritte, »virtuelle« Zwischenebene (Melodie) zu (re)konstruieren, die aus strukturellen Gründen nicht gespielt werden kann. Diese abwesende Melodie erreicht einen scheinbar absurden Grad der Selbstreferenz, wenn Schumann an einer späteren Stelle der *Humoreske* ein Motiv in den beiden Klavierstimmen identisch wiederholt, nur dass diesmal die dritte, abwesende, »innere« Stimme in der Notation fehlt – was hier abwesend ist, ist somit die abwesende Melodie, die Abwesenheit selbst. Wie soll man diese Noten spielen, die auf der Ebene dessen, was tatsächlich gespielt wird, eine exakte Wiederholung des vorherigen Motivs sind? Den tatsächlich gespielten Noten wurde lediglich etwas genommen, was gar nicht da war: ihr konstitutiver Mangel. Oder in Anlehnung an die Bibel: Sie verlieren sogar, was sie nie besaßen. Ein guter Pianist sollte daher die Fähigkeit besitzen, die existierenden, vorhandenen Noten so zu spielen, dass man darin das Echo der begleitenden, ungespielten, »stummen« virtuellen Noten beziehungsweise deren Abwesenheit erkennen kann … was genau der bewussten Rede entspricht, in der die virtuelle unbewusste Kette widerhallt. Denken wir an Freuds Phantasievorstellung »Ein Kind wird geschlagen« – entspricht die mittlere Notenlinie, die nicht gespielt werden soll, nicht exakt der mittleren Phase jener Phantasie (»Ich werde vom Vater geschlagen«), die ebenfalls nicht dazu gedacht ist, erlebt zu werden, sondern nur als rein virtuelles Konstrukt fungiert?[3]

Betrachten wir noch ein weiteres Beispiel in dieser Reihe, den Film *Captive State* (2019) von Rupert Wyatt, der gemeinsam mit Erica Beeney auch das Drehbuch schrieb. Die Handlung dieses ausgezeichneten Science-Fiction-Thrillers setzt 2019 ein, als Außerirdische an mehreren Stellen auf die Erde eindringen und Chicago unter Kriegsrecht gestellt wird. Neun Jahre später hat die Welt vor den Eindringlingen kapituliert und sich ihrer Regierungsgewalt unterworfen. Sie werden »Legislatoren« genannt, da sämtliche Gesetze und Vorschriften in der Folge von ihnen erlassen werden. In den Jahren nach der Kapitulation haben die Außerirdischen die Menschen zwangsverpflichtet, geeignete Lebensräume für sie tief unter der Erde zu bauen; diese sogenannten Closed Zones sind streng vom Rest der Stadt getrennt; Zugang haben nur hohe Regierungsbeamte.

> Während die neuen »Legislatoren« […] hauptsächlich in ihren unterirdischen Unterschlüpfen bleiben, kontrollieren gefügige Quislinge in Regierung und Exekutive tyrannisch die Bevölkerung. Die Mehrzahl der Menschen […] hat die vielen offensichtlichen Vorzüge der außerirdischen Herrschaft (starke Wirtschaft, geringere Arbeitslosigkeit und so weiter) akzeptiert. Eine prunkvolle Kundgebung mit allem Pipapo, samt einer neuen, invasorenfreundlichen Version der »Battle Hymn of the Republic« verrät uns alles darüber, wie leicht sich die Schafe haben einpferchen lassen.[4]

Wir müssen hier viele interessante Aspekte dieses herausragenden Films auslassen (die Handlung spielt zum Beispiel größtenteils unter armen schwarzen Jugendlichen in den heruntergekommenen Randbezirken von Chicago, und obwohl die Ereignisse in der nahen Zukunft stattfinden, wirkt die Realität seltsam rückständig, da die Legislatoren Digitaltechnologie verboten haben) und uns auf zwei Ebenen konzentrieren, die in der Filmhandlung implizit enthalten sind: Die fiktionale Welt des Films (wieder einmal eine Geschichte über den Widerstand gegen eine außerirdische Invasion) verweist ganz offensichtlich auf unsere eigene Wirklichkeit der unpersönlichen Herrschaft der Großkonzerne. Es wäre allerdings falsch, das fiktionale Element lediglich als Spiegel unserer Wirklichkeit zu sehen – es gibt eine dritte Ebene zwischen den beiden. Die Dimension des

Beherrschtwerdens von Aliens ist nicht bloß eine fiktionale Version unserer Realität, sie ist vielmehr ein immanenter Bestandteil dieser Realität. Erleben wir die Konzernherrschaft, der wir unterworfen sind, nicht wie eine Art außerirdischer Macht, die in »Closed Zones« lebt und nur über ihre »Quislinge« mit uns in Kontakt tritt? Zwischen Realität und (Science-) Fiction gibt es folglich die fiktionale Komponente, die für unsere Realität selbst konstitutiv ist.

Dieselbe triadische Struktur begegnet uns in dem Film-noir-Meisterwerk *The Whip Hand* (William Cameron Menzies, 1951). Ein Angler, der Urlaub im nördlichen Wisconsin nahe der Grenze zu Minnesota macht, gerät in ein Unwetter und sucht völlig durchnässt Unterschlupf in einer nahegelegenen Kleinstadt. Beim Sturz gegen einen Felsen hat er sich eine Kopfwunde zugezogen, die behandelt werden muss. Die Einheimischen tun nicht mehr als nötig, um ihm zu helfen (bis auf einen geschwätzigen, Witze reißenden Gastwirt, der von Raymond Burr hervorragend gespielt wird) und widersprechen einander ständig. In einem Landhaus auf der anderen Seite des Sees scheinen seltsame Dinge vor sich zu gehen – nachts wird es vom örtlichen Arzt aufgesucht, der nicht darüber reden will. Wie sich herausstellt, haben Kommunisten die Macht in der Stadt übernommen und sie zu einem Zentrum für die Erforschung bakteriologischer Kriegsführung gemacht ... Das Interessante an dieser ziemlich lächerlichen Howard-Hughes-Produktion ist, dass man sie als reflexive Umkehrung der Standardthese interpretieren kann, wonach die Anfang der 1950er-Jahre beliebte Formel der »Invasion der Außerirdischen« (ein Durchschnitts-US-Bürger findet allmählich heraus, dass die Stadt, in die er zufällig geraten ist, schon von Aliens kontrolliert wird) eine Allegorie für die kommunistische Machtübernahme ist (die »Aliens« stehen für Kommunisten). Hier wird nun diese Allegorie in ihre »wahre Bedeutung« zurückübersetzt, mit dem erwartbaren Ergebnis, dass *die kommunistischen Verschwörer selbst die Aura von »Aliens« umschwebt*. Aus diesem Grund kann die Bedeutung einer Metapher nie auf ihr »wahres« Referenzobjekt reduziert werden. Es reicht eben nicht, auf die *Realität* zu verweisen, auf die sich die Metapher bezieht; wenn die metaphorische Substitution einmal vollzogen ist, wird diese Realität selbst für immer vom gespenstischen *Realen* des metaphorischen Inhalts verfolgt. In beiden Fällen ist das dritte Element (die der Realität selbst immanente Fiktion) der Ort des Unbewussten.

Um den Status des Unbewussten weiter zu verdeutlichen, können wir uns auch noch einmal den bekannten Witz aus Ernst Lubitschs *Ninotschka* (*Ninotchka*, 1939) ins Gedächtnis rufen: »Herr Ober, bringen Sie mir bitte eine Tasse Kaffee ohne Sahne!« »Tut mir leid, mein Herr, wir haben keine Sahne mehr. Kann es auch ohne Milch sein?« Auf der faktischen Ebene bleibt der Kaffee gleich, aber wir können den Kaffee ohne Sahne in einen Kaffee ohne Milch verwandeln – oder noch einfacher ausgedrückt: Wir können die implizite Negation hinzufügen und aus dem einfachen Kaffee einen Kaffee ohne Milch machen. Der Unterschied zwischen »einfachem Kaffee« und »Kaffee ohne Milch« ist rein virtuell, in der realen Tasse bleibt alles gleich, und dasselbe gilt auch für das Freud'sche Unbewusste: Sein Status ist ebenfalls rein virtuell, es ist keine »tiefere« psychische Realität – kurz: Das Unbewusste ist wie die »Milch« im »Kaffee ohne Milch«. Und darin liegt die Krux: Kann der digitale große Andere, der uns besser kennt als wir uns selbst, auch den Unterschied zwischen »einfachem Kaffee« und »Kaffee ohne Milch« erkennen? Oder liegt die kontrafaktische Sphäre außerhalb der Reichweite des digitalen großen Anderen, der auf Fakten in unserem Gehirn und unserer sozialen Umgebung beschränkt ist, die uns nicht bewusst sind? Der primäre Konflikt wäre demnach nicht der zwischen meiner inneren Erfahrung und dem digitalen großen Anderen, sondern der zwischen den beiden großen Anderen:

dem symbolisch-virtuellen und dem real-mechanischen großen Anderen. Wozu eine digitale Maschine in etwa fähig ist, zeigt das folgende erfundene Beispiel:

> Nehmen wir an, wir hätten eine Kaffeemaschine mit drei Tasten: »einfacher Kaffee«, »Kaffee mit Milch« und »Kaffee mit Sahne«. Die Maschine zeichnet sämtliche Benutzeraktivitäten auf und registriert auch die häufigste Wahl jedes Benutzers. Nehmen wir weiter an, ich hätte einen Monat lang jeden Tag »Kaffee mit Milch« gedrückt und die Maschine hätte folglich »Kaffee mit Milch« als meinen häufigsten Wunsch gespeichert. Eines Tages möchte ich nun aber einen »Kaffee ohne Milch« trinken und drücke die Taste »einfacher Kaffee«. Es ist angemessen, diese besondere Wahl »Kaffee ohne Milch« zu nennen, da sie durch den außergewöhnlichen Unterschied zu meiner normalen Wahl »Kaffee mit Milch« bestimmt wird. Da die Maschine über eine Aufzeichnung meiner häufigsten Wahl verfügt, »weiß« sie, dass dieser »einfache Kaffee« eigentlich ein »Kaffee ohne Milch« ist, und könnte im Display sogar eine Nachricht anzeigen: »Interessant, Sie trinken Ihren Kaffee heute ohne Milch!« Eine Maschine kann also (mindestens) erkennen, wie oft ein häufiges Ereignis nicht wieder auftritt, und sie kann dies als virtuelle Negativität registrieren.[5]

Dieses Beispiel entspricht jedoch nicht genau den Bedingungen aus dem *Ninotschka*-Witz. Um den Witz an das Beispiel anzupassen, müsste der Ober den Gast etwa fragen: »Nur um sicher zu gehen, mein Herr, wollen Sie Ihren Kaffee heute wirklich ohne Sahne, statt wie sonst immer mit?« Kurzum, was die digitale Maschine kann, ist, einen Erwartungshorizont mit einzubeziehen: Wenn von jemandem etwas erwartet wird (und diese Erwartung auf wiederholten Handlungen in der Vergangenheit basiert), dann kann das Unterlassen dieser Handlung als »ohne« registriert werden. Was die digitale Maschine offenbar nicht kann, ist, ein direktes Unterlassen zu registrieren, ein ursprüngliches Nicht-Handeln – einen Fall, in dem das, was jemand tut, von Anfang an von einem Nicht-Tun begleitet wird. Das eigentlich Entscheidende, das in diesem Beispiel fehlt, ist jedoch die Verdopplung von »ohne«, die zu einer seltsamen Negation der Negation führt: In dem Witz gibt es nicht nur den Gegensatz zwischen »Milch« und »ohne Milch«, sondern die Verkettung zweier »ohnes«: »ohne Sahne« und »ohne Milch«. (Die Quelle des obigen Beispiels nennt noch »Kaffee ohne Sahne«, aber lediglich als zusätzliche Variante, als Parallele mit gleichartiger Struktur, ohne Verbindung zum ersten Fall.) Dass das »ohne Sahne« durch »ohne Mich« ersetzt wird, weil das Café nun einmal keine Sahne mehr hat, ist also ein entscheidendes Element des Witzes – der (einfache) Kaffee, den der Gast serviert bekommt, verkörpert somit eine doppelte Negation, das heißt, die erste Negation (»ohne Sahne«) wird selbst negiert (weil es keine Sahne gibt, die negiert werden könnte), so dass der »Kaffee ohne Milch«, den der Gast bekommt, ein »Kaffee ohne ohne Sahne« ist – und das ist dann etwas, das der digitale Raum wohl nicht mehr evozieren kann. Beim Unbewussten haben wir es nun mit einer homologen doppelten Negation zu tun. Wenn ich mir in der Phantasie etwas vorstelle, das nicht existiert, dann stelle ich mir etwas vor, dessen Nichtexistenz die radikalere Nichtexistenz des eigentlichen (inzestuösen) *Dings* ersetzt. Die Botschaft eines inzestuösen Traums, um Freuds berühmtes Beispiel zu paraphrasieren, lautet in etwa: »Tut mir leid, aber im Raum des Traums ist die Mutter nicht einmal als abwesend da, deshalb kann ich dir keinen Traum ohne Mutter geben – stattdessen gebe ich dir einen Traum ohne eine andere Frau, die nicht deine Mutter ist …«

Die digitale Maschine mag durchaus imstande sein, alle Nuancen einer Erfahrung zu erfassen, doch wird es ihr unmöglich sein, das Unmögliche selbst zu registrieren, etwas, das nicht an sich existiert, sondern nur als virtueller Bezugspunkt in einem schattenhaften Reich des Weder-Seins-noch-Nichtseins besteht.

Ist nicht das Reale als Konstrukt etwas, das nicht existiert, sondern nur als Punkt innerhalb einer formalen Struktur insistiert? Wenn das Subjekt zum Beispiel eine Reihe von Phantasiegebilden erlebt, die sich als Permutationen aufeinander beziehen, dann ist diese Reihe niemals vollständig; immer ist es so, als ob die gerade erlebte Reihe nur ständige Variationen eines zugrunde liegenden »fundamentalen« Phantasmas lieferte, welches das Subjekt *nie* wirklich erlebt. Kehren wir noch einmal zu Freuds Phantasie »Ein Kind wird geschlagen« zurück. Die beiden bewusst erlebten Phantasien setzen eine dritte voraus (»Ich werde vom Vater geschlagen«), auf die sie sich folglich beziehen, die aber nie wirklich erlebt wurde und nur rückwirkend als vorausgesetzte Referenz für die beiden anderen Phantasien – oder in diesem Fall als Mittelterm zwischen ihnen – rekonstruiert werden kann.

Doch spielen wir noch einmal den Advocatus Diaboli: Wenn die digitale Maschine die unzusammenhängende Mannigfaltigkeit meiner Erfahrung reproduzieren kann, einschließlich der in sie eingeschriebenen Fehlschläge und Beschränkungen, warum sollte sie dann nicht auch in der Lage sein, die »Absenziale«, die virtuellen Bezugspunkte, die meinem Erfahrungsstrom zugrunde liegen, zu evozieren (beziehungsweise im Geist des Empfängers, das heißt des anderen Individuums, mit dem ich meine Erfahrung teile, zu erzeugen)? Nehmen wir an, um noch einmal auf den *Ninotschka*-Witz zurückzukommen, ich stelle mir im Geiste vor, wie ich den Witz erzähle, und die digitale Maschine reproduziert meine Gedanken im Geist eines anderen – würde sich dann bei diesem anderen nicht ebenfalls die Vorstellung von »Kaffee ohne Milch« im Unterschied zu »Kaffee ohne Sahne« und »einfachem Kaffee« einstellen? Die Antwort ist nein, denn die Übertragung der virtuellen Absenziale wäre nur möglich, wenn wir davon ausgehen, dass meine Denkprozesse, auch wenn mein Gehirn verdrahtet ist, weiterhin nur in einem singulären Subjekt ablaufen, von anderen isoliert und durch das getrennt, was der frühe Lacan die »Mauer der Sprache« genannt hat. Sobald diese Mauer einstürzt, sobald die Wirkung dessen, was die Bibel den Sündenfall nennt, ungeschehen gemacht wird, verschwindet auch die virtuelle Dimension. Stellen wir uns eine Verführungsszene vor, bei der mein Gehirn mit dem eines anderen verdrahtet ist, so dass mir die Gedanken des anderen zugänglich sind. Wenn mein Partner in spe meine Absicht direkt miterleben kann, was bleibt dann noch von den Feinheiten des Verführungsspiels? Wird der andere nicht ungefähr folgendermaßen reagieren: »Okay, ich weiß, du willst mich unbedingt ficken, was sollen also diese ganzen dummen Fragen darüber, welche Filme ich mag und was ich mir zum Abendessen wünsche? Spürst du nicht, dass ich nie mit dir Sex haben würde?«

Der Unterschied, um den es hier geht, ist der zwischen den »unbewussten« (neuronalen, sozialen, ...) Fakten, die uns bestimmen, und dem Freud'schen »Unbewussten«, dessen Status rein kontrafaktisch ist. In unseren Sexphantasien stellen wir uns den besten Sex vor, den wir nie hatten, nicht den, den wir je hatten. Und wird dieses Spiel mit den virtuellen Absenzialen nicht auf die Spitze getrieben von der weiter oben bereits erwähnten höfischen Liebe? Wenn die beiden Liebenden dabei den Vollzug des Geschlechtsakts endlos hinauszögern, so beschränken sie sich nicht einfach auf Gespräche und weiche Formen des Vorspiels. Vielmehr ist ihr gesamtes Tun positiv definiert als die sexuelle Version von »Kaffee ohne Sahne« – als sexuelle Aktivität ohne Sexualakt.

Noch komplexer wird die Sache dadurch, dass sich bei der höfischen Liebe der Status des Mehr-Genießens hinsichtlich seiner normalen Funktion verändert. Darian Leader erzählte mir eine Anekdote aus seiner analytischen Praxis.[6] Ein Patient habe ihm einmal von einem peinlichen Versprecher berichtet.

Er führte eine Dame zum Essen in einem Luxushotel aus und plante insgeheim, sie anschließend mit aufs Zimmer zu nehmen und Sex mit ihr zu haben. Als der Kellner kam, sagte der Patient: »Ein Bett für zwei bitte!«, anstatt: »Einen Tisch für zwei bitte!« Leader weist die naheliegende »freudianische« Deutung (sein realer Wunsch nach Sex brach unmittelbar hervor) zurück und interpretiert den Versprecher genau andersherum, nämlich als Warnung, das Essen nicht zu sehr zu genießen, als Erinnerung daran, dass das gemeinsame Mahl nur ein Vorwand, eine Vorlust[7], und das eigentliche Ziel der Sex ist. Der Versprecher war also ein verzweifelter Versuch, den nagenden Verdacht zu verdrängen, dass selbst Sex nicht »das Wahre« ist, dass auch in ihm irgendetwas fehlt. Das ist die Standardbeziehung zwischen dem »grundsätzlichen« Vergnügen (dem Geschlechtsakt) und den Umwegen und Vorspielen, die ein Mehr-Genießen erzeugen. Bei der höfischen Liebe wird die »grundlegende« sexuelle Tätigkeit jedoch auf die Umwege und Vorspiele reduziert, so dass der »vollständige« Geschlechtsakt selbst den Status eines unmöglichen und endlos aufgeschobenen Exzesses annimmt.

Dieses Reich des Kontrafaktischen kann nur wirksam sein, wenn es auch eine Subjektivität gibt, denn um den Unterschied zwischen »einfachem Kaffee« und »Kaffee ohne Milch« zu registrieren, muss ein Subjekt am Werk sein. Subjektivität ist hier dasselbe wie Reflexivität: Wenn einfacher Kaffee als »Kaffee ohne Milch« (und nicht als »Kaffee ohne Sahne«) erlebt wird, dann ist der kontrafaktische Status von Milch oder Sahne eine reine Reflexionsbestimmung dieses Kaffees, nicht seine wirkliche Bestimmung.

Der virtuelle/reflexive Status des Unbewussten bedeutet, dass es sich beim Unbewussten nicht um einen primitiven, präreflexiven Inhalt handelt, den sich das Subjekt in einem Akt des Selbstbewusstseins (des Gewahrwerdens seines »verdrängten« psychischen Inhalts) reflexiv aneignet. Das »Unbewusste«

ist die immanente Struktur des Selbstbewusstseins selbst. Was dem Bewusstsein des Subjekts entgeht, ist die Basisebene seines Selbstbewusstseins. Um zu dieser Ebene zu gelangen, muss die Struktur des Selbstbewusstseins von innen aufgesprengt und auf diese Weise grundlegend von der bewussten Selbsterkenntnis distanziert werden. Im radikalsten Sinne bedeutet das, dass »Selbstbewusstsein« eigentlich eine falsche Bezeichnung ist: Es ist nicht die Bewusstheit des Selbst, sondern die unbewusste Reflexivität hinsichtlich eines bewussten Inhalts. In diesem Sinne weist Lacan darauf hin, dass das Begehren immer auch ein Begehren zu begehren ist – jedes Begehren ist per definitionem reflexiv, es schließt eine reflexive Haltung zu sich selbst ein. Wenn ich sage, »Ich begehre das«, dann ist das nie ein äußerlicher Bericht über meine unmittelbare Neigung, denn es schließt immer seine eigene reflexive Verdopplung mit ein (begehre ich, es zu begehren?). »Unbewusst« ist nicht der Inhalt meines Begehrens, sondern meine reflexive Haltung dazu.

Das Selbstbewusstsein ist nicht einfach ein verdoppeltes Bewusstsein oder die Erkenntnis der Tatsache, dass mir Dinge bewusst sind, so dass nun ein weiteres Objekt – ich selbst – in den Kreis der Objekte, derer ich bewusst bin, mit aufgenommen wird. Zum Selbstbewusstsein gehört vielmehr immer das, was man traditionell als die normative Dimension bezeichnet, die Dimension der subjektiven Verbindlichkeit: »Die subjektive Form des Urteils, das ›Ich denke‹, von dem Kant sagt, dass es alle unsere Vorstellungen begleiten kann und somit die leerste von allen ist, markiert, wer die Verantwortung *für* das Urteil übernimmt.«[8] Selbstbewusstsein heißt, dass ich mich auch im Fall einer simplen Aussage wie »vor meinem Haus steht ein Baum« als hinter dieser Aussage stehend, als ihr verpflichtet voraussetze.[9] Lacans These lautet nun, dass genau dasselbe für unser Begehren gilt. Dieses ist nie nur ein Faktum meines Innenlebens, ich kann mich nie auf es als eine Tatsache beziehen, sondern bin darin als Subjekt vollkommen mit eingebunden. In diesem präzisen Sinn ist jedes Begehren, sei es auch noch so unbewusst, immer »selbstbewusst«: Ich begehre etwas nicht nur als Tatsache, sondern ich begehre auch, es zu begehren (oder auch nicht). Im Rahmen seiner ethischen Revolution erklärt Kant, dass man sich nicht einfach auf die Pflicht berufen könne, um sein Handeln zu begründen. Ich kann nicht sagen: »Ich weiß, es ist schlimm und schmerzhaft, aber was soll ich machen, es ist nun mal meine Pflicht …« Kants Ethik der bedingungslosen Pflicht wird oft als Rechtfertigung einer solchen Haltung herangezogen – kein Wunder, dass sich sogar Adolf Eichmann auf Kant berief, als er seine Rolle bei der Planung und Durchführung des Holocaust zu rechtfertigen versuchte: Er habe schließlich nur seine Pflicht getan und Führerbefehle befolgt. Der Sinn von Kants Betonung der vollständigen moralischen Autonomie und Verantwortlichkeit des Subjekts ist aber gerade, solche Manöver zu verhindern, in denen die Schuld auf eine Figur des großen Anderen geschoben wird. Das Standardmotto der ethischen Strenge lautet: »Es gibt keine Ausrede für die Nichterfüllung der Pflicht!« Kants berühmte Maxime »Du kannst, denn du sollst!« sieht zwar wie eine neue Version dieses Mottos aus, doch in Wirklichkeit ergänzt Kant das Motto implizit mit seiner weitaus unheimlicheren Umkehrung: »Es gibt keine Ausrede für die Erfüllung der Pflicht!« Der bloße Verweis auf die Pflicht als Vorwand, um meine Pflicht zu tun, ist als heuchlerisch abzulehnen. Deshalb bildet Kant für Lacan den Ursprung jener geistigen Bewegung, aus der die Psychoanalyse hervorgegangen ist. Der Analysepatient hat nie das Recht zu sagen: »Was soll ich machen, mein Unbewusstes bestimmt mein Handeln, ich bin dafür nicht verantwortlich.« – Ich bin voll und ganz in meine unbewussten Wünsche eingebunden.

Doch was hat das alles mit Neuralink und der Singularität zu tun? Wir mussten zunächst die komplizierte Struktur des

Selbstbewusstseins beschreiben, um uns der entscheidenden Frage widmen zu können: Wenn wir uns das Eintauchen des Subjekts in die Singularität vorstellen – wird der digitale große Andere diese reflexive Dimension erfassen können oder nicht? Und falls nicht, heißt das dann, dass die reflexive Dimension der Subjektivität einfach verschwinden wird? Oder wird sie als etwas bestehen bleiben, das dem Eintauchen in die Singularität widersteht? Überraschenderweise (jedenfalls für diejenigen, die Becketts Werk nicht kennen) weist uns Samuel Becketts Roman *Der Namenlose* hier den Weg.

7
Eine literarische Phantasie: Das namenlose Subjekt der Singularität

Was wäre, um eine gewagte Hypothese zu riskieren, wenn die Singularität kein Eintauchen in einen kollektiven Raum ist (oder vielmehr sein wird), sondern ein extrem solipsistischer Zustand, in dem jedes Selbst (reduziert auf seine Selbstlosigkeit, nicht mehr als ein Selbst, das anderen im intersubjektiven Raum gegenübersteht) so funktioniert, wie Beckett es in *Der Namenlose* schildert? Wir lesen Beckett hier mit Jacques-Alain Miller, der in seinem Seminar von 2006–2007 das Bemühen Lacans beschreibt, in seinen letzten Jahren die Konturen des Einen allein vor dem Anderen, einer Halluzination vor der symbolischen Realität, bedeutungsloser Fehltritte vor jeder signifikanten Artikulation zu umreißen.[1] Lacan stellt hier zwei Achsen gegenüber. Die eine ist die Achse des symbolischen Unbewussten, wo sich das Subjekt, in der Übertragung, auf einen Anderen bezieht, wo Symptome eine (vermeintliche) Bedeutung haben und als solche darauf warten, historisiert und in ein symbolisches Narrativ integriert zu werden. Die andere ist die Achse des realen Unbewussten, wo das Subjekt (oder vielmehr das subjektlose Selbst) ganz alleine ist:

> Wer ist dieses Selbst – dieses Selbst, das weiß, dass es weder Schwanz noch Kopf hat, weder Bedeutung noch Interpretation? Wir haben hier ein Es, welches nicht, wie Lacan damit spielen konnte, das des Unbewussten ist, sondern ein Es, das ein Selbst ist.[2]
> Der Dreh- und Angelpunkt ist, dass man hier den Einen-ganz-alleine betrachtet. Mindestens zwei Anspielungen Lacans weisen in die Richtung dieses Einen-ganz-alleine. Er sagt: »Es gibt da keine Freundschaft in jenem Raum, der dieses Unbewusste trägt.« Keine Freundschaft, die eine Stütze des Unbewussten sein könnte.[3]

»Freundschaft« steht hier für die Verbindung vom einen zum anderen, zwischen Subjekten, aber auch zwischen Signifikanten – die Signifizierung entsteht nur durch solche »Freundschaft«, wo ein Signifikant den anderen interpretiert.[4] Mit dem subjektlosen Selbst, das ganz alleine ist, gibt es auch Sprache, aber diese Sprache fungiert als vorsymbolische, erratische Halluzination, eine Halluzination ohne Gesetz: »Die Halluzination gehorcht nicht den Gesetzen der Sprache, weder denen des Zusammenhangs noch denen der Substitution, und sie scheint unabhängig vom intersubjektiven Spiel zu sein.«[5] Auch hier haben wir also auf der einen Seite das intersubjektive Spiel der Übertragung, durch das Symptome in ihrer Bedeutung entschlüsselt und damit historisiert, in die Lebensgeschichte des Subjekts integriert werden, und auf der anderen Seite

> haben wir ein von der Sprache abgetrenntes Reales, ein Reales, das »nichts von der Sprache erwartet« und das »ganz alleine plappert« *(cause tout seul)*. Wir wissen diesem ganz-allein nun seinen Wert zu geben, der signalisiert, dass wir nicht in der Historie, in der Hysterie, im einen und anderen sind, sondern, ganz im Gegenteil, auf der Seite des Solitären. Lacan fügt sogar hinzu, dass das Reale als ein »Lärm, in dem man alles und jedes hören kann«, erscheint.[6]

Diese Differenz zwischen dem Sprechen als Symptom, das auf eine Bedeutung verweist, und dem Sprechen als »ganz alleine plappern«, das aus Sinthomen besteht, die nur *jouissance* [Genießen] verdichten, überschneidet sich nicht mit dem Gegensatz zwischen Hysterie und Psychose. Sie unterteilt den Raum der Psychose selbst in die Paranoia (bei der noch bedeutungsgebende Rückwirkungsmechanismen wirksam sind) und die Schizophrenie, bei der »das Symbolische aufhört, einen Sinn zu ergeben, Geschichte zu schreiben, wo das Symbolische auf der Ebene des Lärms ist, in dem man alles Mögliche hören kann. Sie ist ein Zusammenbruch der zwei Dimensionen: Das Symbolische zerbricht am Realen.«[7] Hier liegt auch der Grund, warum wir uns an dieser Stelle im Reich der Halluzinationen befinden. Wenn das Symbolische »am Realen zerbricht«, löst sich die Realität auf (die per definitionem durch einen Spalt aufrechterhalten wird, der das Symbolische vom Realen trennt) und das Subjekt erleidet einen »Realitätsverlust«.

Wie können wir uns ein solches »Plappern« vorstellen? Hier sollten wir uns dem *Namenlosen* als Becketts cartesianischer Meditation zuwenden.[8] Der Gegensatz zu Descartes springt sofort ins Auge: Bei Descartes ist die Reduktion auf das »Ich denke«, auf den reinen Fluss immanenter Gedanken, ein Ausgangspunkt der rationalen Einsicht, die uns unmittelbar zu Gott und zum wohlgeordneten Aufbau der Wirklichkeit führt; bei Beckett ist es dagegen, als bleibe er beim Cogito als dem Einen, als der Nullebene stecken und verharre darin ohne den Anderen, der die rationale Ordnung der Welt sicherstellen würde. Daher gelangen wir in *Der Namenlose* nie zur (vollständig konstituierten) Realität, die Welt, in der der Erzähler lebt, ist genau die der erratischen Halluzinationen. Andrew Cutrofello äußerte die Idee, dass man Hamlets zögerliche Haltung auch im Stil von Bartleby formulieren könnte: »Ich möchte lieber nicht … meinen Vater rächen.«[9] Ließe sich die Haltung des Namenlosen nicht auf die gleiche Weise ausdrücken? »Ich möchte lieber nicht … sein oder denken.«

Diese Verbindung zu Descartes ist nicht nur eine Interpretation von außen. Becketts Wissen über Descartes ist bekannt und es haben schon zahlreiche Kritiker bemerkt, dass es sich bei dem Namenlosen um ein cartesianisches Cogito handelt, wenn auch um ein äußerst ungewöhnliches und instabiles, ein empfindungsfähiges Wesen, das sich in der Blackbox seines eigenen Bewusstseins wiederfindet und vor dem Problem steht: »Wie entgeht der Namenlose dem Sein, dem diesem entsprechenden Schmerz, wie entkommt er dem Labyrinth der Sprache, in dem er sich befindet?« Hier wird es kompliziert, denn Beckett inszeniert das Cogito nicht nur; durch die Inszenierung bringt er (als guter Hegelianer) zugleich auch dessen innere Unterschiede und Spannungen zum Vorschein, die wir als scharfsinnige Hinweise darauf verwenden können, was uns in der Singularität erwartet.

So bemerkt Beckett sogleich, dass dieses namenlose Cogito nicht fröhlich in seinen Halluzinationen umherschwebt, sondern zutiefst gespalten ist. Es spricht nicht, das Sprechen wird ihm von außen auferlegt, es wird gesprochen (wie Lacan gesagt hätte), von einem externen Anderen beherrscht, Becketts Version von Descartes' *genius malignus*, der meine Halluzinationen manipuliert – oder, wie Deleuze im Zusammenhang mit Beckett und dessen Verwendung der Sprache formulierte: »Es ist immer ein Anderer, der spricht, denn die Worte haben mich nicht erwartet/nicht auf mich gewartet [*ne m'ont pas attendu*] und es gibt keine andere Sprache als die fremde.«[10] Kurz gefasst, der Namenlose »nimmt an, dass die Sprache ausschließlich vom anderen zu ihm kommt, dass sie durch ihn hindurchgeht und nicht zu ihm gehört.«[11] Wie versucht sich der Namenlose nun in diesem Durcheinander zurechtzufinden? Hier bringt Beckett seine Dialektik von Sprechen und Schweigen vor. Es gibt für den Namenlosen keine Chance, die Sprache für sich zu vereinnahmen, sie sich zu eigen zu machen und sich ganz in ihr auszudrücken. Er kann lediglich darauf hoffen, »der Qual des endlosen Redens entgehen zu können, indem er (durch reinen Zufall) etwas sagt, das gesagt werden muss, um diese Qual zu beenden.«[12] Aber dieser Augenblick kommt nie, und am Ende steht immer die Forderung, dass es weitergehen muss. Somit »bleibt die Frage in der Schwebe, wir sind nicht in der Lage, die Sprache als entweder endlich oder unendlich zu denken«,[13] und die Wirklichkeit bleibt die einer endlosen erratischen Halluzination von (äußeren, nicht eigenen) Stimmen:

> Man darf nicht vergessen, ich vergesse es manchmal, daß alles eine Frage von Stimmen ist. Was geschieht, sind Worte. Ich sage, was man mir zu sagen sagt, in der Hoffnung, daß man eines Tages müde wird, zu mir zu sprechen. [...] Glauben Sie, ich glaubte, ich sei es, der spricht? Auch das ist von ihnen. Um mich glauben zu machen, ich hätte ein Ich für mich und ich könnte darüber sprechen, wie sie von ihrem.[14]

Unsere Hypothese lautet, wie gesagt, dass eine solche Spannung möglicherweise unser Eintauchen in eine Singularität kennzeichnet. Wenn wir die weitere Verdopplung des Namenlosen in Mahood und Worm einmal beiseitelassen (eine Verdopplung, die die Kluft widerspiegelt, die das Sprechen vom Schweigen *trennt*), dann tut sich hier folgendes Dilemma auf: Ist das Sprechen ein gewaltsamer Akt, der den Frieden der Gewalt stört, oder ist der Frieden selbst die schlimmste Gewalt? Das Schweigen, das der Namenlose begehrt, ist nicht irgendein Schweigen: »Denn Schweigen bewahren, ist eigentlich nicht alles, wichtig ist auch die Art des Schweigens, das man bewahrt.«[15] Das Schweigen, das der Namenlose begehrt, ist das offenbar unwiederbringliche Schweigen vor dem Sprechen, das Schweigen vor der Möglichkeit der Gewalt: »das einmal gebrochene Schweigen wird nie wieder heil«[16]. Allerdings geht Beckett selbst am Eigentlichen vorbei, wenn er die häufig zitierte Aussage trifft: »Jedes Wort ist ein überflüssiger Fleck in der Stille und dem Nichts.« Was Beckett dabei entgeht, ist, dass ein Fleck, wenn er als unnötig und überflüssig erscheint, dennoch unvermeidlich bleibt – er erzeugt rückwirkend das Schweigen, das er befleckt/stört. Es stimmt zwar, dass Worte naturgemäß unangebracht sind, aber sie schaffen erst rückwirkend den Standard, nach dem sie als unangebracht erscheinen.

Der Namenlose wird traditionell als eine Erzählung von jenseits des Todes gelesen. Insofern Becketts drei Romane *Molloy, Malone stirbt* und *Der Namenlose* eine Trilogie bilden, folgt *Der Namenlose* auf *Malone stirbt*. Es ist jedoch wichtig festzuhalten, dass mit »jenseits des Todes« hier nicht das Jenseits gemeint ist – es gibt darin Sprache, Bewusstsein, es ist an das Sein und die gelebte Erfahrung gebunden; es wäre daher angemessener, den *Namenlosen* im Bereich zwischen den zwei Toden zu verorten, dem Reich der lebenden Toten beziehungsweise Untoten. So wie der Namenlose zwischen Schweigen und Sprache, gleichem und anderem, innen und außen steht, so steht er auch zwischen Leben und Tod:

> das ist es vielleicht, was ich fühle, daß es ein Draußen und ein Drinnen gibt und ich in der Mitte, das ist es vielleicht, was ich bin, das Ding, das die Welt in zwei teilt, einesteils das Draußen, andernteils das Drinnen, es kann dünn sein wie ein Blatt, ich bin weder einerseits noch andererseits, ich bin in der Mitte, ich bin die Scheidewand, ich habe zwei Seiten und keine Dichte, das ist es vielleicht, was ich fühle, ich fühle, wie ich schwinge, ich bin das Tympanon, einerseits ist der Schädel, andererseits die Welt, ich gehöre weder zum einen noch zum anderen [...].[17]

Die letzte Sackgasse ist somit die ontologische: Beckett »kann uns durch ein Labyrinth der Sprache führen und auf eine Schwelle anspielen, die aber nicht überschritten werden kann, weil es nichts zum Überschreiten und nichts zu überschreiten gibt.«[18] Wir werden »an den Rand des Universums [gebracht], aber es gibt keinen Speer, der geworfen werden könnte, keine Hand, die durch die Himmelsoberfläche ausgestreckt werden könnte, die den Namenlosen wie eine Mauer umgibt, keine Möglichkeit zu sagen, ob wir vor einer Leere stehen oder vor ihrem Gegenteil.«[19] Oder, um noch einmal Beckett selbst zu zitieren:

> Aber ist diese Schranke, auf die mein Blick stößt, wobei er beharrlich daran festhält, daß sie von Luft sei, nicht vielmehr ein Bollwerk, so massiv wie Blei? Um diese Frage zu klären, müßte ich einen Stock haben sowie die Fähigkeit, ihn zu gebrauchen [...]. Dann würde ich ihn wie einen Speer geradeaus schleudern und merken, ob das, was mich so nah umschließt und meine Sicht hindert, immer noch die Leere oder etwas Volles ist, je nach dem Geräusch, das ich hören würde.[20]

Damit sind wir wieder bei der Frage, um die es in diesem Buch immer wieder geht: Warum Hegel? Wieso sollten wir uns ausgerechnet auf Hegel beziehen, um ein so unhegelianisches Phänomen wie die Singularität zu verstehen? Betrachten wir das Beispiel des Übergangs vom Stummfilm zum Tonfilm: Diejenigen, die diesem Übergang damals widerstanden, sahen viel klarer, welche Auswirkungen er haben würde. Denn was geschah, als man dem Stummfilm eine Tonspur hinzufügte? Statt der erwarteten »Naturalisierung«, einer noch »realistischeren« Nachahmung der Realität, trat das genaue Gegenteil ein. Von Anfang an begleitete den Tonfilm eine unheimliche Stimme, die Michel Chion »akusmatisch« genannt hat und die weder an ein Objekt (eine Person) innerhalb der diegetischen Realität gebunden ist noch einem Kommentator aus dem Off gehört, sondern die gespenstisch in einem mysteriösen Zwischenreich umherschwebt und dabei eine grauenvolle Allgegenwart und Allmacht erlangt – die Stimme eines unsichtbaren Herren, von Fritz Langs *Testament des Dr. Mabuse* bis zur »Stimme der Mutter« in Hitchcocks *Psycho*.[21] Diese unheimliche Dimension wurde, wie gesagt, von den Gegnern des Tonfilms – von der russischen Avantgarde bis zu Charlie Chaplin – viel deutlicher wahrgenommen. Chaplin wehrte sich fast zehn Jahre lang dagegen, einen vollständigen Tonfilm zu machen. In *Lichter der Großstadt* (*City Lights*, 1931), seinem ersten Film mit einer Tonspur, sind nur Musik und einige Geräusche von Gegenständen zu hören, aber keine Sprache. In *Moderne Zeiten* (*Modern Times*, 1936) wird dann zwar gesprochen, aber nur über den Umweg von Maschinen (Radio, Lautsprecher), die auf der Leinwand zu sehen sind. Erst in *Der große Diktator* (*The Great Dictator*, 1940) treten sprechende Schauspieler auf – doch wer sind sie? Der Hauptsprecher ist Hynkel (Hitler) mit seinem wilden, brutalen Geschrei, das zuerst über Lautsprecher zu hören ist … Chaplin nahm mithin die bedrohliche und destabilisierende Dimension der Stimme deutlich wahr, die wie eine Art gespenstischer lebender Toter wirkt, während die idiotischen Anhänger des Tonfilms die Lage mit simplem Realismus betrachteten (»Schön, jetzt, wo wir auch Ton haben, können wir die Wirklichkeit noch realistischer und überzeugender wiedergeben!«) und die Kluft, die sich durch den Ton auftat, ignorierten.

Etwas Ähnliches ereignet sich nun mit der Aussicht auf die Singularität. Gegen Kurzweil und andere Befürworter der Singularität als eines harmonischen Gleitens in göttlicher Glückseligkeit sollten wir in ihr eine radikale Spaltung erkennen – was für eine Spaltung? Eine kurze Rückkehr zu Beckett könnte uns hier weiterhelfen. Der Namenlose ist in zwei (wahrscheinlich virtuelle, halluzinierte) Wesen gespalten, Mahood und Worm:

> Die Geschichten von Mahood und Worm, so könnte man sagen, beschreiben grob zwei philosophische Pole: Idealismus und Materialismus. Die Geschichte von Mahood in seinem Krug lässt sich als Parabel auffassen, die den Ideen von Becketts Landsmann Bischof Berkeley folgt. Beckett sollte später Berkeleys

> berühmteste Prämisse, *esse est percipi*, zum Ausgangspunkt für sein Drehbuch zu *Film* nehmen. Sein ist Wahrgenommenwerden: Sobald Mahood sich nicht mehr wahrgenommen fühlt, verschwindet er (ein materieller Zustand wird auf einen Geisteszustand reduziert). Dieses Verschwinden legt jedoch nahe, dass Mahood keine Selbstwahrnehmung hat, dass der Geisteszustand desselben nicht sein eigener Geisteszustand ist, sondern der von anderen; Mahood hört auf zu existieren, weil »sie« nicht mehr an ihn glauben, nicht weil er selbst nicht mehr an sich glaubt. Insofern ist er wie Worm: »Worm ist da, weil wir ihn erdenken, als ob es keine andere als erdachte Existenz geben könnte«. Weder der Idealismus noch der Materialismus sind demnach rein, aber der Gegensatz scheint hinreichend deutlich. Worm ist ein materialistisches Wesen an einem Mahood entgegengesetzten Pol. Ihm eignet ein Geisteszustand, der auf einen materiellen Zustand reduziert ist, er ist vorbewusstes Sein, ein Ding, ein Geschöpf, das schläft, reine Materie ohne Geist, reine Materie, der der Geist brutal eingebrannt wird. Worm beginnt sein Leben als »Schüler Mahood«, eine leere Tafel, die »sie« versuchen, mit Sprache zu beschreiben.[22]

Fragen wir also noch einmal: Warum wird das Subjekt nicht in der Singularität erscheinen? Weil das Verschwinden beharrlich weiterbesteht, sobald die Differenzialität einmal da ist und wir uns in ihrem Raum befinden – nicht als eine positive Tatsache, sondern als Absenzial. Wenn wir akzeptieren, dass eine minimale Form der Subjektivität das Eintauchen in die Singularität überlebt, können wir daher vermuten, dass ein Subjekt in der Singularität ebenfalls in »Mahood« (solipsistisches Gleiten im gemeinsamen Raum geteilter Gedanken) und »Worm« (die gedankenlose Realität) gespalten wird. Es wird nie einfach nur darin schweben, denn insofern es als Subjekt überlebt, wird es sich bewusst bleiben, dass es (auch) ein träges, wurmartiges Objekt ist (Teil einer digital-neuronalen Maschine). Diese radikale Kluft zwischen reiner Immanenz (ich bin Mahood, ein Strom selbstloser Gedanken) und vollständiger Objektivierung (ich bin Worm, Teil einer neuronalen Maschine) ist nicht einfach »objektiv«, sondern dem Subjekt immanent: Durch diese Objektivierung (und das Bewusstsein davon) persistiert das Subjekt als »leeres« $ in minimaler Distanz zur Singularität. Wir sollten hier noch einmal zur sowjetischen Technognosis zurückkehren, die, genau parallel zur Dualität von Mahood und Worm, in dem neuen posthumanen Wesen eine Kombination aus transpersonalem Bewusstsein und der »objektiven« Distanz zum eigenen Körper sah. Die transpersonale Einheit geht einher mit der radikalen Kluft zwischen mir und meiner verkörperten Existenz – ich bin vielleicht Teil eines transpersonalen Bewusstseins, aber der Preis, den ich dafür zahlen muss, ist, dass ich meine personale Einheit verliere und mich auf meinen Körper als ein Objekt in der Welt beziehe.

An dieser Stelle können wir noch über Beckett hinaus bis zu den Anfängen der abendländischen Tradition zurückgehen zu einem einzigartigen Text, in dem die Umrisse der posthumanen Subjektivität zum ersten Mal deutlich dargelegt werden: Sophokles' *Ödipus auf Kolonos*. Was wäre, wenn der Übergang von der Humanität zur Posthumanität dem Übergang vom Ödipus in *König Ödipus* zu dem in *Ödipus auf Kolonos* gliche? Wenn das menschliche Subjekt ödipal ist (mit allem, was das umfasst: Konstitution durch symbolische Kastration, Regulierung des Begehrens durch das symbolische Gesetz und so weiter), dann ist das posthumane Subjekt wie Ödipus auf Kolonos, ein »Anti-Ödipus« oder, wie Lacan gesagt hat, jenseits von Ödipus, auf einen exkrementellen Rest der Signifikantenkette reduziert, der Kette, die nun im kollektiven Raum der Singularität verkörpert wird.[23]

Schon vor Kolonos ist die Sache mit Ödipus komplexer als es scheinen mag. Viele aufmerksame Beobachter haben schon darauf hingewiesen, dass seine Geschichte im Hinblick auf die klassische tragische Struktur eine Ausnahme darstellt. In der klassischen Tragödie begeht der Held unwissentlich ein Verbrechen, doch dann subjektiviert er seine Tat, nimmt heldenhaft die Schuld auf sich und stirbt einen tragischen Tod. Die Psychoanalyse kann die Schuld des Helden für eine Tat, die nicht seine freie Entscheidung, sondern das von den Göttern vorherbestimmte Schicksal (oder historische Notwendigkeit, wie die Stalinisten gern sagten) war, leicht erklären: Das Subjekt ist insofern schuldig, als es das, was ihm auferlegt wurde, genießt, weil es diesen Genuss als Surplus bekommt, ohne verantwortlich zu sein. Nehmen wir zum Beispiel den stalinistischen Henker, der, obgleich er persönlich Grausamkeit ablehnt, die Liquidierungen durchführen muss, weil die Geschichte es verlangt – die »objektive historische Notwendigkeit«, auf die er sich bezieht, wird dadurch konstituiert, dass er sie anerkennt. Gleiches gilt für einen Lehrer, der sich genötigt sieht, seine Schüler »zu ihrem eigenen Wohl« erbarmungslos zu bestrafen und zu disziplinieren, obwohl ihm das (wie er behauptet) nicht gefällt: »Es ist das Begehren, das der objektiven Notwendigkeit, dem Schicksal zugrunde liegt: Es ist das Begehren des Subjekts, das dem großen Anderen und seinem Willen Beständigkeit verleiht.«[24] Es ist also nicht etwa so, dass man »sein Schicksal erleiden wird, ob man will oder nicht«, das eigene Begehren ist vielmehr konstitutiv für die »Objektivität« dieses Schicksals. Wir begehren es eben gerade als »objektive« Tatsache, was uns von der Verantwortung dafür entbindet.

Es mag den Anschein haben, dass für Ödipus dasselbe gilt. Er bekam, was er begehrte (den Vater zu töten und mit der Mutter zu schlafen), ohne zu wissen, dass sie seine Eltern waren – bei genauerer Betrachtung wird jedoch schnell klar, dass das nicht das ist, was Ödipus tut. Schuld ist, wie Hegel sagte, die höchste Ehre für den tragischen Helden – wenn wir ihm diese Schuld nehmen, fügen wir ihm eine tiefe Demütigung zu – und Ödipus wird sogar dieser Ehre der Schuld beraubt, was bedeutet, dass »ihm nicht einmal gestattet wird, mit seinem Begehren an seinem Schicksal teilzunehmen.«[25] Es gab kein »unbewusstes Verlangen« in ihm, das ihn zu seinen Taten drängte, und deshalb weigert er sich auch, als er erfährt, was er getan hat, sich wie ein tragischer Held zu verhalten und seine Schuld anzunehmen. Anders als wir alle ist Ödipus, wie Lacan es wiederholt formuliert hat, der einzige, der keinen Ödipuskomplex hat. Nach dem üblichen ödipalen Szenario werden wir unserem Begehren untreu, indem wir uns dem symbolischen Gesetz unterwerfen und das wahre (inzestuöse) Objekt der Begierde aufgeben. Ödipus auf Kolonos bleibt dagegen bis zum Schluss hartnäckig und seinem Begehren vollkommen treu, *il n'a pas cédé sur son désir.* Er ist auf Kolonos kein weiser alter Mann, der die Nichtigkeit des Begehrens erfährt, vielmehr gibt er diesem erst hier vollkommen nach.

Ödipus hat, wie Lacan sagt, keinen Ödipuskomplex, Hamlet hat ihn dagegen voll und ganz (man denke nur an die lange Auseinandersetzung mit seiner Mutter in der Mitte des Stücks). Die Geschichten von Ödipus und Hamlet sind beide universelle Mythen, die man von Afrika und Polynesien bis in nordische Länder finden kann, aber bei Sophokles und Shakespeare bekommen sie eine besondere Wendung. In der Version des Sophokles löst Ödipus das Rätsel der Sphinx und drängt sie damit dazu, sich selbst zu vernichten – eine einzigartige »philosophische« Wende des Mythos.[26] (Darüber hinaus ist Ödipus' Antwort strikt falsch im Sinne einer falschen, die Singularität der Wahrheit verschleiernden philosophischen Allgemeinheit. Die richtige Antwort ist nicht »der Mensch« [im Allgemeinen], sondern Ödipus selbst, der als kleines Kind auf allen Vieren kroch, weil er verkrüppelt war, und sich als blinder Alter zum Gehen auf Antigone stützen musste.) Auch der Hamlet-Mythos ist universell; es gibt sogar Interpretationen, die darauf hindeuten, dass er sich ursprünglich auf die Präzession der Kreisbewegung von Planeten bezog, das heißt auf eine Störung, ein Ungleichgewicht in der Kreisbewegung unseres Kosmos selbst.[27] In vormodernen Versionen stellt Hamlets Rache jedoch einfach die Harmonie wieder her, die durch den Mord des Onkels am Vater gestört worden war. Wie im *König der Löwen* tötet der Sohn den Onkel und übernimmt den Thron, wodurch die Welt nicht länger aus den Fugen ist, sondern wieder gerade gerückt wird – wir bewegen uns im stabilen Kreislauf einer Störung und ihrer Korrektur. Bei Shakespeare bleibt die Ausweglosigkeit dagegen bestehen und es gibt keine Rückkehr zum verlorenen Gleichgewicht. In Homologie zu Ödipus' falscher Antwort auf das Rätsel der Sphinx sieht Hamlet nicht, dass das Element, das in seiner Welt »aus den Fugen« geraten ist, letztlich er selbst ist, seine Negativität, die seinen Status als Subjekt definiert. In diesem Sinne ist auch sein berühmter Ausspruch »Sein oder Nichtsein, das ist hier die Frage« zu verstehen; in Anlehnung an Descartes' »Cogito ergo sum« sollte man ergänzen: »Denken oder Nichtdenken, das ist hier die Frage.« Hamlet als Subjekt ist weder (als bestimmtes Objekt in der Welt) noch denkt er (bestimmte Gedanken). Sein ganzes Sein liegt in dem flüchtigen und schwer fassbaren Augenblick des »Ich denke«, und sein ganzes Denken ist auf das absolute Minimum des »Ich bin« reduziert. Die beiden einfachen Alternativen – »Sein und Nichtdenken« (wie Worm bei Beckett) sowie »Denken und Nichtsein« (wie Mahood) – entziehen sich ihm, er ist ein reines Spukwesen, das den Zwischenbereich des weder Lebendigen noch Toten bewohnt.

Unsere Frage ist nun: Was geschieht mit uns begehrenden reinen Subjekten, weder lebendig noch tot, beim Übergang in die Singularität? Für Lacan ist die analytische Interpretation im Gegensatz zur neutralen objektiven Wahrheit wie ein Orakel, das erst in Bezug auf seine Wirkungen wahr wird – so wird etwa das Schicksal, das Ödipus' Vater verheißen wird, erst dadurch wahr, dass er sich bemüht, es zu vermeiden. Das Vermeiden war mithin Teil des Plans, das bedeutet: Wenn einem Subjekt sein Schicksal geweissagt wird und es seinem Begehren nicht untreu werden will, dann flieht es nicht davor, sondern beharrt darauf – hätte Ödipus' Vater, statt zu versuchen, seinem Schicksal zu entgehen, dieses heroisch angenommen, wäre es nicht eingetreten. Gilt dasselbe für die katastrophalen Aussichten auf die Singularität? Werden diese ebenfalls gerade dadurch Wirklichkeit, dass wir versuchen, sie zu vermeiden? Eines ist sicher: Wenn die Singularität unser Schicksal ist, dann sollten wir sie heroisch annehmen, aber ohne unser Begehren in sie zu investieren. Insofern die Singularität in gewissem Sinne inzestuös ist (man verliert in ihr die Distanz zur Realität und zu anderen) und insofern der Inzest nicht nur verboten, sondern auch unmöglich ist (selbst wenn ich tatsächlich mit meiner Mutter schlafe, muss ich feststellen, dass sie nicht *die* Mutter ist, das höchste Objekt der Begierde), ist das, was man durch das Eintauchen in die Singularität erlebt, möglicherweise die ultimative Kluft, die Diskrepanz zwischen der empirischen Mutter und dem Mutter-*Ding*. Und insofern unser Auftauchen (»Geburt«) als symbolische Subjekte durch das Gewinnen von Abstand zur Realität geschieht, kommt das Eintauchen in die Singularität dem Ungeschehenmachen unserer Geburt gleich – wir erreichen, was laut dem Chor in *Ödipus auf Kolonos* das Beste ist, was uns passieren kann:

> Giebt's 'was Besseres, als: – man ist
> Nie zur Erde geboren, und,
> Wenn man's wurde, dahinzugehen,
> Schnelle dahin, wo man hergekommen?
> Jünglings fröhliches Alter kommt,
> Unverständige, leichte Zeit;
> Welche leidige Mühe bleibt
> Ihr dann ferne, welche Gefahr?
> Der Mord, der Aufruhr, Hader, Kampf,

Und der arge Neid! Zuletzt kommt Greisenalter
Schwach, vereinsamt, ohne Freud' und
Freund geschlichen, – hat zur Herberg'
Uebel an Uebel im Hause.[28]

(Im Übrigen sollten wir hier auch nicht vor einer kleinen Portion geschmacklosem Humor zurückschrecken: Könnte man nicht jene berühmten Chorzeilen darüber, dass das größte Glück darin besteht, gar nicht erst geboren worden zu sein, in der heutigen Zeit als bestes Argument für die Abtreibung verwenden? »Machen Sie sich Sorgen darüber, in welche Welt Ihr Kind hineingeboren wird? Wir können ihm das größte Glück bescheren und es abtreiben ...«[29]) Wenn gar nicht erst geboren zu werden das Beste ist, was uns passieren kann, dann ist schon unser Geborensein eine Art Versagen, das Scheitern des Geborenseins, das Nichterreichen des Optimalzustands des Gar-nicht-erst-Geborenwerdens – nicht der Mangel an Sein ist ein gescheitertes Sein, vielmehr ist unser Sein selbst das Scheitern am Nichtsein.[30] Unser Sein wird, mit anderen Worten, unmittelbar an der kontrafaktischen Hypothese des Nichtseins gemessen. Man sollte sich nicht scheuen, aus dieser Umkehrung radikale ontologische Konsequenzen zu ziehen. Gemäß der ontologischen Standardkonfiguration streben Wesen nach Perfektion, ihr Ziel ist, ihr Potenzial zu verwirklichen, ganz zu dem zu werden, was sie sind, und der Mangel an Sein signalisiert das Scheitern eines Dings daran, sein Potenzial vollständig zu verwirklichen. Diese Konfiguration gilt es umzukehren: Das Sein als solches (im Sinne des Seins von etwas) signalisiert ein Scheitern, alles, was ist (als bestimmte Entität) ist von einem Scheitern gekennzeichnet, und die einzige Möglichkeit, Vollkommenheit zu erreichen, besteht darin, in die Leere des Nichtseins einzutauchen.

Wir müssen hier den Umstand bedenken (der auch eines der großen Themen Becketts ist), dass man auch als noch nicht vollständig Geborener leben kann oder, um es philosophischer auszudrücken, als jemand, der seine volle Identität nicht erreicht hat, der nicht geworden ist, was er wirklich ist. Wir stehen hier vor der Frage: In welcher Beziehung steht das Paar geboren/nicht ganz geboren zum Paar human/posthuman? Sind wir Menschen gewissermaßen noch nicht ganz geboren, ein unklares, inkonsistentes Zwischenstadium zwischen Tierhaftigkeit und Posthumanität (wie die vorherrschende Ideologie der Singularität nahelegt)? Oder sind wir doch vollständig menschlich und dieser Übergang in die posthumane Singularität wird eine Regression auf ein Stadium des noch nicht ganz als menschliche Individuen Geborenseins mit sich bringen? Der Bezug auf Becketts *Der Namenlose* weist in diese Richtung. Die in die Singularität eingetauchte Subjektivität wird wohl als eine Art cartesianisches Cogito in solipsistischen Halluzinationen steckenbleiben und es nicht schaffen, zu einem Selbst überzugehen, das sich auf eine konstituierte objektive Realität bezieht. Die umgekehrte Version trifft allerdings ebenfalls zu: Wir existieren als Menschen, eingebettet in unsere Realität, als Ungeborene, ontologisch Unvollständige, das heißt exakt insofern als unsere menschliche Existenz von einem konstitutiven Scheitern gekennzeichnet ist; in der Posthumanität bleiben wir dann genau insofern in einem Zwischenzustand des noch nicht Geborenseins hängen, als wir unsere Identität im Eingetauchtsein in den gemeinsamen Raum der Singularität erlangen.

Um uns in diesem Durcheinander zurechtzufinden, sollten wir radikal das Terrain wechseln und einen Abstecher in die politisch-ökonomische Dimension riskieren. Steht die Reduktion/der Rückzug auf den in seinen erratischen Halluzinationen gefangenen Einen, wie er von Miller theoretisch erfasst und von Beckett auf die Bühne gebracht wurde, nicht in strikter Korrelation zum anonymen System (kapitalistischer) sozialer Herrschaft, eingebettet in die Maschinerie der digitalen und neuronalen Kontrolle? Ist Ersteres nicht das subjektive Gegenstück des Letzteren? Miller gibt selbst Hinweise in diese Richtung, wenn er mehrfach das Motiv des heutigen Kapitalismus als eines dynamischen Prozesses variiert, der in einem gesetzlosen Realen stattfindet und beständig alle symbolischen Regelungen untergräbt; Miller zitiert die berühmte Schilderung der kapitalistischen Dynamik aus dem *Kommunistischen Manifest* als treffende Beschreibung des kapitalistischen Realen außerhalb des Gesetzes:

> [D]ie beste Beschreibung dessen, was wir gegenwärtig eindeutig erleben, ist nach wie vor die von Karl Marx im *Kommunistischen Manifest* über die revolutionären Auswirkungen des Diskurses des Kapitalismus – die revolutionären Auswirkungen auf die Zivilisation. Ich möchte einige Sätze daraus zitieren, die für die Reflexion über das Reale hilfreich sind: »Die Bourgeoisie kann nicht existieren, ohne die Produktionsinstrumente, also die Produktionsverhältnisse, also sämtliche gesellschaftlichen Verhältnisse fortwährend zu revolutionieren. [...] Die [...] ununterbrochene Erschütterung aller gesellschaftlichen Zustände, die ewige Unsicherheit und Bewegung zeichnet die Bourgeoisepoche vor allen anderen aus. Alle festen eingerosteten Verhältnisse mit ihrem Gefolge von altehrwürdigen Vorstellungen und Anschauungen werden aufgelöst [...]« – der deutlichste Ausdruck des Bruchs mit der Tradition. »Alles Ständische und Stehende verdampft, alles Heilige wird entweiht [...].« Ich würde sagen, dass Kapitalismus und Wissenschaft sich zusammentun, zusammengetan haben, um die Natur zum Verschwinden zu bringen. Und was nach dem Verschwinden der Natur übrig ist, ist das, was wir das Reale nennen, das heißt ein Rest, strukturell gestört. Das Reale wird von allen Seiten von den Fortschritten der binären Kombination Kapitalismus-Wissenschaft berührt, in ungeordneter Weise, wahllos, außerstande, irgendeine Idee von Harmonie zurückzugewinnen.[31]

Vor diesem Hintergrund sollten wir Jacques-Alain Millers These verstehen: *»Il y a un grand désordre dans le réel.«* [»Es gibt eine große

Unordnung im Realen.«][32] Miller charakterisiert auf diese Weise die Art, wie uns die Realität heute erscheint, da wir die volle Wirkung zweier fundamentaler Kräfte erleben: der modernen Wissenschaft und des Kapitalismus. Die Natur als das Reale, in dem alles, von den Sternen bis zur Sonne, immer wieder an seinen angestammten Platz zurückkehrt, als das Reich langer, verlässlicher Zyklen und stabiler Gesetze, die diese regulieren, wird von einem durch und durch kontingenten Realen abgelöst, einem Realen außerhalb des Gesetzes, einem Realen, das fortwährend seine eigenen Regeln revolutioniert, einem Realen, das jedem Einschluss in eine totalisierte Welt (ein Bedeutungsuniversum) widersteht, weshalb Badiou den Kapitalismus als die erste weltlose Zivilisation bezeichnet.

Hier ergeben sich allerdings Probleme. Miller behauptet, das reine gesetzlose Reale widerstehe dem symbolischen Zugriff, weshalb wir uns stets bewusst sein sollten, dass unsere Versuche, es begrifflich zu fassen, bloßer Schein und defensive Hirngespinste seien. Was aber wäre, wenn es immer noch eine zugrundeliegende Ordnung gibt, die diese Unordnung hervorbringt, eine Matrix, die deren Koordinaten liefert? Das würde auch die repetitive Gleichförmigkeit der kapitalistischen Dynamik erklären: Je mehr sich die Dinge ändern, desto mehr bleibt alles beim Alten. Kurzum, was Miller außer Acht lässt, ist, dass die Kehrseite der atemberaubenden kapitalistischen Dynamik eine klar erkennbare hierarchische Herrschaftsordnung ist. Das gilt auch für unsere Sexualität: Sie ist chaotisch, freizügig, gesetzlos, aber mehr denn je von den Regeln der politischen Korrektheit beherrscht …

Und waren es nicht genau die Regeln, die *Gesetze* dieses kapitalistischen Realen, auf die Marx es abgesehen hatte? Der Klassengegensatz ist kein symbolisches Elaborat über das gesetzlose Reale des Soziallebens, sondern der Name für den Antagonismus, der von ideologisch-politischen Strukturen verschleiert wird. Indem er den Kapitalismus mit dem Realen außerhalb des Gesetzes gleichsetzt, übernimmt Miller dessen eigene Ideologie und ignoriert damit Lacan, der den Antagonismus hinter der Maske der kapitalistischen Perversion deutlich erkannte. Die Sicht der heutigen Gesellschaft als eines kapitalistischen Realen außerhalb des symbolischen Gesetzes ist eine Verleugnung des Antagonismus, ebenso wie die Idee des sexuellen Realen außerhalb des Gesetzes eine Verleugnung des sexuellen Antagonismus ist.

Millers Obsession mit dem Realen außerhalb des Gesetzes lässt ihn auch viel zu schnell der These zustimmen, dass der virtuelle große Andere in unserer gesellschaftlichen Wirklichkeit zunehmend von der digitalen Realität ersetzt werde. Füllt der digitale große Andere einfach die Lücke des verschwindenden virtuellen großen Anderen? Einige Lacanianer (einschließlich Miller) vertreten häufig die Idee, der große Andere existiere heute, im Zeitalter von »Fake News«, eigentlich gar nicht mehr – aber stimmt das auch? Was, wenn er mehr denn je existiert, nur in einer neuen Form? Unser großer Anderer ist nicht mehr der klar von den Obszönitäten des privaten Umgangs abgegrenzte öffentliche Raum, sondern genau der *öffentliche* Bereich, in dem »Fake News« zirkulieren, in dem wir Gerüchte und Verschwörungstheorien austauschen.[33] Verlieren wir nicht aus dem Blick, was so überraschend an diesem Aufschwung schamloser Obszönität der Alt-Right ist, den Angela Nagle so hervorragend dokumentiert und analysiert hat.[34] Traditionell (zumindest bei rückwirkender Betrachtung der Tradition) wirkte schamlose Obszönität subversiv, sie unterminierte die althergebrachte Herrschaft und erkannte dem Herren seine falsche Würde ab. Was wir heute erleben, da die öffentliche Obszönität geradezu explodiert, ist allerdings nicht etwa das Verschwinden der Herrschaft oder der Herrenfiguren, sondern deren machtvolles Wiedererscheinen.

Donald Trump ist die emblematische Figur dieses neuen Typus eines obszönen populistischen Herren, und die üblichen Argumente gegen ihn – dass sein Populismus (die Sorge um das Wohl des armen, einfachen Volkes) falsch sei, dass seine Politik in Wirklichkeit die Interessen der Reichen schütze – greifen viel zu kurz. Die Anhänger Trumps handeln nicht »irrational«, sie sind keine Opfer primitiver ideologischer Manipulationen, die sie wider ihre eigenen Interessen wählen lassen, sondern verhalten sich nach ihren Maßstäben ganz rational: Sie stimmen für Trump, weil er in der »patriotischen« Vision, die er verkauft, auch ihre ganz alltäglichen Probleme anspricht – Sicherheit, ein fester Job und so weiter.[35] Trump siegt nicht nur dadurch, dass er uns schamlos mit Nachrichten bombardiert, die ein obszönes Vergnügen darüber erzeugen, dass er es wagt, die grundlegendsten Anstandsregeln zu verletzen. Durch all seine schockierenden Vulgaritäten hindurch versorgt er seine Anhänger mit einem Narrativ, das einen Sinn ergibt – einen sehr begrenzten und verdrehten Sinn, aber dennoch einen Sinn, der ganz offensichtlich besser funktioniert als das linksliberale Narrativ. Seine schamlosen Obszönitäten dienen als Zeichen der Solidarität mit den sogenannten einfachen Leuten (»Seht ihr, ich bin genauso wir ihr, unter der Haut sind wir alle rot«), und diese Solidarität zeigt auch an, an welchem Punkt Trumps Obszönität seine Grenze erreicht. Trump ist nicht vollkommen obszön; wenn er über Amerikas Größe spricht, wenn er seine Gegner als Feinde des Volkes verunglimpft und so weiter, dann will er ernstgenommen werden. Seine Obszönitäten sollen dagegen genau durch den Kontrast die Ebene hervorheben, auf der er es ernst meint. Sie sollen als obszöne Zurschaustellung seines Glaubens an die Größe Amerikas dienen. Der Ex-Militär und Kolumnist Ralph Peters ging sogar so weit, diesen Aspekt der Trump'schen Anziehungskraft auf ganz normale Wähler anhand der hegelianischen Dialektik der Anerkennung zu erklären – Trumps Botschaft an die vom politischen Establishment ignorierte Wählerschaft sei eine der Anerkennung:

> Donald Trump hatte die Gabe, das Verlangen nach Anerkennung bei einem riesigen Teil der Wählerschaft zu erfassen, der von den (vorher) regierenden politischen Parteien ignoriert oder aktiv beleidigt worden war. Von den Hütern des Reichtums zurückgewiesen, von den politisch Korrekten bedrängt und von denen, die unsere Gesetze machen, als selbstverständlich betrachtet, waren die vergessenen Millionen reif für Trumps Botschaft – die im Kern lautete: *»Ihr seid wichtig!«*[36]

Die Ironie ist hier nicht zu übersehen: Nachdem Fukuyama Hegel als den Philosophen des »Endes der Geschichte« präsentiert hatte, das mit dem liberaldemokratischen Kapitalismus als der bestmöglichen gesellschaftlichen und politischen Form erreicht sei, bekommen wir nun Trump, der diese Sicht vom Ende der Geschichte getrübt und eine Art Wiedererwachen der Geschichte inszeniert hat (Geschichte im Sinne gewaltsamer populistischer Auseinandersetzungen und sogar des – zumindest ideologischen – Bürgerkriegs), und auch der soll irgendwie Hegelianer sein … Um Trump zu untergraben, sollte man daher damit beginnen, den Ort seiner Obszönität zu verschieben und gerade seine »seriösen« Aussagen als obszön zu behandeln. Wirklich obszön ist Trump nicht, wenn er sexistische und andere vulgäre Ausdrücke gebraucht, sondern dann, wenn er über Amerika als das großartigste Land der Welt spricht, wenn er seine wirtschaftlichen Maßnahmen durchsetzt und so weiter. Die Obszönität seiner Rede maskiert diese grundlegendere Obszönität. Man könnte hier das bekannte Bonmot der Marx Brothers paraphrasieren: Trump benimmt sich und sieht aus wie ein schamlos obszöner Politiker, aber lassen wir uns nicht täuschen – er ist wirklich ein schamlos obszöner Politiker!

Solch ein obszöner großer Anderer begründet somit einen

dritten Raum zwischen dem privaten und dem öffentlichen: die in die Öffentlichkeit erhobene Privatsphäre. Sie scheint die Form zu sein, die am besten zu unserem Eintauchen in den Cyberspace, unserer Teilnahme an allen möglichen Chatrooms, Twitter, Instagram, Facebook und so weiter passt – kein Wunder, dass Trump die meisten seiner Entscheidungen über Twitter veröffentlicht. Was wir da sehen, ist freilich nicht der »echte Trump«. Die Sphäre der öffentlichen Obszönitäten ist keine, in der intime Erfahrungen geteilt werden, sie ist ein öffentlicher Bereich voller Lügen, Heuchelei und purer Bosheit, ein Bereich, in dem man sich so ähnlich verhält wie beim Tragen einer widerlichen Maske. Damit wird das normale Verhältnis zwischen meiner Intimität und dem großen Anderen der öffentlichen Würde umgekehrt: Obszönitäten sind nicht mehr auf den privaten Austausch beschränkt, sondern entladen sich im öffentlichen Raum selbst und erlauben mir so, der Illusion anzuhängen, dass das alles nur ein obszönes Spiel sei und ich in meiner intimen Reinheit unschuldig bleibe.

Was aber geschieht mit diesem obszönen großen Anderen (immer noch ein virtuell-symbolischer Raum), wenn wir in die Singularität eintauchen, in der intime Phantasien unmittelbar gemeinsam erlebt werden? Eines ist sicher: Die Wirkung der Singularität (wenn sie denn irgendwann kommt) wird apokalyptisch sein – es fragt sich nur, welche Art von Apokalypse sie auslösen wird.

Eine Abhandlung über die digitale Apokalypse

Eine Apokalypse (altgriechisch »Enthüllung«) ist eine Aufdeckung oder Offenbarung von Wissen; im religiösen Sinne ist das, was die Apokalypse aufdeckt, etwas Verborgenes, die ultimative Wahrheit, für die wir in unserem Alltag blind sind. In der »Offenbarung des Johannes« wird die Apokalypse als vollständige und endgültige Zerstörung der Welt dargestellt; entsprechend bezeichnen wir heute im Allgemeinen jede größere Katastrophe oder Kette schädlicher Ereignisse für Mensch oder Natur als »apokalyptisch«. Man kann sich zwar unschwer die Enthüllungs-Apokalypse ohne die Katastrophen-Apokalypse vorstellen (etwa in einer religiösen Offenbarung) und auch die Katastrophen-Apokalypse ist leicht ohne die Enthüllungs-Apokalypse denkbar (etwa ein Erdbeben, das einen ganzen Kontinent hinwegfegt), aber es herrscht dennoch eine innere Verbindung zwischen den beiden Dimensionen. Wenn wir (glauben, dass wir) einer höheren und zuvor verborgenen Wahrheit ausgesetzt sind, unterscheidet sich diese so sehr von unseren gewöhnlichen Ansichten, dass sie unsere Welt notwendigerweise erschüttert, und jedes Katastrophenereignis, und sei es auch vollkommen naturbedingt, offenbart vice versa etwas, das wir in unserem normalen Dasein ignoriert haben und das uns direkt mit einer unterdrückten Wahrheit konfrontiert. In unserem gewohnten Alltagsleben sind wir nicht bereit, uns der endgültigen Wahrheit zu stellen, und geben uns lieber Illusionen hin; wenn wir daher gezwungen sind, der Wahrheit ins Auge zu blicken, erleben wir sie als »apokalyptisch«, als das Ende unserer Welt. Stellen wir uns vor, wir würden auf einen unwiderlegbaren Beweis dafür stoßen, dass wir von Außerirdischen beobachtet werden – keine große Katastrophe, sondern nur irgendeine Kleinigkeit, die wir durch Zufall entdecken. Die Wirkung einer solchen Entdeckung, die ja keinerlei materielle Konsequenzen für unser Alltagsleben hat, wäre dennoch apokalyptisch, sie würde die Grundvoraussetzungen unseres Gefühls der Souveränität und der Freiheit erschüttern und die meisten unserer geistigen Annahmen lächerlich erscheinen lassen.

Apokalypse mit oder ohne Reich?

In seinem Essay »Apokalypse ohne Reich« führte Günther Anders den Begriff der »nackten Apokalypse« ein, »der Apokalypse, die im bloßen Untergang besteht, die also nicht den Auftakt zu einem neuen, und zwar positiven, Zustande (zu dem des ›Reiches‹) darstellt.«[1] Eine atomare Katastrophe war für Anders genau so eine nackte Apokalypse: Aus ihr würde kein neues Reich hervorgehen, nur die Auslöschung unserer selbst und unserer Welt. Unsere Frage lautet nun: Was wird unser Eintauchen in die Singularität sein? Der Eintritt in ein neues, höheres (posthumanes) Reich, das Verschwinden der Menschheit, wie wir sie kennen, oder irgendwie (aber wie?) beides gleichzeitig? Klar ist, dass das Aufkommen der Singularität apokalyptisch im komplexen Sinne des Wortes sein wird: Es wird die Begegnung mit einer Wahrheit einschließen, die in unserem normalen menschlichen Dasein verborgen ist, das heißt, das Eintreten in eine neue, posthumane Dimension, die nicht anders als katastrophisch, als das Ende unserer Welt erlebt werden kann. Aber werden wir überhaupt noch da sein, um unser Eintauchen in die Singularität in irgendeinem menschlichen Sinne zu erleben?

Wir brauchen hier einen allgemeineren Überblick über die Wirkungsweise einer Apokalypse; die beste Darstellung der Paradoxien der apokalyptischen Vernunft stammt von Jean-Pierre Dupuy.[2] Hinsichtlich der Gefahr der nuklearen Selbstzerstörung der Menschheit weist Dupuy auf die Paradoxie der Situation hin: Die atomare Vernichtung sei »ein Ereignis, das, träte es ein, nicht nur dafür sorgen würde, dass diese Geschichte keinen Sinn mehr hat, sondern dass sie nie einen Sinn hatte, weil es niemanden mehr gäbe, der sich daran erinnert.«[3] Ließe sich dasselbe nicht auch über die Singularität sagen (wenn wir uns der »pessimistischen« Lesart anschließen)? Würde in einem posthumanen Zeitalter, in dem wir die Distanz zur äußeren Realität verlieren, unser geistiges Erbe nicht bedeutungslos, als ob es nicht existierte und folglich auch als ob es niemals existiert hätte? Die Frage, die wir in den Mittelpunkt stellen sollten, lautet: Wird die posthumane Singularität eine »höhere Stufe« der Perfektion, auf der wir, die posthumanen Wesen, (in liebevoller Erinnerung) an die Launen der »niedrigeren Stufe« der Menschheit denken, oder wird die Menschheit rückwirkend sinnlos werden?

Nichts verdeutlicht die Paradoxie des Atomkriegs besser als die Idee des sogenannten »Präventivschlags«, eines nuklearen Angriffs auf den Feind, um seinen Angriff auf uns zu verhindern. Er gleicht einer Bestrafung, die im Voraus ausgeführt wird, bevor der Verbrecher seine Tat begangen hat, so dass unser Handeln, auch wenn wir zuerst zuschlagen, als zweiter Schritt, als Reaktion gilt, indem wir »den Zweitschlag zuerst ausführen«.[4] Das Grundparadox der Abschreckungslogik der MAD-Doktrin (*Mutually Assured Destruction*, die wechselseitig zugesicherte Zerstörung: Wenn beide Seiten über genügend Atomwaffen verfügen, um die jeweils andere auch dann noch vernichten zu können, wenn diese zuerst angreift, wird keine der beiden den Erstschlag ausführen, weil sie genau weiß, dass dies zu ihrer eigenen Vernichtung führen wird) besteht darin, dass sie sich, würde sie perfekt funktionieren, selbst aufheben würde. Es ist folglich gerade ihre Unvollkommenheit (die Gefahr, dass sie nicht funktionieren könnte, dass eine Seite trotzdem einen Angriff auslösen könnte), die sie wirksam macht. Dupuy zeigt detailliert auf, wie die Argumentation über atomare Abschreckung zwangsläufig in eine Antinomie der moralischen Vernunft geraten muss:

> Es gibt keine einmütige Antwort auf die Frage: »Ist die nukleare Abschreckung effizient?«; es gibt kein Argument, das nicht dem Gegenargument Munition liefern würde; es gibt keine Schlussfolgerung, die nicht die Form eines Paradoxes annimmt. Wir sind hier in einer frustrierenden Situation, die fast einer Demütigung der Vernunft gleichkommt.[5]

Die Anklänge an Kant in diesen Formulierungen sind unüberhörbar – in Bezug auf die Antinomien der reinen Vernunft spricht Kant selbst von der »Euthanasie der Vernunft«. Während er diese Antinomien jedoch auf den Bereich der Erkenntnis beschränkt, sollten wir hier kantianischer sein als Kant selbst und auch über die Antinomien der reinen praktischen (ethischen) Vernunft sprechen. Die Paradoxien innerhalb der MAD-Logik sind keine Spuren der Irrationalität dieser Logik, Beweise, dass wir im Bereich der irrationalen Leidenschaften, der Rache, des Grolls und so weiter gefangen bleiben, so dass diese Logik gar nicht wirklich rein rational ist; im Gegenteil: Die Paradoxien, die »Irrationalitäten« sind solche der reinen Logik und des strategischen Denkens selbst, Paradoxien, die notwendigerweise auftauchen, wenn so viel auf dem Spiel steht (das Verschwinden der Menschheit). Der Lacan'schen Logik des Nicht-Alles folgend müssen wir von der »Irrationalität« im Sinne der Ausnahme von der Vernunft (»pathologischen« Leidenschaften, die deren reine Ausübung fortwährend stören) zur »Irrationalität« des reinen Denkens selbst übergehen.

Die Wurzel dieser Paradoxien ist der Umstand, dass wir es hier nicht mit der normalen Zeit des historischen Fortschritts zu tun haben, sondern mit dem, was Dupuy »Projektzeit« nennt, für die beispielhaft die große Tradition der Untergangspropheten steht, die uns die düstere Zukunft der totalen Katastrophe als unser Schicksal ausmalen, um uns zu mobilisieren genau diese zu verhindern (oder zumindest aufzuschieben). Handeln die heutigen düsteren Propheten der ökologischen Katastrophe nicht ganz genauso? Sie sagen den zukünftigen Fixpunkt des ökologischen Zusammenbruchs voraus, um uns dazu zu bringen, schnell und entschlossen zu handeln. Die »deterministischen« Kommunisten des 20. Jahrhunderts gingen ähnlich vor, wenngleich ihr Fixpunkt (die kommunistische Gesellschaft) ein positiver war und nicht die Katastrophe, die es abzuwenden galt: Der Kommunismus ist notwendig, aber wir müssen beständig für ihn kämpfen, wir sind dafür in hohem Maße verantwortlich, weil wir durch unsere Fehler oder unser opportunistisches Verhalten möglicherweise die Verwirklichung der historischen Notwendigkeit verhindern. In einigen Versionen des westlichen Marxismus wird der »Fixpunkt« negativ, ein katastrophisches Telos der Geschichte, das es zu vermeiden gilt; bei Adorno und Horkheimer heißt dieses »verwaltete Welt« und bei Marcuse »eindimensionale Gesellschaft«. Das Schöne an dieser Vision ist, dass der negative »Fixpunkt« keine katastrophale Wende unserer Gesellschaften ist, sondern etwas, in das wir hineinschlittern, wenn eben *keine* katastrophale Wende erfolgt und die Dinge einfach (mehr oder weniger) reibungslos weiterlaufen. Unser Schicksal ist der technokratische Schlusspunkt, auf den die Geschichte zusteuert, die Endstation des ominösen »Zugs der Geschichte«, und wir sollten, wie Benjamin es formuliert hat, den historischen Fortschritt nicht fördern, sondern die Notbremse im Zug der Geschichte ziehen. Für Antikommunisten ist das kommunistische Projekt natürlich ein katastrophaler Endpunkt, den heraufzubeschwören eine gute Möglichkeit darstellt, Menschen zum Kampf gegen ihn zu mobilisieren. Wie gut das funktionieren kann, haben die letzten Jahrzehnte des Kalten Krieges gezeigt, in denen vielfach panisch verkündet wurde, der Kalte Krieg sei vorüber und der Kommunismus habe schon gesiegt; dieses Heraufbeschwören des Kommunismus als unser Schicksal wirkte perfekt, wie die Niederlage des Kommunismus beweist. Aus diesem Grund kann ich, auch wenn ich den Grundtenor von McGowans Interpretation des Zusammenhangs zwischen Hegel und Freud teile, seiner Kritik einer zentralen Aussage Hegels als »irreführend« nicht zustimmen:

> Hätte Hegel Zugang zu Freuds Begriff des Unbewussten und der Triebe gehabt, hätte er die Idee des Widerspruchs sowohl für sich selbst als auch für seine Leser deutlicher formulieren können. Er hätte nicht die irreführenden Begriffe des Guten und der Einheit gebraucht, um die Handlungen des Subjekts zu beschreiben. Er hätte gegen Ende der enzyklopädischen Logik nicht gesagt: »Das Gute, das absolut Gute, vollbringt sich ewig in der Welt, und das Resultat ist, daß es schon an und für sich vollbracht ist und nicht erst auf uns zu warten braucht.« Hegel hat keinen Begriffsapparat, um zu formulieren, wie wir Störungen im Gewand des Erfolgs ausfindig machen.[6]

Hegel weiß sehr wohl, wie sich »Störungen im Gewand des Erfolgs ausfindig machen« lassen, das Problem ist, dass er in seinen Formulierungen nicht eindeutig ist. Man kann darin eine Bestätigung lesen, dass das Absolute mit sich selbst spielt: Es erzeugt eine Störung (entfremdet sich von sich selbst, gerät in einen Kampf mit sich selbst) und genießt das Spiel damit. Das ganze Leben des Absoluten besteht darin, »Störungen ausfindig zu machen«, und Hegel weiß ganz genau, dass jeder Erfolg eine neue (Selbst-)Teilung erzeugt: Wenn der Feind geschlagen ist, muss sich der Sieger mit seiner eigenen Inkonsistenz auseinandersetzen … Der Fehler bei dieser Lesart ist die Annahme, dass es sich in dem Prozess um dasselbe Subjekt handelt: das mit sich identische »Absolute«, das ein Spiel mit sich selbst spielt. Dabei geht die entscheidende Tatsache verloren, dass es kein mit sich identisches Subjekt gibt, das in Teilungen mit sich spielt. Die Teilung kommt zuerst, sie geht dem, was geteilt wird, voraus, und die Selbstidentität, die im Verlauf dieses Prozesses entsteht, ist eine Form der (Selbst-)Teilung. Ohne diese Tatsache können wir das Hegel-Zitat, das McGowan als problematisch kritisiert, nicht richtig verstehen. Wenn die Versöhnung, um es mit McGowan zu sagen, eine Versöhnung mit dem Widerspruch ist, dann heißt das, dass die Versöhnung in gewissem Sinne immer schon stattgefunden hat – die Illusion besteht darin, dass die Versöhnung nicht schon geschehen sei. Das ist es, was Hegel in dem zitierten »problematischen« Passus meint, doch hier fangen die Interpretationsprobleme erst an. Wenn wir den Satz einfach und direkt verstehen, dann ist er die größtmögliche Bekräftigung des Absoluten als unabhängige Substanz und nicht auch als Subjekt. Entgegen dieser Lesart sollte man darauf bestehen, dass der »problematische« Satz die einzige Möglichkeit ist, die Idee des Absoluten nicht nur als Substanz, sondern auch als Subjekt widerspruchsfrei zu formulieren. Die Lösung liegt nicht darin, den historischen Prozess als offen zu begreifen, so dass alles von uns, freien Subjekten, abhängt und jede objektive Bestimmung eine verdinglichte Objektivierung unserer eigenen Kreativität ist; sie ist auch keine »ausgewogene« Kombination aus substanziellem Schicksal und dem begrenzten Raum der freien subjektiven Kreativität im Sinne der berühmten Zeilen am Anfang von Marx' »Der achtzehnte Brumaire«: »Die Menschen machen ihre eigene Geschichte, aber sie machen sie nicht aus freien Stücken, nicht unter selbstgewählten, sondern unter unmittelbar vorgefundenen, gegebenen und überlieferten Umständen.«[7] Es ist nicht so, dass die historische Notwendigkeit den grundlegenden Rahmen liefert, in dem wir frei agieren können (im Sinne von Engels' Idee der historischen Notwendigkeit, die sich durch ein komplexes Netzwerk individueller Kontingenzen verwirklicht). Es gibt das Schicksal, unsere Zukunft ist vorherbestimmt, das Absolute »[ist] schon an und für sich vollbracht [...] und [braucht] nicht erst auf uns zu warten«, doch ist ebendiese Vollbringung unsere eigene kontingente Tat.

Die Paradoxie liegt also, kurz gesagt, darin, dass man die Möglichkeit des radikalen Wandels durch subjektives Eingreifen nur postulieren kann, wenn man die Prädestination und das Schicksal akzeptiert. Der historische Prozess ist durch die Überlagerung von Notwendigkeit und Kontingenz gekennzeichnet, eine Überlagerung, die in der protestantischen Idee der Prädestination zum ersten Mal ausdrücklich formuliert worden ist. Es ist nicht so, dass sich eine tiefere Notwendigkeit durch eine komplexe Reihe von kontingenten Umständen verwirklicht; vielmehr entscheiden kontingente Umstände das Schicksal der Notwendigkeit selbst. Sobald etwas (kontingent) geschieht, wird sein Eintreten rückwirkend notwendig. Unser Schicksal ist noch nicht entschieden – nicht in dem schlichten Sinn, dass wir eine Wahl haben, sondern in dem radikaleren Sinn, dass wir unser Schicksal selbst wählen. Es ist auch leicht einzusehen, warum es vernünftig ist, mit sich zu ringen, um zu tun, was man für richtig hält, auch wenn man akzeptiert, dass das eigene Handeln vollkommen vorherbestimmt und der freie Wille eine Illusion ist. Mein Tun mag vollkommen prädeterminiert sein, aber ich weiß nicht wie, also was ist, wenn ich auch dazu bestimmt bin, mich leidenschaftlich auf ethische Auseinandersetzungen mit mir selbst einzulassen? Dies eröffnet natürlich die paradoxe Möglichkeit, dass der einzige Weg, um aus dem vorherbestimmten Schicksal auszubrechen, eventuell darin besteht, gar nichts zu tun, sich aller Kämpfe zu enthalten und sich dem Schicksal vollständig zu überlassen.[8]

Die gewöhnliche Ansicht lautet, dass die Vergangenheit unveränderlich ist, was geschehen ist, ist geschehen, es lässt sich nicht mehr ungeschehen machen, während die Zukunft offen ist und von unvorhersehbaren Kontingenzen abhängt. Wir sollten an dieser Stelle eine Umkehrung dieser Standardansicht vorschlagen: Die Vergangenheit ist offen für rückwirkende Interpretationen, während die Zukunft abgeschlossen ist, weil wir in einer deterministischen Welt leben. Das heißt nicht, dass wir die Zukunft nicht verändern könnten, es bedeutet lediglich, dass wir, wenn wir sie verändern wollen, zuerst unsere Vergangenheit (nicht »verstehen«, sondern) verändern müssen, indem wir sie so neu interpretieren, dass sie sich einer anderen als der von der herrschenden Sicht der Vergangenheit implizierten Zukunft öffnet. Wird es einen dritten Weltkrieg geben? Die Antwort kann nur eine paradoxe sein: *Wenn* es einen neuen Krieg geben wird, dann wird er notwendig sein. So funktioniert die Geschichte: durch seltsame Umkehrungen, wie sie Dupuy beschreibt: »Wenn ein außergewöhnliches Ereignis stattfindet, beispielsweise eine Katastrophe, dann hätte es nicht nicht passieren können; sofern es jedoch nicht stattgefunden hat, ist es nicht unausweichlich. Es ist also die Verwirklichung des Ereignisses – die Tatsache, dass es stattfindet –, welche rückwirkend seine Notwendigkeit erzeugt.«[9] In Bezug auf den neuen Weltkrieg heißt das: Sobald der Konflikt losbricht (zwischen den USA und Iran, China und Taiwan …) wird er notwendig erscheinen, das heißt, wir werden die Vergangenheit, die zu ihm geführt hat, automatisch als eine Reihe von Ursachen verstehen, die den Ausbruch notwendig herbeigeführt hat. Wenn er sich nicht ereignet, werden wir die Vergangenheit so interpretieren wie jetzt den Kalten Krieg: als eine Reihe von gefährlichen Momenten, in denen die Katastrophe abgewendet wurde, weil sich beide Seiten der tödlichen Folgen eines globalen Konflikts bewusst waren. (Viele Experten sagen daher heute, die Gefahr eines Dritten Weltkriegs habe während des Kalten Krieges nie wirklich bestanden, beide Seiten hätten nur mit dem Feuer gespielt.) In der Projektzeit ist deshalb Kontrafaktizität von entscheidender Bedeutung:

> Die Zukunft wird als kontrafaktisch unabhängig von der Vergangenheit angenommen (obwohl sie gleichzeitig kausal von der Vergangenheit abhängt oder abhängen kann); die Vergangenheit wird als kontrafaktisch abhängig von der Zukunft angenommen (obwohl sie nicht notwendigerweise kausal von ihr abhängt). Die Zukunft ist festgelegt, die Vergangenheit ist offen.[10]

Wie genau lässt sich die Vergangenheit kontrafaktisch verändern? Hier kommt wieder die Differenzialität ins Spiel. Erinnern wir uns an das Beispiel aus *Ninotschka*: Wir können den Inhalt einer früheren einfachen Tasse Kaffee nicht verändern, aber wir können ihren differenziellen Status von »Kaffee ohne Sahne« zu »Kaffee ohne Milch« ändern. Diese Vermittlung jeder positiven Existenz ist der Stoff des »Geistes« und seiner von der Aussicht auf die Singularität bedrohten Negativität. Wird also die Menschheit mit dem Aufstieg der Posthumanität in gleicher Weise immanent zu einer »Noch-nicht-Singularität«? Hier sollte man präzise sein: »Was man als Fixpunkt in der Zukunft antizipiert, ist die Zukunft, wie sie eintreten würde, wenn man sie nicht antizipierte oder wenn man auf die Antizipation nicht so reagierte, wie wir es tun, indem wir versuchen, sie zu verhindern.«[11] Wir sehen hier deutlich den Unterschied zum Fall des Ödipus, in dem die Zukunft (das Schicksal, das Ödipus' Vater geweissagt wurde) genau dadurch eintritt, dass sie antizipiert (dem Vater geweissagt) wurde und der Vater als Reaktion darauf versuchte, sie zu verhindern (indem er den kleinen Ödipus im Gebirge aussetzte, in der Erwartung, dass er dort sterben wird) – ohne die Antizipation hätte sich das Schicksal nicht erfüllt.

Um noch einmal zu rekapitulieren: Wenn die Vergangenheit nach traditioneller Ansicht festgelegt und die Zukunft offen (von unserer Entscheidung abhängig) ist, so zeichnet sich die Zukunft durch eine Disjunktion aus: Sie wird A oder B sein, abhängig von unserer (freien, nicht prädeterminierten) Entscheidung. In der »Projektzeit« gibt es keine alternativen Zukünfte, weil die Zukunft notwendig ist; indem wir die Vergangenheit verändern, können wir jedoch eine andere Notwendigkeit schaffen und dadurch auch eine *andere* Zukunft herbeiführen. Die zwei (oder mehr) Optionen sind hier nicht gegabelt, sondern überlagern sich, wie verschiedene Zustände in der Quantenphysik. Diese Zeitlichkeit erlaubt uns somit die Behauptung »der Unbestimmtheit der Zukunft in einer Zeitvorstellung, welche die Zukunft zu einer notwendigen macht«:[12]

> Insofern die Zukunft noch nicht gegenwärtig ist, muss man sie als sowohl das Katastrophenereignis als auch dessen Nichteintreten einschließend denken – nicht als disjunktive Möglichkeiten, sondern als Konjunktion von Zuständen, von denen sich einer a posteriori als notwendig erweisen wird, sobald die Gegenwart ihn ausgewählt haben wird.[13]

In den Jahren des Kalten Krieges beschränkte sich die Aussicht auf eine Apokalypse noch nahezu ausschließlich auf die Möglichkeit eines atomaren Weltkriegs, während uns heute viele Versionen apokalyptischer Ereignisse verfolgen. Der Atomkrieg gehört ebenfalls wieder dazu (USA gegen Iran oder Nordkorea), aber auch die Aussicht auf eine globale Umweltkatastrophe und auf den Übergang des Menschen in eine posthumane Singularität. (Man kann sich leicht noch mindestens zwei weitere apokalyptische Ereignisse vorstellen: eine Wirtschafts- und Finanzkrise sowie eine digitale Apokalypse, das heißt den Zusammenbruch des digitalen Netzwerks, das unser Leben reguliert und in Gang hält.)

Laut den Memoiren Mario Oriani-Ambrosinis verglich der südafrikanische Präsident Cyril Ramaphosa in den frühen 1990er Jahren den Umgang mit der weißen Minderheit seitens der neuen ANC-Regierung mit dem Kochen eines Frosches:

> Mit seiner schonungslosen Ehrlichkeit erzählte Ramaphosa mir von der 25-Jahres-Strategie des ANC zum Umgang mit den Weißen: Es sei als würde man einen Frosch bei lebendigem Leib kochen, indem man die Temperatur ganz langsam erhöht. Als Kaltblüter bemerke der Frosch den langsamen Temperaturanstieg nicht, würde man die Temperatur dagegen plötzlich erhöhen, springe er sofort aus dem Wasser. Er meinte damit, dass die schwarze Mehrheit Gesetze verabschieden werde, die Reichtum, Land und wirtschaftliche Macht langsam und schrittweise von den Weißen auf die Schwarzen übertrügen, bis die Weißen alles, was sie in Südafrika erreicht hätten, verlieren würden, aber ohne ihnen zu viel auf einmal zu nehmen, um ihnen keinen Grund zur Rebellion oder zum Kampf zu liefern.[14]

Spiegelt diese (ziemlich unerfreuliche) Metapher – egal, ob sie nun stimmt oder nicht – nicht perfekt unsere Erfahrung wider, dass wir im Prozess der globalen Erwärmung ganz buchstäblich gekocht werden? Darüber hinaus gibt es deutliche Parallelen zu der Art und Weise, wie wir (bis heute und in den entwickelten Ländern) die ökologische Bedrohung und die Gefahr der totalen digitalen Überwachung erleben. In beiden Fällen passieren die Veränderungen schrittweise, so dass wir, abgesehen von kleineren Notfällen, in der Lage sind, die Auswirkungen in unserem Alltag zu ignorieren ... bis wir irgendwann plötzlich feststellen, dass es zu spät ist und wir alles verloren haben.[15]

Der »Fixpunkt« in der Zukunft, um den herum die Projektzeit ihre Kreisbewegung ausführt (indem sie kontrafaktisch die Vergangenheit und damit die Kausalität verändert, die die Apokalypse herbeiführen wird – oder auch nicht), kann verschiedene Formen der (Un-)Erwünschtheit annehmen. In der Logik der MAD-Doktrin und der Untergangsprophezeiungen, ebenso wie in den ökologischen Untergangsdiskursen, ist der Fixpunkt negativ (wir legen ihn fest, um ihn zu verschieben/zu vermeiden);[16] im Kommunismus ist er positiv (wir beschwören ihn herauf, um für ihn zu kämpfen), während die Singularität als Fixpunkt offen, unbestimmt, gespalten ist – sie kann in vielerlei Hinsicht positiv wie negativ sein. Aus diesem Grund wird die Superposition alternativer Zustände der notwendigen Zukunft hier an ihr Extrem geführt. Das Kommen irgendeiner Art von Posthumanität wird allgemein als Tatsache akzeptiert, niemand (mit der seltenen Ausnahme derer, die für einen Kollektivbeschluss zur Tötung denkender Maschinen à la *Dune* plädieren) empfindet es als etwas, das wir vollkommen ablehnen sollten. Was sich hier überlagert, sind folglich nicht die zwei Zustände der kommenden oder nicht kommenden Apokalypse, sondern verschiedenste Erscheinungsformen der Apokalypse selbst: die kollektive religiöse Glückseligkeit, der Aufstieg des Homo Deus (eines Individuums mit viel stärkeren Fähigkeiten), das Verschwinden der menschlichen Spiritualität oder etwas anderes. Kommen wir noch einmal auf unsere zentrale Frage zurück: Wie wird sich der (mutmaßliche) Aufstieg von Neuralink auf diese paradoxe Zeitstruktur der Hegel'schen Aufhebung auswirken? Oder, präziser ausgedrückt: Wie erscheint der Aufstieg von Neuralink vom Hegel'schen Standpunkt aus? Was ist er, wenn er (eindeutig) nicht die Aufhebung unserer Menschlichkeit, ihre Erhebung auf eine höhere Stufe ist? Neuralink wirkt ja auch nicht nur nicht als Aufhebung unserer Menschlichkeit, als deren Erhebung auf eine höhere, gottgleiche Stufe, seine Neuartigkeit beruht darüber hinaus auch darauf, dass es genau den (symbolischen) Raum eliminiert, in dem die Aufhebung wirken kann ... Hat somit die Hegel'sche Logik des Widerspruchs hier noch Gültigkeit und wenn ja, in welcher Form? Wie funktioniert der Hegel'sche Widerspruch?

> Im Akt des Erfassens der symbolischen Struktur als äußerster Horizont des Denkens können wir den Widerspruch erhellen, der den Punkt der inneren Verletzbarkeit der Struktur markiert. Dies schafft zugleich die Möglichkeit zur Veränderung und zeigt an, dass keine Veränderung, wie revolutionär sie auch sei, jemals die Wunde der sozialen Ordnung heilen kann. Eine Gesellschaft kann einen bestimmten Widerspruch überwinden, aber sie wird notwendigerweise auf einen anderen stoßen. Dies ist kein Rezept für Quietismus, sondern ein Aufruf zum Handeln. Es geht bei der politischen Auseinandersetzung darum, sich in Richtung eines zunehmend widerständigen Widerspruchs zu bewegen, und die Philosophie spielt bei dieser Bewegung eine entscheidende Rolle. Das ist Hegels Definition des Fortschritts: die Bewegung von leicht aufzulösenden zu hartnäckigeren gesellschaftlichen Widersprüchen.[17]

Die Reaktion auf diese Aussage liegt natürlich auf der Hand und wir müssen uns überlegen, was wir darauf erwidern können: Warum ist die Tatsache, dass wir, wenn wir einen Widerspruch überwunden haben, zwangsläufig dem nächsten begegnen, »kein Rezept für Quietismus, sondern ein Aufruf zum Handeln«? Wenn doch – vulgari eloquentia – durch das Spülen der Toilette, um den einen Widerspruch loszuwerden, dieselbe Scheiße (oder, Bulgari eloquentia: *sĉshtoto laĭno*) in noch hartnäckigerer Form wieder hochkommt – wozu dann die ganze Mühe? Warum nicht im alten Widerspruch (sagen wir, dem Kapitalismus) bleiben und vielleicht versuchen, ihn ein bisschen erträglicher zu machen? Um es etwas anders auszudrücken: Es ist zu einfach zu sagen, Versöhnung bedeute Versöhnung mit dem Widerspruch und alles Übel komme vom Vermeiden von Widersprüchen, also die Standardperspektive umzudrehen und zu behaupten, der Totalitarismus entspringe aus dem Versuch, Widersprüche hinter sich zu lassen.[18] Man sollte hier präziser sein: »Fortschritt« ist die Bewegung vom (äußeren) Antagonismus (wir gegen den Feind) zum immanenten (Selbst-)Widerspruch. Er ist also keine maoistische Feier des ewigen Kampfes mit dem Feind, sondern ein Eingeständnis der Tatsache, dass auch dann, wenn man den Feind (irgendwann) vernichtet hat, die neue Situation dennoch weiterhin selbstwidersprüchlich sein wird. Es wäre jedoch zu viel gesagt, die Verneinung des Selbstwiderspruchs erzeuge die Figur des Feindes; Hitler war ein echter Feind, er musste bekämpft und vernichtet werden, aber es wäre lächerlich zu behaupten, dass die fortschrittlichen Kräfte, die ihn bekämpften, unrecht daran taten, ihren inneren Widerspruch auf die äußere Figur eines Feindes zu externalisieren.

Der Fall vom Fall

Damit kommen wir zu unserer letzten These: Was der Singularität entgeht, ist eine weitere Singularität – wir könnten sogar sagen: die Singularität selbst in ihrer gegensätzlichen Bestimmung – nämlich die Singularität eines reinen Cartesischen Subjekts. Nichts entgeht der Singularität – nichts außer dieses »Nichts« selbst, die Leere des Cartesischen Subjekts. Es geht um das Subjekt, nicht um die menschliche Person mit ihrer ganzen Fülle des inneren Lebens – wir sollten uns von der Illusion verabschieden (der wir fast automatisch verfallen), dass wir in der Singularität im Grunde dieselben Menschen bleiben, die wir jetzt auch sind, mit anderen kommunizieren, Gefühle teilen und so weiter, nur auf einer »höheren« Ebene. Diese Illusion ist in den meisten Theorien der Singularität deutlich erkennbar – Kurzweil geht zum Beispiel, ohne es selbst zu bemerken, ganz automatisch davon aus, dass wir auch nach dem Eintauchen in die Singularität weiter wie »freie«, verantwortungsbewusste Individuen handeln. Kurz, das Problem an der Idee der Singularität ist nicht, dass sie zu »radikal« oder »utopisch« ist, sondern dass sie nicht radikal genug ist. Sie siedelt den Beginn der Singularität weiterhin in unserer gemeinsamen Welt der Intersubjektivität an, das heißt, sie ignoriert, dass das Aufkommen der Singularität die Voraussetzungen unserer intersubjektiven Welt von Grund auf unterminieren wird. Wenn wir die Idee ernstnehmen, dass die Menschheit ein gescheiterter Übergang zu einer höheren Stufe ist, ein vereitelter Fortschritt, und dass das, was wir üblicherweise als Anzeichen menschlicher Größe oder Kreativität empfinden, eigentlich Reaktionen auf dieses fundamentale Scheitern sind, können wir uns dann eine Stufe vorstellen, auf der die Menschheit ihr konstitutives Scheitern irgendwie überwunden hat, eine Menschheit ohne Sex und Sterblichkeit? Wenn die direkte Verbindung unseres Gehirns mit dem digitalen Netzwerk eine bestimmte Schwelle überschreitet (eine ziemlich realistische Aussicht), dann wird die Lücke, die unsere Selbstbewusstheit von der äußeren Realität trennt, verschwinden (weil unsere Gedanken die äußere Realität direkt beeinflussen können – und umgekehrt – und zudem direkten Kontakt zum Geist anderer Menschen haben). Man muss nicht den Mutmaßungen Kurzweils oder New-Age-Phantasien wie der Schlussszene aus Kubricks *2001* folgen, um zu erkennen, dass hier tatsächlich etwas Neues entsteht. Es ist uns nicht möglich, seine exakte Gestalt vorherzusagen, aber eines ist klar: Wir werden keine einzelnen sterblichen und geschlechtlichen Subjekte mehr sein. Werden wir unsere Besonderheit (und mit ihr unsere Subjektivität) sowie unsere Distanz zur »äußeren« Realität verlieren?

Dies führt uns zurück zum Thema der konstitutiven Rolle der Beschränkung für das Menschsein. Weil unsere – der Menschheit – »höchsten« Leistungen in unseren größten Beschränkungen wurzeln (im Scheitern, der Sterblichkeit und der damit einhergehenden Sexualität), das heißt gerade in dem, was wir zwangsläufig als Hindernis für unsere »höhere« spirituelle Existenz empfinden müssen, ist die Idee, dass jene »höhere« Stufe ohne ihr Hindernis, ohne das, was ihre vollständige Verwirklichung verhindert, überleben könnte, eine Illusion, die sich mit dem Paradoxon des Objekts *a* erklären lässt, eines störenden Hindernisses für die Vollkommenheit, das die Idee der Vollkommenheit, der es im Weg steht, erst erzeugt; wenn wir das Hindernis beseitigen, verlieren wir daher zugleich das, wofür es ein Hindernis ist. Dieses Paradoxon ist auf vielen verschiedenen Ebenen wirksam, bis hin zu der der weiblichen Schönheit. Eine üppige Dame aus Portugal erzählte mir einmal eine wunderbare Anekdote: Als ihr jüngster Liebhaber sie zum ersten Mal nackt gesehen habe, habe er zu ihr gesagt, wenn sie nur ein, zwei Kilo abnähme, sei ihr Körper vollkommen. Die Wahrheit war natürlich, dass sie ohne diese Kilos wahrscheinlich viel gewöhnlicher ausgesehen hätte – genau das Element, das die Vollkommenheit zu stören scheint, erzeugt überhaupt erst die Illusion der Vollkommenheit, die es stört. Nimmt man das überschüssige Element weg, verliert man die Vollkommenheit selbst.

Das entscheidende politische Beispiel für dieses Paradoxon liefert Marx, dessen fundamentaler Fehler darin bestand, aus diesen Erkenntnissen zu folgern, dass eine neue, höhere Gesellschaftsordnung (Kommunismus) möglich sei, eine Ordnung, die das Potenzial der sich selbst steigernden Produktivität – die im Kapitalismus aufgrund seines inhärenten Hindernisses/Widerspruchs durch gesellschaftsschädigende Wirtschaftskrisen immer wieder ausgebremst wird – nicht nur bewahren, sondern auf eine höhere Stufe heben und erst vollkommen zur Entfaltung bringen könne. Kurz: Was Marx übersah, war, um es in der üblichen Derrida'schen Begrifflichkeit zu fassen, dass jener innere Widerspruch als »Bedingung der Unmöglichkeit« einer vollständigen Entwicklung der Produktivkräfte gleichzeitig ihre »Bedingung der Möglichkeit« ist. Wenn man das Hindernis, den inneren Widerspruch des Kapitalismus wegnimmt, erhält man nicht den endlich vollkommen ungehemmten und befreiten Produktivitätstrieb, sondern verliert genau diese Produktivität, die vom Kapitalismus gleichzeitig erzeugt und behindert zu werden schien – wenn man das Hindernis beseitigt, löst sich das von ebendiesem Hindernis vereitelte Potenzial auf. (Hierauf würde eine mögliche lacanianische Kritik an Marx abheben, bei der es im Wesentlichen um die mehrdeutige Überschneidung zwischen Mehrwert und Mehr-Genießen ginge.) Die Kritiker des Kommunismus hatten also in gewisser Weise recht mit ihrer Behauptung, der Marx'sche Kommunismus sei eine unmögliche Phantasievorstellung. Sie übersahen dabei allerdings, dass der Marx'sche Kommunismus, jene Idee einer Gesellschaft der reinen, entfesselten Produktivität außerhalb des Rahmens des Kapitals, eine dem Kapitalismus selbst inhärente Phantasie war; sie war die inhärente kapitalistische Transgression par excellence, die strikt ideologische Vorstellung, man könnte die Schubkraft der Produktivität beibehalten und gleichzeitig die »Hindernisse« und Antagonismen beseitigen, die – wie die traurige Erfahrung des »real existierenden Kapitalismus« zeigt – den einzig möglichen Rahmen für die tatsächliche materielle Existenz einer Gesellschaft der permanenten sich selbst steigernden Produktivität bilden.

Und trifft nicht dasselbe Paradoxon auch auf die Vision der posthumanen Singularität zu? Das Auftreten der Posthumanität wird uns nicht nur dazu zwingen, eine neue Lebensform zu begreifen, sondern auch dazu, das, was die Menschheit selbst ausmacht, neu zu definieren – denken wir hier einmal mehr an T. S. Eliots These, dass jedes wirklich neue Kunstwerk die gesamte Kunstgeschichte mit verändert. Diese Neudefinition wird besonders die Rolle der Hindernisse betreffen, denn wir werden nicht umhin können zu akzeptieren, dass die Endlichkeit im Leben des Menschen konstitutiv für die Transzendenz ist, die vor ihrem Hintergrund entsteht.

Insofern die Posthumanität von unserem endlichen/sterblichen menschlichen Standpunkt aus gewissermaßen der Punkt des Absoluten ist, zu dem wir streben, der Nullpunkt, an dem die Lücke zwischen Denken und Handeln verschwindet, der Punkt, an dem ich zum Homo Deus werde, begegnen wir hier einmal mehr dem Paradoxon des Zusammenstoßes mit dem Absoluten. Das Absolute persistiert in unserer Endlichkeit als virtueller Punkt der Vollkommenheit, als das X, das wir nie erreichen werden; wenn wir jedoch die Grenzen unserer Endlichkeit überwinden, verlieren wir auch das Absolute selbst. Etwas Neues wird entstehen, doch wird es nicht die von Sterblichkeit und Sexualität befreite kreative Spiritualität sein – im Übergang zu diesem Neuen werden wir auf jeden Fall beides verlieren. (Sex ist hier übrigens nicht nur ein Beispiel, denn der verschachtelte Raum der Aufhebung ist immanent sexualisiert.)[19]

Nebenbei bemerkt besiegelt der mit dem Eintritt in die Singularität einhergehende Entzug des Sex nur den Prozess, der schon mit der fortschreitenden Digitalisierung unseres Lebens begonnen hat. Statistiken zeigen, dass Jugendliche heute weniger Zeit mit Sexualität verbringen als im Internet oder mit Drogenkonsum. Und selbst wenn sie Sex haben – ist es nicht viel einfacher und führt schneller zur Befriedigung, es im virtuellen Raum zu tun (mit Hardcore-Pornografie)? Die neue US-Fernsehserie *Euphoria* (die laut PR-Text »eine Gruppe von Highschool-Schülern begleitet, wie sie sich durch Drogen, Sex, Identität, Trauma, Social Media, Liebe und Freundschaft navigiert«) ist daher nahezu das Gegenteil eines Porträts des ausschweifenden Lebens der heutigen Jugend an der Highschool. Sie hat nichts mit der Jugend von heute zu tun und wirkt seltsam anachronistisch, eher wie eine nostalgische Übung von Menschen mittleren Alters darüber, wie lasterhaft die jungen Generationen früher doch waren.

Die erste Lektion lautet daher, dass wir die Singularität nicht als Ankunft des Homo Deus feiern, zum anderen aber auch dessen (fast) symmetrisches Gegenteil ablehnen sollten, die verzweifelte Behauptung, die Singularität komme dem Ende der Menschheit gleich. (Ein Heideggerianer würde hier sicherlich darauf hinweisen, dass wir bereits verloren sind: Die wahre Katastrophe steht uns nicht bevor, sie hat schon stattgefunden, haben wir doch die Menschheit schon in dem Augenblick aufgegeben, in dem wir die Singularität überhaupt in Betracht zogen – auch dies ist wieder ein Beispiel für die weiter oben diskutierte Zeitlichkeit: Wenn etwas Neues empirisch entsteht, hat es in seiner essenziellen Dimension, auf der transzendentalen Ebene schon stattgefunden. Dies ist Heideggers Verständnis der modernen Technik. Die wahre Gefahr liegt für ihn nicht in der Möglichkeit der nuklearen oder anderweitigen Selbstzerstörung, sie ist schon gegeben, wenn wir uns auf die Realität als ein Objekt der technischen Ausbeutung beziehen.)

Die zweite Lektion lautet, dass wir auch die Prämisse zurückweisen müssen, die den beiden gegensätzlichen Einschätzungen der Wirkung der Singularität zugrunde liegt, die entweder bejubelt oder als Katastrophe betrachtet wird. Beide Deutungen gehen davon aus, dass wir in der Singularität das symbolische Reich der Endlichkeit/Sterblichkeit/Sexualität überwinden; der Unterschied zwischen ihnen ist, dass das neue Reich für die einen ein seliges Schwimmen im transindividuellen Bewusstsein bedeutet, während es für die anderen aus genau demselben Grund dem katastrophalen Ende der Menschheit gleichkommt. Wenn wir diese Prämisse akzeptieren, ist die einzige Möglichkeit zur Wahrung der ethischen Dimension, wie wir gesehen haben, die kantische: die Einschränkung unseres Wissens. Das ist das Argument, das Greenblatt nachdrücklich vertritt (wie oben zitiert). Die Dringlichkeit der moralischen Entscheidung gilt nur, wenn wir unvollkommen sind, wenn unser Wissen begrenzt ist. Kant macht es leicht, denn das Ansich ist für uns per definitionem unerreichbar. Wir haben hier keine Wahl, die Einschränkung unseres Wissens ist nicht unsere Entscheidung, das heißt, wir sind nie in der Position, dass wir sagen könnten: »Jetzt kann ich zwischen transhumanem (göttlichem) Wissen und begrenztem Wissen wählen, was den Raum für die Moral offenhält!« Diese Entscheidung wurde uns von unserem Schöpfer abgenommen.

Wenn wir (die Menschheit) jedoch bei der Aussicht auf die Singularität eine Wahl *haben* – zumindest formell, da wir uns entscheiden könnten, sie nicht zu entwickeln –, bedeutet das dann, dass wir die ethische Dimension notwendigerweise (eo ipso) verlieren, wenn wir uns für die Singularität entscheiden, weil wir dann zu viel Wissen erlangen? Hier muss man genauer hinsehen: Der Grund dafür, dass die Singularität eine Gefahr für die ethische Dimension darzustellen scheint, ist nicht die explosive Wissenszunahme als solche, sondern vielmehr die Plausibilität, dass das Eintauchen in die Singularität uns unseres Status als allein (autonom) handelnde Individuen beraubt.

Kümmern wir uns als Erstes um die Frage der Beschränkung. Es mag den Anschein haben, dass wir beim Eintauchen in die Singularität das Hindernis, das aus unserer Sterblichkeit und Endlichkeit erwächst, beseitigen und den durch dieses Hindernis generierten Überschuss verlieren. Die Singularität bedroht, mit anderen Worten, die Macht, die positive Funktion der Unvollkommenheit, ja sogar der direkten Unwissenheit. Hegel war sich der positiven Funktion des Vergessens genau bewusst. Für ihn ist das Vergessen keine Schwäche, sondern der Ausdruck der höchsten, »absoluten« Macht des Geistes – die Abwesenheit dieser Macht des Vergessens (die im Grunde ein spezifischer

Aspekt der Negativität ist) führt zu einer lähmenden Unschlüssigkeit, wie in Alexander Lurijas klassischer Studie »Kleines Porträt eines großen Gedächtnisses« deutlich wird, der brillanten Fallgeschichte eines Mannes, der nichts vergessen konnte.[20] Er schaffte es zwar, sich seinen Lebensunterhalt als Gedächtniskünstler auf Jahrmärkten zu verdienen, hatte jedoch ständig mit großen Schwierigkeiten und Problemen zu kämpfen, weil er nicht imstande war, auch nur die einfachste Entscheidung zu treffen (was die Fähigkeit erfordert ein komplexes Geflecht von Vor- und Nachteilen brutal zu vereinfachen). Infolgedessen verbrachte er praktisch sein gesamtes Leben wartend – darauf, dass in der näheren Zukunft irgendeine große Tat oder ein entscheidendes Ereignis stattfinden würde (was aber nie geschah). Die Vorstellung, dass das Vergessen keine Schwäche, sondern eine einzigartige Stärke ist, erklärt auch den Übergang von der absoluten Idee zur Natur, die nämlich exakt der Extrempunkt des Vergessens, der Negation ihrer selbst ist.

Beim Versuch zu beschreiben, wie unser Leben in der Singularität sein wird, legen deren Anhänger, wie wir gesehen haben, in der Regel eine bemerkenswerte Naivität an den Tag. Sie schildern ein Subjekt, das genau wie wir argumentiert und kommuniziert, mit denselben Sorgen und Wünschen wie wir, nur dass sein Leistungs- und Denkvermögen vervielfacht ist – wir bleiben im Grunde dieselben Individuen, nur dass wir unglaublich viel stärker und mit einem viel breiteren Erfahrungsspektrum ausgestattet sein werden. Die Frage, die sie dabei nie stellen, lautet: Was ist, wenn unser Innenleben einschließlich unserer höchsten geistigen Leistungen in unserer endlichen körperlichen Existenz und deren Beschränkungen verwurzelt ist, so dass wir mit dem Übergang in die Singularität die Grundmerkmale unseres Innenlebens verlieren? Konrad Lorenz machte irgendwann die vieldeutige Bemerkung, dass wir selbst (die »real existierende« Menschheit) das gesuchte »Missing Link«

zwischen Tier und Mensch seien – wie sollen wir das verstehen? Als Erstes fällt einem hier natürlich ein, dass sich die »real existierende« Menschheit noch in dem Stadium befindet, das Marx als »Vorgeschichte« bezeichnet hat, und dass die eigentliche Menschheitsgeschichte erst mit dem Anbruch der kommunistischen Gesellschaft beginnt, oder um es mit Nietzsche zu sagen, dass der Mensch nur eine Brücke, ein Übergang vom Tier zum Übermenschen ist. (Ganz zu schweigen von der New-Age-Version: Wir treten in ein neues Zeitalter ein, in dem sich die Menschheit in einen Weltgeist verwandeln und den unbedeutenden Individualismus hinter sich lassen wird.) Zweifellos ging das, was Lorenz »meinte«, in diese Richtung, wenn auch mit einer humanistischeren Note: Die Menschheit ist noch unreif und barbarisch, sie hat noch nicht die volle Weisheit erlangt. Man kann den Gedanken aber auch genau umgekehrt interpretieren: Dieses Zwischenstadium des Menschen *ist* seine Größe, denn der Mensch *ist* seinem Wesen nach ein »Übergang«, die endliche Öffnung in einen Abgrund.[21]

Die Vision eines vollkommeneren Zustands, in dem die Einschränkungen unserer gegenwärtigen Situation überwunden sind, ist folglich in der Regel ein Zukunftsentwurf, der ganz der gegenwärtigen Situation verhaftet bleibt – jedes Bild eines »Übermenschen« ist eine illusorische Projektion, die nur innerhalb des Horizonts unserer menschlichen Endlichkeit sinnvoll ist. Das heißt nicht, dass wir nicht aus den Zwängen unserer Endlichkeit ausbrechen können; aber wenn wir das tun (etwa durch das Eintauchen in die Singularität), dann ist das Resultat keine Rückkehr zum Leben vor dem Sündenfall, die im Grunde dessen gesamtes Interregnum ungeschehen machen würde, sondern eine Rückkehr vom Sündenfall, in dem dessen Spur weiterexistiert. Mit der Singularität bekommen wir einen neuen Fall, eine Art Fall vom Fall, einen viel tieferen Fall, der die Struktur des Verlusts eines Verlusts aufweist. Die

Singularität könnte, hegelianisch ausgedrückt, als eine Negation der Negation wirken: eine Negation, die ihrerseits negiert wird, aber nicht so, dass sie zu einer neuen, höheren Positivität wird, sondern so, dass sie uns mit einer reinen Negation konfrontiert. Wir können Hegels »Negation der Negation« qua sich auf sich beziehende Negativität auch im Sinne einer Position äußerster Verzweiflung verstehen, in der das Subjekt nicht nur einen radikalen Verlust erleidet, sondern auch dieses Verlusts selbst beraubt wird – nicht im Sinne der Wiedererlangung dessen, was verloren war, sondern in dem viel radikaleren Sinne, dass es sich in der totalen Leere wiederfindet, nachdem es die Koordinaten verloren hat, die dem Verlust einen Sinn gaben.

In Hitchcocks *Vertigo – Aus dem Reich der Toten* (*Vertigo*, 1958) erleidet Scottie zuerst den Verlust von Madeleine, seiner schicksalhaften Liebe; als er Madeleine in Judy wiederaufleben lässt und dann feststellt, dass die Madeleine, die er kannte, die ganze Zeit schon Judy war, die sich nur für Madeleine ausgegeben hat, bedeutet das für ihn nicht einfach die Erkenntnis, dass Judy eine Schwindlerin ist (er weiß, dass sie nicht die echte Madeleine ist, da er selbst aus ihr deren Kopie gemacht hat); vielmehr kommt es dadurch, dass sie nicht die Falsche ist – sie ist ja Madeleine, Madeleine war selbst schon falsch – zum Zusammenbruch des Objekts *a*, der Verlust geht verloren, es kommt zur Negation der Negation. Es ist in diesem Zusammenhang erwähnenswert, dass die letzte Einstellung von *Vertigo* – nachdem Judy vom Turm gestürzt ist, steht Scottie auf dem Sims und blickt nach unten – äußerst kontroverse Deutungen erfahren hat. Für einige Interpreten zeigt die Einstellung, dass Scottie als vollkommen gebrochener Mann überlebt, andere sehen darin eine Art Happy End (Scottie ist von seiner Krankheit geheilt und imstande, in die Tiefe zu blicken). Diese Ambivalenz spiegelt perfekt die Mehrdeutigkeit des Ergebnisses der Hegel'schen Negation der Negation (völlige Verzweiflung oder Versöhnung) wider: Scottie am Rand des Kirchturms, nachdem er den Verlust eines Verlusts erlebt hat – das Bild des Subjekts, gefangen in der Singularität, seiner Substanz beraubt, in der Schwebe zwischen Hoffnung und völliger Verzweiflung …

Unsere Hypothese lautet nun, dass die Singularität ein solcher Verlust des Verlusts sein wird, der den Verlust absolut macht, und nicht einfach das Verschwinden eines Verlusts, eine Rückkehr zu einer neuen Unmittelbarkeit. Die Subjektivität lässt sich nicht einfach ungeschehen machen, sondern persistiert in ihrer Negation in noch reinerer Form. Das ist die Krux unseres Arguments für das Überleben des Subjekts im Falle seines Eintauchens in die Singularität. Der Verlust eines Verlusts ist nicht die Wiederherstellung der Vollständigkeit vor dem Verlust, sondern der absolute Verlust, und der Status des Subjekts (im Gegensatz zur Person) ist der eines solchen Verlusts. Kommen wir noch einmal kurz auf das Thema der produktiven Hürde oder Einschränkung zurück. In der Singularität wird (so sagt man uns) die Kommunikation direkt ablaufen, ohne die Umwege, die zusätzlichen geistigen Reichtum erzeugen – aber was ist, wenn in einer solchen Situation der Mangel in noch stärkerer Form zurückkehrt, als absoluter Mangel, als Mangel des Umwegs selbst? Was, wenn die Tatsache, dass wir etwas direkt bekommen, wenn wir es wollen, dieses Etwas desublimiert und damit wertlos macht?

Was Neuralink in Aussicht stellt, sind nicht nur unmittelbar geteilte Sexualerfahrungen. Unsere »normalen« Erfahrungen wurzeln im Körper und in der Sprache – aber was, wenn die Lustneuronen im Gehirn direkt erregt werden könnten, so dass wir einen »reinen« Orgasmus erleben, der stärker ist als der, den wir durch körperliche Interaktionen und sprachliche Verführung erreichen können? Worauf würde dieser »reine« Orgasmus hinauslaufen? Was wäre, wenn er nicht die unmögliche/reale vollkommene Befriedigung böte, sondern, ganz im Gegenteil, wenn das Subjekt dabei erleben würde, was man in Anlehnung an Platonow versucht ist, absolute *Toska* zu nennen, die Erfahrung des unerträglichen Verlusts der Vermittlung/des Umwegs? Wir bekommen die begehrte Sache selbst, aber ohne das Netzwerk der Vermittlungen, das sie begehrenswert macht. Eine solche Lesart deutet auf die Verbindung von *Toska* und Melancholie hin – erinnern wir uns, dass die Melancholie für Freud durch die Diskrepanz zwischen dem Objekt der Begierde und der Objektursache gekennzeichnet ist, die es uns begehren lässt. Der Melancholiker hat, was er begehrte, aber er begehrt es nicht mehr. Diese Struktur der Melancholie impliziert eindeutig ein gespaltenes Subjekt, eines, das ein Objekt (bewusst) begehrt, ohne von der (unbewussten) Objektursache zu wissen, die es dieses Objekt begehren lässt. Wenn daher die Objektursache des Begehrens in ihrer Funktion versagt, erlebt das Subjekt seine Situation als inkonsistent – es begehrt nicht wirklich, was es begehrt.

Damit sind wir wieder bei unserer großen Frage: Wie wird die Tatsache des verdrahteten Gehirns die Dimension dessen beeinflussen, was Freud das Unbewusste nennt? Über den digitalen großen Anderen, der meine Handlungen und Entscheidungen registriert, lässt sich in gewisser Weise sagen, dass er mich tatsächlich »besser kennt als ich mich selbst«. In dem Beispiel, das Harari anführt (der Entscheidung, ob man heiraten soll), ignoriert der große Andere meine inneren Empfindungen und Absichten und kann somit besser als ich selbst erkennen, wo ich wirklich stehe.[22] Stellen wir uns vor, ich bin ein Subjekt, das dem Warenfetischismus unterworfen ist. Nur durch das Beobachten und Registrieren meines Tuns beim Warenaustausch kann der große Andere erkennen, dass ich entgegen meinem vorgeblichen säkularen Rationalismus in Wirklichkeit an den Warenfetischismus glaube; ich handle, als seien die Waren magische Objekte und so weiter. Mit einem Brain-Computer-Interface (BCI) ist die Lage (fast) genau umgekehrt: Indem er meine inneren Gefühle und Erfahrungen registriert, identifiziert mich der große Andere als einen pragmatischen Rationalisten – wird er auch fähig sein, meinen unbewussten Fetischismus zu registrieren (der mein Handeln bestimmt)? Anders formuliert: Was geschieht hier mit dem freudo-lacanianischen *gespaltenen* Subjekt, dem Subjekt, das zwischen seiner bewussten Selbsterfahrung und seinen unbewussten Überzeugungen und Einstellungen entzweit ist? Lässt die ganze Idee von Neuralink, brutal gesagt, das Unbewusste nicht außer Acht und reduziert uns auf die traditionelle selbstbewusste Subjektivität? Kehren wir noch einmal zu dem weiter oben angeführten Beispiel der ambivalenten Haltung eines Sohnes gegenüber seinem Vater zurück. Bewusst hasst der Sohn den Vater und will ihn loswerden, aber dieser Hass verdeckt nur seine unbewusste Liebe und seine Verbundenheit mit ihm. Und diese andere Dimension ist, wie wir gesehen haben, nicht einfach fertig in den Tiefen meiner Psyche als meine wahre Realität präsent; sie ist ein vages psychisches Drängen, das insistiert und nur in Phänomenen wie der Übertragung vollständig hervortritt. Wir haben es beim gespalteten Subjekt nicht mit zwei Realitäten zu tun, einer bewussten und einer unbewussten; das Unbewusste ist nicht meine tiefere Realität, sondern wie Lacan betont, ein Bereich der nicht realisierten, rein virtuellen Potenzialität. Der unbewusste Hass auf den Vater bedeutet nicht, dass der Sohn diesen tief im Innern »wirklich hasst«. Er bedeutet vielmehr, dass die öffentliche Rede (der Liebe) von Versprechern und anderen symptomatischen Handlungen gestört werden kann, die auf eine andere, sich der Botschaft der öffentlichen Rede widersetzende Dimension hindeuten. Welche Haltung wird nun der digitale große Andere registrieren? Zeigt nicht auch dieses Beispiel, dass das verdrahtete Gehirn als direktes Teilen von Erfahrungen und bewussten Gedanken das Unbewusste ignoriert?

Wir kommen damit zum zweideutigen Status von Masken. Mit jeder zusätzlichen Vermittlungsschicht meiner Kommunikation mit anderen bin ich mehr und mehr in der Lage, die Maske, die ich trage, zwischen mich und meine Partner zu bringen. Wenn ich beispielsweise im Internet mit einem potenziellen Sexualpartner verkehre, dann präsentiere ich dort natürlich ein konstruiertes Bild von mir, das nicht der Wirklichkeit entspricht. Das bedeutet freilich nicht, dass ich einfach lüge, weil ich die Wahrheit über mich verschleiere. Es gibt womöglich Dimensionen meiner selbst, mit denen ich mich nicht auseinandersetzen will und die ich nur in Gestalt einer Fiktion annehmen kann, indem ich mir sage: »Wir spielen ja nur ein Spiel, das ist nicht mein wahres Ich.« Ein schönes Beispiel für eine »Wahrheit, die die Struktur einer Fiktion hat« (wie Lacan es ausdrückte), ist die Reihe von Romanen (oder Filmen), in denen ein Stück, das die Schauspieler (im Rahmen der Handlung) aufführen, deren amouröse Verstrickungen im echten Leben widerspiegelt, wie in dem Film über eine *Othello*-Inszenierung, in dem der Darsteller des Othello tatsächlich eifersüchtig ist und in der Schlussszene des Stückes die Schauspielerin, die Desdemona spielt, wirklich erdrosselt. Ein frühes Beispiel für dieses Verfahren ist Jane Austens *Mansfield Park* (ihr unbekanntester Roman). Die junge Fanny Price stammt aus einer armen Familie und wird nach Mansfield Park gebracht, wo sie bei ihrem Onkel Sir Thomas und ihren vier Cousins und Cousinen Tom, Edmund, Maria und Julia aufwächst. Tom, Maria und Julia behandeln sie als minderwertig, nur Edmund ist wirklich nett zu ihr, und mit der Zeit entwickelt sich eine zärtliche Liebesbeziehung zwischen den beiden. Als die Kinder herangewachsen sind, muss der strenge Patriarch Sir Thomas für ein Jahr verreisen; währenddessen treffen der elegante, weltgewandte

Henry Crawford und seine Schwester Mary in Mansfield Park ein, deren Ankunft eine Reihe romantischer Verwicklungen auslöst. Die jungen Leute beschließen, das Theaterstück *Liebesschwüre* einzuüben und aufzuführen. Edmund und Fanny sind anfangs dagegen, weil sie glauben, dass Sir Thomas den Plan missbilligen würde. Edmund lässt sich letztlich umstimmen und erklärt sich widerwillig bereit, die Rolle des Anhalt zu spielen, des Liebhabers der von Mary Crawford gespielten Figur, um zu verhindern, dass die anderen jemand von außerhalb für die Rolle hinzuholen. Das Stück verschafft Mary und Edmund die Möglichkeit, über Liebe und Heirat zu sprechen, und liefert Henry und Maria darüber hinaus einen Vorwand, um öffentlich zu flirten … Doch stellen wir uns ein brutaleres Beispiel vor: Sagen wir, ich bin in meiner sozialen Wirklichkeit ein feiger Schwächling, präsentiere mich aber in meinen Online-Interaktionen als grausamer Sadist und Serienverführer. Hier reicht es nicht, zu sagen, dass ich auf diese Weise meine tatsächliche Schwäche vertusche – was ist, wenn ich in meinen realen Interaktionen mit anderen brutale Neigungen unterdrücke, die nur in der Welt der digitalen Fiktionen zum Vorschein kommen? In diesem Fall wäre meine Bildschirm-Persona näher an meinem Wesenskern als meine Persona im echten Leben … Wird die Registrierung meiner Gedanken im verdrahteten Gehirn zwischen einer Maske, die meine wahre subjektive Position wiedergibt, und einer Maske, die wirklich nur eine Maske ist und meine wahre subjektive Haltung verbirgt, unterscheiden können?

Darin liegt die Ambiguität des (ziemlich offensichtlichen) Unterschieds zwischen digitaler Kontrolle und dem Aufzeichnen unserer Worte und Taten einerseits und der Verdrahtung unseres Gehirns, bei der unser innerer Bewusstseinsstrom direkt mit anderen und/oder einer Maschine geteilt wird, andererseits. Es mag den Anschein haben, dass ein verdrahtetes Gehirn uns in viel stärkerem Maße bloßstellt. Wenn alles, was wir sagen und tun, aufgezeichnet wird, können wir schließlich mit gekreuzten Fingern weitermachen wie zuvor und so die Illusion wahren, dass unser Innenleben der digitalen Kontrolle entgeht. Wenn wir jedoch gespaltene Subjekte sind (wie die Psychoanalyse behauptet), wenn also das Innerste unseres Seins dem eigenen Bewusstseinsstrom nicht zugänglich ist und sich dieser verdrängte Teil dennoch unwillentlich in dem, was wir tun oder sagen, ausdrückt (als Versprecher und so weiter), dann kann die Registrierung unserer äußeren Handlungen paradoxerweise mehr über unseren Wesenskern verraten als der direkte Einblick in unseren Geist – wenn wir (denken, dass wir) eine Maske tragen und nur eine Rolle spielen, kann in der Maske mehr Wahrheit liegen als in dem, was dahinter ist.

Es ist wichtig, sich vor Augen zu halten, dass die Diskrepanz zwischen der digitalen Registrierung und Kontrolle unseres Tuns und dem direkten Lesen unserer Gedanken durch Neuralink nie aufgelöst werden kann; die beiden Seiten können nie in dem Sinne zusammengeführt werden, dass sie ein vollständiges Bild des Subjekts liefern, indem sie externe und interne Daten zu einem Ganzen kombinieren. Die externen Daten müssen im Hinblick darauf interpretiert werden, inwiefern sie das Innenleben des Subjekts ausdrücken, doch ebenso muss das durch Neuralink zugänglich gemachte Innenleben hinsichtlich der »externen« Tätigkeit des Subjekts interpretiert werden (hat das Subjekt wirklich beabsichtigt, was es dachte?). Eine Quadratur dieses Kreises ist nicht möglich, da ein drittes Element fehlt: die virtuelle Präsenz der von beiden anderen Ebenen implizierten Absenziale, die weder in der äußeren Realität noch im Innenleben unserer Selbstbewusstheit zu finden sind. Wir sind hier wieder beim paradoxen Status des Unbewussten als des dritten, virtuellen Bereichs, der weder der (von Neuralink erfasste) innere Strom meiner Selbstbewusstheit noch die (durch die digitale Kontrolle meiner Tätigkeiten erfasste) Realität meines Handelns ist.

Die Stimme der Singularität ist, um noch einmal auf die Genesis zurückzukommen, ein weiteres Angebot der Schlange; sie verspricht die Annullierung des Sündenfalls und die Erlangung von Unsterblichkeit und höherer Erkenntnis, wenn wir ihre Frucht essen, das heißt, in sie eintauchen. Wie in der Genesis sollten wir uns bewusst sein, dass es sich hier um eine erzwungene Wahl handelt: Wir müssen es tun, wir können gar nicht anders, ein Rückzug ist nicht möglich. Was wird demnach geschehen? Mit Sicherheit nicht das, was die Befürworter der Singularität erwarten. Wie die Schlange lügen sie nicht, und genau in ihrem Nicht-Lügen liegt die Gefahr. Man kann nur sagen, dass es zuerst zu irgendeiner Art von Katastrophe kommen wird; danach kann dann, durch eine Wiederholung, etwas Neues entstehen.

Was die Katastrophe angeht, so haben wir schon die Aussicht auf eine direkte Erregung der Lustneuronen im Gehirn erwähnt, dank der wir einen »reinen« Orgasmus erleben, der stärker ist als der, den wir durch körperliche Interaktionen und sprachliche Verführung erreichen können. Doch was ist mit der gegenteiligen Option: neuen Formen »reiner« Schmerzen und Leiden? Thomas Metzinger bemerkte schon in Bezug auf das »normale« menschliche Bewusstsein: »Es ist keineswegs klar, ob die biologische Form von Bewusstsein, die die Evolution bislang auf unserem Planeten zustande gebracht hat, eine *wünschenswerte* Form der Erfahrung, ein wirkliches *Gut an sich* ist.«[23] Es geht dabei um das Problem bewusster Schmerzen und Leiden. Die Evolution hat »ein sich immer weiter ausdehnendes Meer des Leidens und der Verwirrung erzeugt, wo vorher kein solches existierte. Weil sich nicht nur die einfache Zahl einzelner bewusster Subjekte, sondern auch die Dimensionalität ihrer phänomenalen Zustandsräume ständig erhöht hat, wird dieses Meer auch ständig tiefer.«[24] Und es steht vernünftigerweise zu erwarten, dass neue, künstlich erzeugte Bewusstseinsformen auch neue, »tiefere« Formen des Leidens erzeugen werden … Aus all diesen Gründen besteht der einzige Ausweg für diejenigen, die in Neuralink eine Bedrohung für unser Menschsein sehen, darin, die Lösung aus *Dune* zu wählen. In Frank Herberts klassischem Science-Fiction-Roman hat die Menschheit, nachdem sie von hochentwickelten Computern beherrscht worden war, kollektiv beschlossen, alle »Denkmaschinen« zu vernichten. Stattdessen werden Menschen dafür trainiert, extrem komplexe Aufgaben bewältigen zu können. (Deren mentale Weiterentwicklung wird allerdings durch die Droge »Melange« beziehungsweise »Spice« [»Gewürz«] ermöglicht, die die Gesundheit verbessert, das Leben verlängert, Weltraumreisen mit Überlichtgeschwindigkeit ermöglicht und sogar hellseherische Fähigkeiten verleiht.) Für diese Option ist es jedoch, wie wir gesehen haben, schon zu spät – wer weiß, wie weit die Geheimdienste und Unternehmen schon damit fortgeschritten sind, verschiedene Versionen von Neuralink und direkter Gedankenkontrolle in die Tat umzusetzen?

Die Libidoökonomie der Singularität

Hier sollten wir noch einmal auf Millers Anspielung auf Mao zurückkommen. Tatsächlich ist der obszöne große Andere ein Signal dafür, dass »eine große Unordnung im Realen« herrscht – aber wir wissen alle, wie Maos Ausspruch weitergeht: »… die Lage ist ausgezeichnet.« Wo ist also diese andere Dimension, die in Millers Interpretation des kapitalistischen Realen fehlt, wo ist die Öffnung (»Hoffnung«) für eine radikale Veränderung? Zurück zu Beckett: Um diese Öffnung zu erkennen, sollten wir den Modus der erratisch-halluzinatorischen Erfahrung als eine der zwei Seiten einer zerbrochenen gesellschaftlichen Totalität verorten, als den subjektiven Aspekt (selbstloses Ich), dessen objektives Gegenstück die Struktur des globalen Kapitalismus ist. Und dasselbe gilt für die Singularität: Wie Miller selbst andeutet, wenn er schreibt, »dass Kapitalismus und Wissenschaft sich zusammentun [...], um die Natur zum Verschwinden zu bringen«, wird der letztliche Aufstieg der Singularität (das endgültige »Verschwinden der Natur«, das wir uns heute vorstellen können) nicht nur ein subjektiv-kosmisches Phänomen sein, sondern auch eines, das in einer Kombination aus Wissenschaft und Kapitalismus begründet liegt – die Wissenschaft und die Technik, durch die die Singularität entstehen kann, sind nicht neutral, sondern beruhen auf kapitalistischen Verhältnissen. Der Aufstieg der Singularität wird, mit anderen Worten, ein Beispiel dessen sein, was man nur als posthumanen Kapitalismus bezeichnen kann. Üblicherweise wird postuliert, der Kapitalismus sei (eher) historisch, während unsere Menschlichkeit, einschließlich des Geschlechtsunterschieds, fundamentaler, ja sogar ahistorisch sei; was wir jedoch heute erleben, ist nichts weniger als der Versuch, den Übergang zur Posthumanität in den Kapitalismus zu integrieren – darum geht es bei den Bemühungen der neuen Milliardär-Gurus wie Elon Musk. Ihre Vorhersage, dass der Kapitalismus »wie wir ihn kennen« zu Ende gehe, bezieht sich auf den »menschlichen« Kapitalismus, und der Übergang, von dem sie reden, ist der vom »menschlichen« zum nachmenschlichen Kapitalismus.

Die Singularität stellt uns vor das Problem, wie der im Entstehen begriffene »posthumane« Kapitalismus funktionieren wird. Insofern zum Kapitalismus auch die Ausbeutung von Arbeitern gehört, stellt sich darüber hinaus die Frage, wie er uns weiter ausbeuten wird. Um dieses Problem zu entwirren, muss man in die Überlegungen über die Singularität die Dimension des Genießens einfließen lassen. Ist die Singularität nicht vom Standpunkt der Libido aus der Raum einer ekstatischen

Trance intensiven Genusses, ein Raum, in dem wir vollständig und ungehindert von den Zwängen der eigenen Endlichkeit genießen können? Wo kommt hier also die libidinöse Ausbeutung ins Spiel? Um es ganz stark zu vereinfachen: Sie findet statt, wenn der Andere (das System, das uns ausbeutet) unsere (der Untertanen des Systems) Genüsse vereinnahmt, das heißt, wir dienen dem und füttern das »Genießen des Systems (das ist es, was Ausbeutung aus freudo-lacanianischer Perspektive letztlich bedeutet).«[25]

Um diese Behauptung richtig zu verstehen, müssen wir über die bloße Parallele zwischen der Arbeit des Genießens und der Arbeit der Warenproduktion, zwischen der Produktion von Mehr-Genießen und der Produktion von Mehrwert hinausgehen. Das Verhältnis der beiden ist nicht nur das einer formalen Homologie, sondern sie sind Momente derselben Totalität, das heißt, sie implizieren einander wechselseitig: Jedes ist auf seine Weise ein Moment des anderen. Es gibt also das Genießen der Arbeit (den Genuss der harten Arbeit selbst, der den Verzicht auf den Genuss impliziert) und die Arbeit des Genießens (das Genießen selbst ist nie nur eine passive Erfahrung, sondern das Ergebnis von Arbeit).

Als erstes ist festzustellen, dass ökonomische Ausbeutung (die Produktion von Mehrwert) nur funktioniert, wenn sie vom Genießen der Ausgebeuteten getragen wird: »[D]er Herrendiskurs verbirgt nicht, was er ist oder was er will. Was verborgen bleibt, ist die Verbindung von Ausbeutung und Genießen, die Reproduktion der Herrschaftsverhältnisse durch die Produktion von Genuss.«[26] Kurzum, ein Herr kann seine Herrschaft nur ausüben, wenn er den Knecht »besticht«, indem er ihm ein paar Krumen des Genusses hinwirft. Dieser Genuss hat zwei entgegengesetzte Hauptformen: Ich genieße unmittelbar die Unterordnung unter den Herrn, dem ich diene, diese bietet mir eine gewisse Sicherheit und gibt meinem Leben einen Sinn; der Herr, der über mich gebietet, gestattet mir diskret, seine Verbote zu übertreten, wenn ich außerhalb seiner Sichtweite bin, weil er weiß, dass solche kleinen Verstöße mich bei Laune halten (dies war die Rolle politischer Witze in den kommunistischen Regimes). Damit sind wir wieder bei Lacans kritischer Lektüre der Hegel'schen Dialektik von Herr und Knecht, in der Lacan darauf hinweist, dass es der Knecht beziehungsweise Sklave und nicht der Herr ist, der genießt:

> Die Arbeit, heißt es da, der der Sklave sich unterzog, als er aus Angst vor dem Tod Verzicht tat auf den Genuß, weist genau den Weg, auf dem er die Freiheit verwirklichen wird. Es gibt im politischen und auch im psychologischen Sinne keine offensichtlichere Täuschung. Der Sklave ist leicht zu befriedigen, und so bleibt es bei der Sklavenarbeit.[27]

Vielleicht sollten wir uns von diesem Standpunkt aus noch einmal die berühmten Zeilen aus der *Phänomenologie des Geistes* über die Wechselbeziehung von Begierde, Genuss und Arbeit ansehen:

> Die Begierde hat sich das reine Negieren des Gegenstandes und dadurch das unvermischte Selbstgefühl vorbehalten. Diese Befriedigung ist aber deswegen selbst nur ein Verschwinden, denn es fehlt ihr die *gegenständliche* Seite oder das *Bestehen*. Die Arbeit hingegen ist *gehemmte* Begierde, *aufgehaltenes* Verschwinden, oder sie *bildet*. Die negative Beziehung auf den Gegenstand wird zur Form desselben und zu einem Bleibenden, weil eben dem Arbeitenden der Gegenstand Selbständigkeit hat. Diese *negative* Mitte oder das formierende Tun ist zugleich *die Einzelheit* oder das reine Fürsichsein des Bewußtseins, welches nun in der Arbeit außer es in das Element des Bleibens tritt; das arbeitende Bewußtsein kommt also hierdurch zur Anschauung des selbständigen Seins *als seiner selbst*.[28]

Wir sollten der Behauptung, die Arbeit sei »gehemmte Begierde«, eine lacanianische Wendung geben. »Gehemmt« kann ja auch »zurückgehalten, behindert, versperrt« bedeuten, und wir sollten diese Begriffe ganz freudianisch verstehen, insbesondere im Hinblick auf die Umkehrung der Verdrängung des Begehrens zum Begehren der Verdrängung – was ist, wenn die Behinderung/Aufschiebung des Genusses ein eigenes Mehr an Genuss erzeugt? Die Marx'sche »Arbeitswerttheorie« offenbart eine unerwartete Homologie mit dem zentralen Element der Theorie Freuds, der »Arbeitstheorie des Unbewussten«:[29] Der unbewusste »Wert« eines Traums ist ausschließlich das Ergebnis der »Traumarbeit«, nicht der Traumgedanken, die von der Traumarbeit umgebildet werden, so wie der Wert einer Ware das Ergebnis der in sie hineingesteckten Arbeit ist. Die Paradoxie liegt darin, dass es die Chiffrierung (Verschleierung) des Traumgedankens, seine Übersetzung in das Traumgewebe ist, die den eigentlichen unbewussten Gehalt eines Traums erzeugt. Freud betont, das wahre Geheimnis des Traums sei nicht sein Inhalt (die »Traumgedanken«), sondern seine Form: Die Traumarbeit ist nicht bloß ein Prozess zur Verschleierung der »wahren Botschaft« des Traums; der wahre Kern des Traums, sein unbewusster Wunsch, schreibt sich erst durch diesen Verschleierungsprozess ein; sobald wir den Trauminhalt in den darin zum Ausdruck gebrachten Traumgedanken zurückübersetzen, verlieren wir daher die »wahre Triebfeder« des Traums – kurz: Der Verschleierungsprozess selbst schreibt dem Traum sein wahres Geheimnis ein. Es ist der Kernmechanismus der »Arbeitstheorie des Genießens«, dass das Mehr-Genießen durch die Verdrängung selbst erzeugt wird, durch die Kodierung des Traumgedankens zum manifesten Traum oder, um es direkter zu sagen: Der Lustverzicht wird zur (Mehr-)Lust am Verzicht. Auch wer es hasst, sich Genüssen hinzugeben, sitzt in der Falle, findet er doch Genuss an der Tätigkeit des Hassens selbst – ein

Beispiel sind hier jene strengen Moralapostel, deren Genuss deutlich spürbar ist, wenn sie ihrem Entsetzen über unsere dekadenten Genüsse Ausdruck geben. Der Prozess vollzieht sich in drei Schritten: Zuerst gibt es eine Form von direktem Genuss; dann werden wir gezwungen, auf diesen direkten Genuss zu verzichten; und schließlich erzeugt ebendiese Arbeit des Verzichts beziehungsweise der Verdrängung einen zusätzlichen Genuss eigener Art – die Kurzformel dieses Prozesses lautet L–A–L', das heißt Lust–Arbeit der Verdrängung–Mehr-Lust (was natürlich an Marx' Formel der Zirkulation des Kapitals erinnert: G–W–G' (Geld–Ware–mehr Geld).[30] Stellen wir uns das einfache Beispiel obsessiver Rituale vor: Ein Zwangsneurotiker findet einige seiner Begierden unerträglich, er bekämpft sie und etabliert dazu Rituale der Selbstbestrafung, durch die er seine unerträglichen Begierden im Zaum zu halten versucht; doch dann findet er plötzlich Genuss an diesen Ritualen selbst … Ich bekämpfe meine sündigen sexuellen Begierden, indem ich mich selbst auspeitsche, doch dann fange ich an, die Selbstgeißelung zu genießen, weil sie mich in negativer Form daran erinnert, dass die verbotenen Begierden noch immer in mir aktiv sind.

Wo kommt hier nun also die Ausbeutung ins Spiel? In Bezug auf die Libidoökonomie geht es darum, die Unterscheidung zwischen Trieb und Begehren zu mobilisieren. Das Begehren (oder vielmehr der Trieb) des Kapitalismus selbst ist nicht das Begehren des Kapitalisten – letzteres kann in allen möglichen pathologischen Variationen auftreten. Es kann das Begehren sein, sich zu rächen, Reichtum anzuhäufen, die Produktion zu erweitern und vieles weitere mehr, während das Begehren des Kapitalismus ein monotoner Trieb zur erweiterten Reproduktion ist. (Und warum sollten wir hier nicht auch den Kommunismus nennen, das heißt die Unterscheidung zwischen dem Begehren eines Kommunisten und dem Begehren des Kommunismus selbst?) Um eine neue Art von Animismus zu vermeiden (derzufolge Begierden objektiven sozialen Prozessen innewohnen würden), sollte man den Status dieses nicht subjektivierten Begehrens genauer untersuchen. Auch wenn es nicht subjektiv ist, setzt es doch in gewisser Weise Subjektivität voraus (weil es nur als von dieser vorausgesetzt funktioniert). Aus diesem Grund reicht es nicht aus, sich auf die privaten Laster einzelner Kapitalisten zu konzentrieren. Die besten Diener des Kapitals können durchaus diejenigen sein, die ihre privaten Laster ignorieren und sich vollkommen der »höheren Loyalität« gegenüber der reibungslosen Zirkulation des Kapitals verschreiben. Dieser Unterscheidung homolog ist die zwischen den privaten Begehren einzelner Staatsfunktionäre und dem »Begehren«, das dem Funktionieren des Staatsapparates innewohnt. Die Impeachment-Kampagne und Eröffnung eines Amtsenthebungsverfahrens gegen Donald Trump sagt viel über unser derzeitiges politisch-ideologisches Dilemma aus. Trump wird als Einzelperson dargestellt, die nur ihre Privatinteressen verfolgt, nicht als Repräsentant eines Staates und seiner Apparate. Edward Snowden war dies unmittelbar klar, und er sagte dazu, dass

> die Klage eines Whistleblowers, aufgrund deren Ermittlungen für das Amtsenthebungsverfahren gegen den US-Präsidenten Donald Trump eingeleitet wurden, dahingehend strategisch »ziemlich klug« war, dass sie den Fokus auf den Präsidenten und nicht auf die Institution legte. [...] Der Kongress könne »sich mehr als glücklich schätzen, einen Einzelnen, der sein Amt missbraucht, den Wölfen zum Fraß vorzuwerfen, wozu sie nicht bereit wären, wenn sie von denselben Anschuldigungen mitbetroffen wären. [...] Dieser Whistleblower tut etwas, [das] ein bisschen ungewöhnlich ist. [...] Der Vorwurf lautet, dass ein Einzelner das Gesetz bricht, der natürlich der Präsident ist [und der] jetzt gerade historisch unbeliebt ist.«[31]

Eine Einzelperson zu kritisieren, die das Gesetz bricht, während sie ihren Interessen oder privaten pathologischen Neigungen (Rache, Gier nach Macht und Ruhm ...) nachgeht, ist also akzeptabel; weit schwieriger ist es dagegen, ein Verbrechen im Tun einer staatlichen Institution auszumachen, eine kriminelle Aktivität, die von persönlich ehrbaren Individuen ausgeführt wird, die sich für ihre Arbeit engagieren – hier sind das Böse und das Verbrechen nicht individualisiert, sondern in den Funktionsablauf der Institution selbst eingeschrieben.

In dieselbe Falle tappt auch Florian Henckel von Donnersmarcks viel gepriesener Film *Das Leben der Anderen* (2006). Wie viele andere Schilderungen der Härte kommunistischer Regime auch verfehlt der Film das wahre Grauen der Situation genau dadurch, dass er es zu zeigen versucht – wie geschieht dies? Die Handlung wird durch den korrupten Kulturminister Hempf in Gang gesetzt, der den bedeutenden DDR-Theaterschriftsteller Georg Dreyman loswerden will, um seine Affäre mit Dreymans Lebensgefährtin, der Schauspielerin Christa-Maria Sieland, ungestört fortsetzen zu können. Auf diese Weise wird das in die formale Struktur des Systems eingeschriebene Grauen auf den Effekt einer persönlichen Laune zurückgeführt – dadurch geht verloren, dass das System nicht weniger schrecklich wäre, wenn es nur aus engagierten, treuen Bürokraten bestünde und der Minister nicht korrupt wäre. In der echten Deutschen Demokratischen Republik hätte ein auch im Westen bekannter und publizierter Autor wie Dreyman unter Dauerüberwachung gestanden (so wie es bei allen berühmten DDR-Schriftstellern von Bertold Brecht bis Heiner Müller der Fall war), auch ohne dass ein hochrangiger Apparatschik seine Frau begehrt hätte.

Genau dasselbe gilt auch für die Aufrufe zur Amtsenthebung von Donald Trump. Dieser ist zweifellos eine widerliche Person, der ein grundlegender moralischer Kompass fehlt, aber was ist mit den systematischen Menschenrechtsverletzungen im Zuge der fortwährenden Aktivitäten der US-Geheimdienste? Der wahre Feind sind nicht eigenwillige Figuren, die als Störung des Establishments selbst wirken; der wahre Feind sind ehrliche, patriotische Bürokraten, die rücksichtslos die Ziele der USA verfolgen. Um Namen zu nennen: Das Musterbeispiel eines solchen patriotischen Bürokraten ist James Comey, der von Trump abgesetzte FBI-Direktor. Auch wenn seine Kritik an Trump auf der Faktenebene wahrscheinlich durchaus wahrheitsgetreu war (nachzulesen in seinen Memoiren *Größer als das Amt*[32]), sollte man nicht verschweigen, dass seine »höhere Loyalität« gegenüber den Prinzipien und Werten der USA etwas unberührt lässt, das man nur als kriminelle Tendenzen bezeichnen kann, die in die staatlichen Institutionen eingeschrieben sind, also all das, was von Assange, Snowden und Manning aufgedeckt wurde.

Man sollte außerdem nicht vergessen, dass das Motiv hinter den Impeachment-Bemühungen größtenteils der Wunsch war, zu beweisen, dass Russland die letzten Präsidentschaftswahlen beeinflusst und damit Trump zum Sieg verholfen hat. Wahrscheinlich gab es tatsächlich eine russische Einmischung (ebenso wie die USA versuchen, Wahlen auf der ganzen Welt zu beeinflussen, nur dass sie ihr Eingreifen eine »Verteidigung der Demokratie« nennen), aber die Fokussierung auf diesen Aspekt verschleiert den wahren Grund für die Niederlage Hillary Clintons: ihren gnadenlosen Kampf gegen Bernie Sanders und den linken Flügel der Demokratischen Partei. Sanders hatte recht, als er warnte,

> wenn der Kongress im nächsten Jahr, in den nächsten anderthalb Jahren, wenn es mit dem Wahlkampf richtig losgeht, über nichts anderes redet als das Impeachment von Trump und Trump, Trump, Trump und Mueller, Mueller, Mueller, aber nicht über die Gesundheitsversorgung, nicht über die Anhebung des Mindestlohns auf ein existenzsicherndes Niveau, nicht über die Bekämpfung des Klimawandels, nicht über Sexismus und

Rassismus und Homophobie und all die Probleme, die einfache Amerikaner beschäftigen, dann wird sich das, so fürchte ich, zu Trumps Vorteil auswirken.[33]

Ein Amtsenthebungsverfahren gegen Trump ist kein linkes Projekt, sondern eines der liberalen Mitte, deren heimliches Ziel es ist, den Linksschwenk in der Demokratischen Partei abzuschwächen.

Dies führt uns zurück zu Marx. Einige der besten neueren Interpretationen von *Das Kapital* verlagern den Fokus vom ersten auf den zweiten Band, der die Zirkulation des Kapitals behandelt, das heißt, den Kreislauf seiner erweiterten Selbstreproduktion; zur Erklärung dieser zirkulären Struktur beziehen sie sich zudem auf die Kategorie des Lebens, wie sie im zweiten Teil von Hegels subjektiver Logik entwickelt wird (nicht das Leben aus seiner Naturphilosophie, sondern das Leben in seiner rein logischen Struktur, das Leben als »zweite Natur«, als objektive selbstreproduktive Bewegung des Begriffs, die auf die subjektive Triade Begriff-Urteil-Schluss folgt. Dieser Lesart liegt die These zugrunde, dass die Selbstbewegung des Kapitals, sein »Leben«, die eigentliche Basis von Hegels Begriff des Absoluten, der absoluten Idee sei: Das Kapital in seiner Selbstbewegung ist die Wirklichkeit von Hegels absolutem Subjekt. Ich finde diese Interpretation, so klar sie auch ist, insofern problematisch, als sie gezwungen ist, die proletarische Revolution, den Ausbruch aus dem kapitalistischen System, als Bewegung außerhalb der Dialektik in eine nicht vermittelte radikale Andersheit aufzufassen. Außerdem könnte man in einer etwas vereinfachten Lacan'schen Begrifflichkeit argumentieren, dass diese Interpretation von der problematischen Prämisse ausgeht, das Kapital sei ein großer Anderer, der existiert, nicht nur ein Anderer, der lediglich als virtueller Bezugspunkt für Subjekte persistiert, die so handeln, als ob er existierte.

In der Funktionsweise des vordigitalen Kapitalismus, wie Marx ihn beschreibt, bleibt die Spannung zwischen Trieb und Begehren vollständig wirksam. Der Trieb des Kapitals ist nicht dasselbe wie das Begehren eines einzelnen Kapitalisten, der der Selbstreproduktion des Kapitals dient. Auf dieser libidinösen Ebene gleicht die Ausbeutung dem Bedienen des Genusses des Anderen – das Begehren des Subjekts ist dem Trieb des Anderen untergeordnet, so dass ich selbst Schmerzen akzeptiere, wenn sie dem Genuss des Anderen dienen, das heißt, dem unendlichen Trieb des Kapitals nach erweiterter Selbstreproduktion – die unendliche Selbstzirkulation des Kapitals (als des »automatischen Subjekts«) heftet sich parasitär an mein endliches Begehren an. Dieses Genießen ist natürlich nicht psychologisch, es ist unpersönlich, ein Moment der objektiven Sozialstruktur des Kapitals, aber dennoch nicht einfach objektiv. Es wird von einzelnen Subjekten als virtueller Bezugspunkt vorausgesetzt (in demselben Sinne wie der symbolische große Andere virtuell ist: als etwas Nichtpsychologisches, das nur als virtueller Bezugspunkt für Subjekte und deren Tun existiert). Mit der Singularität, mit meinem direkten Eintauchen in den kollektiven Raum des Anderen, schließt sich jedoch die Kluft, die das Begehren des Subjekts vom Trieb des Anderen trennt. Wenn ich mich in einer Singularität befinde, gehören meine Gedanken nicht mehr mir, sondern sind unmittelbar die Gedanken der denkenden Singularität selbst und ich bin direkt am Trieb des Anderen beteiligt.

Deshalb eröffnet die Aussicht auf die Singularität die Möglichkeit, aus dem Kapitalismus auszusteigen. Warum übt der Kapitalismus eine solche ideologische Faszination aus, warum erscheint er so vielen Menschen als die Gesellschaftsordnung, die der menschlichen Natur am ehesten entspricht? Selbst viele Linke geben privat zu, dass der Kapitalismus das Einzige ist, was wirklich funktioniert; sie sind zufrieden, wenn das Soziale und die Menschenrechte im Kapitalismus gestärkt werden, und haben den »vollständigen« Sozialismus als undurchführbare Utopie aufgegeben ... Todd McGowan hat eine lacanianische Erklärung für die Unverwüstlichkeit des Kapitalismus geliefert, in der er offen zugibt, dass dieser tatsächlich in einem gewissen (sehr eingeschränkten) Sinn der »Natur des Menschen« entspricht.[34] Anders als vormoderne Gesellschaftsordnungen, die das Paradoxon des menschlichen Begehrens verschleiern und so tun, als sei das Begehren auf einfache, teleologische Weise strukturiert (wir Menschen streben irgendein Endziel an, sei es Glück oder eine andere Art von materieller oder geistiger Erfüllung, und suchen Frieden und Befriedigung in dessen Verwirklichung), ist der Kapitalismus die erste und einzige Gesellschaftsordnung, in deren Funktionsweise das Grundparadox des menschlichen Begehrens mit enthalten ist. Dieses Paradox betrifft die Wirkungsweise des Surplus in unserer Libidoökonomie: Egal, was wir erreichen, es ist niemals »das«, immer wollen wir etwas anderes und mehr, und das Endziel unseres Begehrens ist nicht, irgendetwas Bestimmtes zu erreichen, sondern die eigene Selbstreproduktion endlos zu wiederholen und zu erweitern. Das Ungleichgewicht des Systems definiert daher den Kapitalismus. Dieser kann nur durch die ständige Unterminierung und Revolutionierung seiner selbst gedeihen. Die Paradoxie besteht darin, dass wir, indem wir das Mehr begehren, das sich jedem Objekt entzieht, gerade durch unsere Ausrichtung auf Genuss und Befriedigung dazu gezwungen sind, erreichbare Befriedigungen um zukünftiger Befriedigungen willen zu opfern – Hedonismus und Askese fallen im Kapitalismus zusammen – oder, um die prägnante Zusammenfassung aus dem Klappentext von McGowans Buch zu zitieren:

> Der Kapitalismus verbirgt das Opfer und ermöglicht es uns damit, unsere Befriedigung in ihm zu finden, ohne den Zusam-

> menhang zwischen Opfer und Befriedigung je einzugestehen. Jede Befriedigung hängt von irgendeiner Form des Opfers ab – von Zeit, Ressourcen, Nützlichkeit und so weiter –, aber der Kapitalismus tarnt das Opfer als Eigeninteresse, was kapitalistische Subjekte in die Lage versetzt, befriedigende Opfer zu bringen und gleichzeitig zu glauben, sie folgten nur ihren eigenen Interessen.[35]

Der Kapitalismus mobilisiert und verschleiert zugleich, dass der höchste Quell der Lust das Opfer selbst ist. Er verschleiert dieses Paradoxon, indem er uns (Produzenten und Konsumenten) permanent die trügerische Aussicht auf zukünftige Befriedigung vor Augen führt. Kurz, anstatt zuzugeben, dass das Versprechen zukünftiger Befriedigung nur ein Täuschungsmanöver ist, um gegenwärtige Opfer und Entsagungen zu rechtfertigen, dreht der Kapitalismus die Sache um und präsentiert Opfer und Entsagungen als Mittel zur Erreichung zukünftiger Befriedigung. Ist diese teuflische Logik des Mehr einmal in Gang gesetzt, gibt es kein Zurück zum vorkapitalistischen Gleichgewicht mehr – wie schon Marx klar erkannte, ist die Befreiung nur durch den Kapitalismus möglich. Aber welche Art von Befreiung? Der Traum von einer neuartigen Libidoökonomie außerhalb der Paradoxien von Opfer und Mehr, dieser heimliche Traum der meisten sozialistischen und anderen radikalen Utopien, ist zurückzuweisen. Die paradoxe Struktur des menschlichen Begehrens ist eine Art Apriori. Wir können nicht aus ihr heraustreten und eine neue, ausgeglichene Welt (wieder)herstellen, in der wir nicht an ein Mehr fixiert sind, sondern nur für unsere Befriedigung arbeiten.

Wie sollen wir also aus dem Kapitalismus austreten, ohne der vormodernen Vision einer Welt im Gleichgewicht zu verfallen? Wie können wir die Grundstruktur des menschlichen Begehrens zugeben, ohne daraus den Schluss zu ziehen, dass diese Struktur – da sie vom Kapitalismus mobilisiert wird – gewissermaßen unüberwindbar, »ewig« und »natürlich« ist? Wie wir soeben gesehen haben, mobilisiert der Kapitalismus diese Struktur und verschleiert zugleich ihr Paradox. Die einzige Lösung besteht folglich (nicht darin, nein zu Opfern und Entsagungen zu sagen, sondern) darin, Opfer und Entsagungen als solche offen zuzugeben und anzunehmen, ohne sie teleologisch mit zukünftiger Befriedigung zu rechtfertigen. Das ist ein schwieriger Schritt, da er es nötig macht, eine traumatische Tatsache einzugestehen – denken wir an die stalinistischen Säuberungen, bei denen Millionen Menschen für eine zukünftige glückliche Gesellschaft geopfert wurden, wobei die Tatsache verdeckt wurde, dass die Vision des zukünftigen Glücks als Maske diente, um die obszöne Lust am Opfer als solchem zu verschleiern. Darauf spielt Lacan an, wenn er ganz am Ende seines *Seminars XI* sagt, dass

> den dunklen Göttern zu opfern etwas ist, dem, in einer Art monströser Befangenheit, nur wenige nicht erliegen. Im Nichtwissen, in der Gleichgültigkeit, in der Abwendung des Blicks zeigt sich, welcher Schleier noch über diesem Mysterium liegt. Wer aber einen mutigen Blick auf diese Erscheinung werfen will – und, noch einmal, nur wenige erliegen nicht der Faszination des Opfers an sich –, dem zeigt das Opfer, daß wir im Objekt unserer Begierden die Bestätigung dafür suchen, daß ein Begehren jenes Anderen, den ich hier *Deus obscurus* nennen will, präsent ist.[36]

Die Alternative zu dieser »monströsen Befangenheit« ist kein glückliches Leben ohne Opfer, sondern ein »Opfer« (Aufwand), das sich nicht an »dunkle Götter« richtet, das also nicht darauf abzielt, dem Genuss des göttlichen Anderen zu dienen. Sind wir dazu fähig? Die Aussicht auf die Singularität eröffnet hier vielleicht eine neue Möglichkeit. Wenn wir in die Singularität eingetaucht sind, kann das übliche kapitalistische Spiel, bei dem man, im Bann der Verfolgung der eigenen Interessen, für den Genuss des Anderen (das Kapital) arbeitet, nicht mehr funktionieren. Dieses Spiel ist nur solange möglich, wie die Distanz zwischen Trieb (des unendlichen Kapitals) und Begehren (des endlichen Subjekts) aufrechterhalten bleibt. In der Singularität verschwimmt diese Distanz jedoch: Das Begehren versinkt im Trieb und die Entfremdung ist voll und unmittelbar spürbar, was uns die Gelegenheit verschafft, sie loszuwerden.

Kehren wir von diesem Punkt aus noch einmal zum Film *Matrix* zurück, der nämlich genau so eine vollkommene Entfremdung zur Aufführung bringt.[37] Die Prämisse des Films ist, dass die Realität, in der wir leben, die von der Matrix inszenierte Scheinrealität, nur besteht, damit wir wirksam auf den passiven Status lebender Batterien reduziert werden können, die die Matrix mit Energie versorgen. Die einzigartige Wirkung des Films beruht also weniger auf dessen Kernthese (was wir als die Wirklichkeit erleben, ist eine künstliche, virtuelle Realität, die von der »Matrix« generiert wird, einem Megacomputer, der direkt mit allen unseren Gehirnen verbunden ist) als vielmehr auf seinem zentralen Bild: Millionen von Menschen, die ein klaustrophobisches Leben in wassergefüllten Zellen fristen und nur am Leben gehalten werden, um die (elektrische) Energie für die Matrix zu erzeugen. Wenn nun (einige wenige) Menschen aus ihrer Immersion in die von der Matrix kontrollierte virtuelle Realität »erwachen«, dann bedeutet dieses Erwachen nicht den öffnenden Schritt in den großen Freiraum der äußeren Wirklichkeit, sondern erst einmal die schreckliche Erkenntnis jenes Geheges, in dem man nur ein fötusartiger, in einem pränatalen Schleim schwimmender Organismus ist … Diese äußerste Passivität ist die *perverse* Phantasie schlechthin, die Vorstellung, dass wir letztlich *Instrumente* der *jouissance* des Anderen (der Matrix) sind, denen wie Batterien die Lebenssubstanz ausgesaugt wird. Damit sind wir beim eigentlichen libidinösen Rätsel dieses Dispositivs: Warum *braucht* die Matrix eigentlich menschliche Energie? Natürlich nicht aus rein energetischen Gründen. Die Matrix hätte problemlos eine andere, verlässlichere Energiequelle finden können, die nicht dieses äußerst komplexen, auf Millionen menschliche Einheiten abgestimmten Arrangements einer virtuellen Realität bedurft hätte. Die einzig schlüssige Antwort lautet: Die Matrix ernährt sich von der menschlichen *jouissance* – womit wir wieder bei Lacans Grundthese wären, dass der große Andere keineswegs eine anonyme Maschine ist, sondern selbst der ständigen Zufuhr von *jouissance* bedarf. Wir sollten mithin den Zustand, den uns der Film präsentiert, umkehren: Was der Film als Szene des Erwachens und Erkennens unserer wahren Situation zeigt, ist in Wirklichkeit das genaue Gegenteil – die fundamentale Phantasie, die unserem Sein zugrunde liegt. Es ist also nicht so, dass wir (die Ausgebeuteten) nicht genießen und nur für den Genuss des Anderen arbeiten – wir genießen sehr wohl (wie das zentrale Bild des Films deutlich zeigt, wo Menschen in einer Art Fötusstellung passiv und stumm genießen) und genau dieses Genießen eignet sich der Andere an – dieser Andere, der das Kapital in der konsumistischen Ausbeutung sein kann, die Bürokratie im Staat, der seine Bürger ausbeutet, oder, entsprechend, die Singularität, die uns ausbeutet, wenn wir unser Eintauchen in sie genießen.

Damit sind wir bei der Paradoxie der Ausbeutung, die in der Matrix zum Tragen kommt. Der Genuss, den die Matrix aus den Individuen saugt, macht diese nicht frei; vielmehr gibt ihnen die Matrix dafür, dass sie sie beständig mit Genuss versorgen, ein immer stärker werdendes Gefühl der Verschuldung: Je mehr Genuss aus den Individuen gesaugt wird, desto größer werden deren Schulden. Die Entfremdung des Subjekts lässt sich aus diesem Grund auch als unendliche Schuld formulieren. In der Entfremdung ist das Subjekt konstitutiv verschuldet, verfolgt von einer Schuld, die es nie zurückzahlen kann, deren Rückzahlung eine endlose Aufgabe ist. Hier besteht eine Homologie zum Staat an sich, denn seit dem Aufkommen des Kapitalismus reproduzieren sich Staaten, indem sie sich verschulden. Dies ist ein schönes Beispiel für die historische Dialektik, in der etwas, das erst heute als solches hervortritt (die allgemeine Verschuldung), als etwas erkannt wird, das im Kapitalismus bereits von Anfang an wirksam war. Marx schrieb: »[M]it dem Entstehen der Staatsverschuldung tritt an die Stelle der Sünde gegen den heiligen Geist, für die keine Verzeihung ist, der Treubruch an der Staatsschuld.«[38] Sind diese Zeilen heute nicht aktueller denn je? Denken wir an die Griechenlandkrise, in der es einzig und allein um Schulden ging und die natürlich mit noch *mehr* Schulden »gelöst« wurde. Diese Verschiebung vom ausgebeuteten Arbeiter zum verschuldeten Individuum hat weitreichende politische Konsequenzen. Sie macht die Entstehung von Klassenbewusstsein, also der Umwandlung der ausgebeuteten Arbeiter zu Proletariern, die sich ihrer revolutionären historischen Rolle bewusst sind, nahezu unmöglich, da ihre Schuldenlast sie individualisiert:

> Der neoliberale Kapitalismus hat einen asymmetrischen Klassenkampf errichtet, den er beherrscht. Es gibt nur eine Klasse, die sich um das Finanzwesen, die Macht des Kredits und das Geld als Kapital versammelt. Die Arbeiterklasse ist keine Klasse mehr. Die Zahl der Arbeiter ist seit den 1970er Jahren weltweit deutlich gestiegen, aber sie bilden keine politische Klasse mehr und werden auch nie mehr eine bilden. Die Arbeiter sind soziologisch und ökonomisch durchaus existent […][39]

– aber nicht mehr als proletarische Klasse. Sie existieren als verschuldete Individuen, die als solche verantwortlich sind – Althussers Formel der Ideologie als Interpellation beziehungsweise Anrufung von Individuen zu Subjekten wird hier umgedreht: Die Ideologie interpelliert Subjekte zu (verschuldeten) Individuen.

Wird die Singularität ebenfalls wie die Matrix funktionieren, als Substanz, die sich von unserem Genießen ernährt? Es gibt dafür gute Argumente. Alle Beschreibungen der Singularität deuten de facto auf eine Struktur der radikalen Entfremdung hin, auf das Aufkommen einer neuen Form des göttlichen großen Anderen, in der das Subjekt vollständig aufgeht, so dass seine Aktivität mit der der Singularität selbst zusammenfällt (was an Lacans Definition der männlichen Mystik als einer perversen Struktur erinnert, in der mein Bild von Gott mit dem Bild Gottes von sich selbst zusammenfällt). Marx schrieb, dass mit der Maschinenindustrie der großen Fabriken die Form der Produktion in ihrer materiellen Realität der kapitalistischen Struktur entspricht. Der Arbeiter ist kein Handwerker mehr, der individuell seine Werkzeuge benutzt, um einen Stoff zu bearbeiten, sondern das Anhängsel einer Maschine, das sich um deren reibungslosen Ablauf kümmert, so wie der Arbeiter ein Anhängsel des Kapitals ist. Ist die Form der Singularität nicht in homologer Weise eine Struktur der radikalen Entfremdung, in der das Subjekt jeglichen Inhalts beraubt wird, einschließlich seines Innenlebens? Wir sollten diese Parallele von Singularität und Kapital weiterverfolgen. Gérard Lebrun spricht von dem »faszinierenden Bild«, das Marx (besonders in den *Grundrissen*) vom Kapitalismus zeichne: »eine monströse Mischung aus der guten und der schlechten Unendlichkeit, der guten Unendlichkeit, die ihre Voraussetzungen und die Bedingungen für ihr Wachstum schafft, und der schlechten Unendlichkeit, die nie aufhört, ihre Krisen zu überwinden, und die ihre Grenze in der eigenen Natur findet.«[40] Tatsächlich findet sich die folgende hegelianische Beschreibung der Zirkulation des Kapitals in Marx' gleichnamigem Hauptwerk:

> In der Zirkulation G-W-G funktionieren [...] beide, Ware und Geld, nur als verschiedne Existenzweisen des Werts selbst, das Geld seine allgemeine, die Ware seine besondre, sozusagen nur verkleidete Existenzweise. Er geht beständig aus der einen Form

> in die andre über, ohne sich in dieser Bewegung zu verlieren, und verwandelt sich so in ein automatisches Subjekt. […] Als das übergreifende Subjekt eines solchen Prozesses, worin er Geldform und Warenform bald annimmt, bald abstreift, sich aber in diesem Wechsel erhält und ausreckt, bedarf der Wert vor allem einer selbständigen Form, wodurch seine Identität mit sich selbst konstatiert wird. Und diese Form besitzt er nur im Gelde. Dies bildet daher Ausgangspunkt und Schlußpunkt jedes Verwertungsprozesses.[41]

Hier gibt es eine Fülle von Verweisen auf Hegel: Im Kapitalismus ist der Wert nicht bloß eine abstrakte, »stumme« Allgemeinheit, keine substanzielle Verbindung zwischen der Vielzahl von Waren; er verwandelt sich vom passiven Tauschmedium in das »Subjekt« des gesamten Prozesses. Er nimmt nicht nur passiv seine beiden Existenzformen (Geld, Ware) an, sondern erscheint als »eine prozessierende, sich selbst bewegende Substanz«;[42] er differenziert sich von sich selbst, setzt seine Andersheit und überwindet diese Differenz dann wieder – die gesamte Bewegung ist *seine eigene* Bewegung. »Statt Warenverhältnisse darzustellen, tritt er […] in ein Privatverhältnis zu sich selbst.«[43] Die »Wahrheit« seines Verhältnisses zu seiner Andersheit ist seine Selbstbezüglichkeit, in seiner Selbstbewegung schafft das Kapital rückwirkend die »Aufhebung« seiner eigenen materiellen Voraussetzungen und verwandelt diese in untergeordnete Momente der eigenen »spontanen Verwertung« – er setzt, mit Hegel zu sprechen, seine eigenen Voraussetzungen. Beachtenswert ist auch die Marx'sche Charakterisierung des Kapitals als »ein automatisches Subjekt«, ein Oxymoron, das lebendige Subjektivität und toten Automatismus miteinander verbindet. Das Kapital ist also ein Subjekt, aber ein automatisches, kein lebendiges – und wieder stellt sich die Frage: Kann Hegel diese »monströse Mischung« denken, einen Prozess der subjektiven Selbstvermittlung und der rückwirkenden Setzung der eigenen Voraussetzungen, der sich sozusagen in einer substanziellen »schlechten Unendlichkeit« verfängt, ein Subjekt, welches selbst zu einer entfremdeten Substanz wird?

Gilt nicht auch hier wieder genau dasselbe für die Singularität, in die wir irgendwann eintauchen werden? Wird sie nicht eine neue Version eines solchen »automatischen Subjekts« sein? Wir sollten diese Parallele zu Ende denken: Ebenso wie die Figur des Kapitals als eines automatischen Subjekts ein ideologisches Phantasma ist (wenn auch eines mit realen sozialen Auswirkungen, die der Bewegung des Kapitals geschuldet sind), ist auch die Figur der Singularität als eines göttlichen Megasubjekts, an dessen Aktivität wir teilhaben, nur ein ideologisches Phantasma. Die Singularität impliziert nicht unsere Entfremdung im (symbolischen/virtuellen) großen Anderen: Die Singularität wird im Realen stattfinden. Aber ist hier, insofern das Subjekt in der Singularität nicht nur aufgehen, sondern auch radikal entfremdet sein wird (weil es, wie wir spekulierten, in ihr als vergänglicher Punkt der reinen Leere überleben wird), nicht »Separation« das Unbewusste selbst als Korrelat des reinen Subjekts ($)? Kurz, ermöglicht uns nicht der virtuelle große Andere selbst, ein Minimum an Trennung vom digitalen großen Anderen zu erreichen? Ist das Symbolische als solches nicht eine minimale Form der Separation?

Das Problem ist natürlich, dass diese beiden Dimensionen (der virtuell/symbolische und der tatsächliche digitale große Andere) im Umgang mit dem digitalen Netzwerk leicht durcheinandergeraten, so dass wir dazu neigen, die Dimension des symbolischen großen Anderen auf die digitale Maschine zu projizieren, die zur materiellen Realität gehört, und sie als »Subjekt, dem Wissen unterstellt wird« zu behandeln (oder auch als Subjekt, das nicht wissen soll, das heißt, als dasjenige, vor dem wir erfolgreich unsere intimen Geheimnisse verbergen). Man könnte sagen, dass diese Verwechslung dasjenige ist, was den

Begriff der Singularität ausmacht: ein materiell existierender großer Anderer, der gleichzeitig ein göttlicher Anderer ist. Diese Verwechslung führt uns in die Nähe der Paranoia. Bei dieser nehme ich den virtuellen Anderen – der, wie Lacan sagt, nicht existiert – als in der Wirklichkeit existierend wahr (in Gestalt meines Verfolgers). Um die Verwirrung zu überwinden, müssen die beiden Dimensionen auseinandergehalten werden, was bedeutet, dass der digitale Andere (das digitale Netzwerk) als das behandelt werden muss, was es ist: eine riesige, dumme Maschine, die blind operiert.

Zusammenfassend lässt sich sagen, dass menschliche Teilnehmer an der Singularität automatisch (als Effekt der spontanen Ideologie) den realen digitalen Anderen (die digitale Maschine, die den Kontakt zwischen verdrahteten Gehirnen und damit unser Eintauchen in die Singularität aufrechterhält) mit dem symbolischen »großen Anderen« verschmelzen – die beiden werden heimlich zur Deckung gebracht, der reale Andere (die digitale Maschine, die unser Eintauchen in die Singularität ermöglicht) wird zum symbolischen großen Anderen erhoben, er wird als Figur der symbolischen Autorität wahrgenommen, als göttlicher Partner oder Raum, in dem ich lebe. Die erste Aufgabe der Ideologiekritik besteht hier daher darin, die Singularität zu desublimieren und die Distanz zwischen den beiden Dimensionen wieder einzuführen, den digitalen Anderen auf die Dummheit einer digitalen Maschine zu reduzieren und ihm die Aura des heimlichen Herren zu nehmen.[44] Kurzum, die Figur der Singularität sollte desublimiert und der Würde eines *Dings* beraubt werden.

Wie aber können wir diese dringende Notwendigkeit, die Singularität zu desublimieren und ihres quasi göttlichen Status zu berauben, mit Tomšičs Vorschlag in Einklang bringen, die Verschiebung von der Verdrängung (die der Ausbeutung zugrunde liegt) zu einer neuen Libidoökonomie ohne repressive

Ausbeutung als Schritt von der Verdrängung zur Sublimierung zu bestimmen? »Die einzig mögliche Veränderung unter dem Regime der Verdrängung ist die Veränderung von Objekten, aber nicht ›die Veränderung des Objekts an sich‹.«[45] Man sollte diesen Zeilen ihre volle hegelianische Würde verleihen und an Hegels Behauptung erinnern, dass sich in der Erfahrung nicht nur unsere Wahrnehmung des Gegenstands ändert, sondern auch der Gegenstand selbst. Wie funktioniert nun also diese Veränderung? Was macht das Subjekt mit dem Objekt? Anstelle der Verdrängung, das heißt der repressiven Verschiebung der libidinösen Besetzung vom einen auf ein anderes Objekt (wie in unserem Beispiel der Zwangshandlungen, wo die libidinöse Besetzung von der unerlaubten Betätigung zum Ritual der Bestrafung für diese Betätigung verschoben wird), vollzieht das Subjekt eine Sublimierung – dasselbe Objekt (in unserem Fall die unerlaubte sexuelle Betätigung) wird »zur Würde des *Dings* erhoben«, des unmöglich-realen Objekts der Begierde.

Um zu begreifen, wie die Ausbeutung durch die Sublimierung überwunden wird, reicht diese Standarddefinition der Sublimierung als Erhebung eines gewöhnlichen Objekts zur Würde eines *Dings* allerdings nicht aus. Am Beispiel der höfischen Liebe hat Lacan treffend gezeigt, wie ein gewöhnliches Objekt (eine Frau) zur Würde des *Dings* erhoben wird: Sie wird zu einem »unmenschlichen Partner«, es ist gefährlich, sich ihr zu nähern, sie ist stets unerreichbar, wobei sich Schrecken und Respekt vermischen. Die Paradoxie des Begehrens wird hier zum Äußersten getrieben, indem die Liebeserfahrung zur endlos aufgeschobenen Tragödie wird. Bei der wahren Liebe hält dagegen die Komödie Einzug: Die Geliebte bleibt zwar ein *Ding*, wird jedoch gleichzeitig »desublimiert« und in ihrer ganzen lächerlichen körperlichen Unvollkommenheit akzeptiert. Hier findet somit ein wahres Wunder statt: Ich kann das *Ding*/die *jouissance* in Händen halten, mich darüber lustig machen, damit spielen und es ohne Einschränkung genießen – oder, wie Lacan es in seinem Seminar über die Angst ausdrückte: »Nur die Liebe erlaubt es dem Genießen, hinabzusteigen zum Begehren.«[46]

Alenka Zupančič hat diesen rätselhaften Satz überzeugend dahingehend gedeutet, dass die Sublimierung in der Komödie der Liebe paradoxerweise ihr Gegenteil, die Desublimierung, mit einschließt – du bleibst das *Ding*, aber ich kann dich gleichzeitig zu meinem Vergnügen benutzen: »Den anderen lieben und die eigene *jouissance* begehren; ›die eigene *jouissance* zu begehren‹ ist wahrscheinlich am schwierigsten zu bewerkstelligen, weil das Genießen Mühe damit hat, als Objekt zu erscheinen.«[47] Man sollte nicht davor zurückschrecken, konkret und drastisch darzustellen, worauf dies hinausläuft: Ich liebe dich, und ich zeige es dadurch, dass ich dich nur zu meinem Vergnügen ficke, wobei ich dich einfach zum Objekt mache – auf diese Weise werde ich nicht mehr dadurch ausgenutzt, dass ich dem Genießen des Anderen diene. Wenn ich mir ständig Gedanken darüber mache, ob du es auch genießt, ist es keine Liebe. »Ich liebe dich« heißt: Ich möchte als Objekt zu deinem Vergnügen benutzt werden. Der ganze katholische Quatsch darüber, dass die Missionarsstellung beim Sex zu bevorzugen sei, weil die Liebenden sich dann zärtliche Worte zuflüstern und spirituell kommunizieren können, ist zurückzuweisen; auch Kant enttäuscht hier, wenn er schreibt, im Geschlechtsakt werde der Partner auf ein bloßes Mittel zu meiner Befriedigung reduziert. Die Selbstobjektivation ist *der* Liebesbeweis schlechthin, denn benutzt zu werden findet man nur dann erniedrigend, wenn keine Liebe da ist. Das eigene Genießen sollte nicht einmal durch die Tendenz eingeschränkt werden, meinem Partner zu ermöglichen, gleichzeitig mit mir zum Orgasmus zu kommen – Brecht hatte ganz recht, als er in seinem Gedicht »Orges Wunschliste« die ungleichzeitigen Orgasmen mit aufnahm: »Von den Mädchen, die neuen / Von den Weibern, die ungetreuen. / Von den Orgasmen, die ungleichzeitigen. / Von den Feindschaften, die beiderseitigen.«[48]

In einem anderen Sinn scheint es jedoch zwei Sublimierungen zu geben: eine »gute« (bei der das Objekt sublimiert wird, statt es der Verdrängungsarbeit zu überlassen) und eine »schlechte«, bei der das Kapital (oder die Singularität) sublimiert (zur Würde des *Dings* erhoben) und damit zu einem göttlichen *Ding*, einem transhumanen Monster wird, das sich durch uns und unser Tun automatisch reproduziert. Es besteht ein feiner Unterschied zwischen den beiden: Bei der »schlechten« Sublimierung wird kein konkretes Libidoobjekt oder eine libidinöse Praxis sublimiert, sondern der globale Raum der entfremdeten Macht, die unser Leben kontrolliert und uns – libidinös und/oder ökonomisch – ausbeutet. Um diese Unterscheidung zwischen den zwei Modi der Sublimierung zu erklären, müssen wir die Verschiebung von der Verdrängung zur Sublimierung weiter spezifizieren, die Tomšič als Verschiebung vom Unendlichen (Substanz), das sich parasitär an das Endliche (Individuen/Subjekte) anheftet, zum Unendlichen als Beugung des Endlichen (Subjekt) beschreibt: »Wenn die Verdrängung für einen Parasitismus des Unendlichen am Endlichen und für die Ausnutzung der Entfremdung des Subjekts steht, so beruht die Sublimierung auf einem umgekehrten Parasitismus, dem des Endlichen am Unendlichen«[49] – bei diesem Parasitismus geht es darum, dass ein endliches, gewöhnliches Ding das unendliche *Ding* parasitiert. Bei der »schlechten« Sublimierung werden also einzelne Objekte nicht zur Würde des *Dings* erhoben, sondern lediglich auf einen verschwindenden Augenblick in der ewigen Kreisbewegung des *Dings* reduziert, die von einer Erscheinungsform zur nächsten übergeht, während bei der »guten« Sublimierung ein einzelnes Objekt in seiner ganzen Endlichkeit für das *Ding* steht, das heißt, das Unendliche parasitiert. Es ist wie bei der Liebe, wo eine einzelne, gewöhnliche Person mit all ihren

Fehlern zum unerschütterlichen Fixpunkt meiner libidinösen Besetzung wird. Die beiden Formen der Sublimierung sind aus der Tradition bestens bekannt: Die »schlechte« ist die der althergebrachten Weisheit – alle Phänomene vergehen, das einzige reale *Ding* ist der Abgrund, in dem alles, was ist, verschwindet; die gute wird dagegen am besten von der christlichen Idee der Liebe eingefangen, einer Liebe, die vehement ein einzelnes Subjekt bevorzugt, die ausschließend ist und die ein extremes Ungleichgewicht in die Welt bringt.

Die Formel des umgekehrten Parasitismus ist allerdings in sich unzureichend. Die kapitalistische Produktion um der Produktion willen funktioniert nur, wenn sie von den Arbeitern als Produktion zur Befriedigung ihrer Bedürfnisse, als äußerlich teleologisch, empfunden wird. Es ist daher die kapitalistische parasitäre Ausnutzung des Endlichen (Arbeiter) durch das Unendliche (Kapital), das den Arbeiter »verendlicht«. Im Kommunismus wird nicht einfach das Endliche das Unendliche parasitieren, es wird vielmehr ein anderes Unendliches geben – das Unendliche ist das Subjekt selbst, die Schleife seiner sich selbst steigernden Produktivität, und vergessen wir nicht, dass das Subjekt seinem Begriffe nach ein singuläres Etwas ist, ein Eines, das die Mannigfaltigkeit der Realität ausschließt. Aus diesem Grund ist die »Produktion um der Produktion willen« und nicht, um die Bedürfnisse der Arbeiter zu befriedigen, nicht nur eine Form der kapitalistischen Entfremdung, sondern definiert auch den Kommunismus, in dem die Produktion um ihrer selbst willen geschieht, zur Erfüllung unserer kreativen Potenziale. Das Problem mit der »schlechten« Sublimierung besteht, mit anderen Worten, darin, dass das Unendliche, das sich parasitär an vergängliches Endliches anheftet, ein Beispiel dessen ist, was Hegel »schlechte Unendlichkeit« nennt.

Wenn wir über die Entfremdung hinausgehen, hat die Subjektivität (deren singuläre Kraft der Negativität) natürlich volle Geltung, aber nicht im üblichen »Hegel'schen« Sinne, der Marx als Vorbild diente (ein Subjekt eignet sich die entfremdete Substanz wieder an und erkennt sie als sein eigenes Werk an); bei der Ent-Entfremdung kommt es vielmehr nur zu einer Verdopplung der Entfremdung (Alienation), die Lacan als Separation bezeichnet. Was wird hier wovon separiert, wenn doch die Alienation schon für die Trennung des Anderen vom Subjekt steht (welches auf diese Weise ebenfalls dezentriert ist, von sich selbst getrennt, und dessen Gravitationszentrum außerhalb seiner selbst liegt)? Der große Andere wird von sich selbst getrennt, er wird entsubstanzialisiert, inkonsistent, verliert die Grundlage, dreht sich im Kreis und wird von Antagonismen durchkreuzt. Wir begegnen hier wieder dem Hegel'schen Thema der Ungleichheit: Verdopplung der Alienation bedeutet, dass die Ungleichheit des Subjekts mit der Substanz in die Substanz selbst, als deren Ungleichheit mit sich selbst, zurückgespiegelt wird.

Die Unterscheidung von Alienation und Separation zwingt uns auch dazu, unser Vorgehen gegen die drohende Umweltkatastrophe zu überdenken. Um der ökologischen Bedrohung richtig zu begegnen, so hört man oft, müssten wir uns vom »Anthropozentrismus« distanzieren und uns selbst (die Menschheit) als untergeordnetes Element in der großen Kette des Seins begreifen: Wir sind nur eine Spezies auf diesem Planeten, aber durch unser rücksichtsloses Ausbeuten seiner Ressourcen stellen wir (die Menschheit) eine Gefahr für unsere Mutter Erde dar, die uns dafür mit globaler Erwärmung und anderen ökologischen Bedrohungen bestraft ... Über diese Sicht kann man nur lachen. Nicht die Erde, *wir* sind in Schwierigkeiten; der Erde ist das gleichgültig, sie hat schon viel schlimmere Katastrophen überlebt als die mögliche Selbstzerstörung einer ihrer Arten. Was bedroht ist, ist *unsere* Umwelt, *unser* Habitat, das einzige, in dem wir leben können. Vom imaginären Standpunkt der Erde aus und für das globale Ökosystem wäre es viel besser, wenn wir (die Menschheit) verschwinden würden; was in der »ökologischen Krise« in Gefahr ist, ist also *unser* Überleben, das Überleben unserer Gesellschaft. Darin liegt der versteckte Anthropozentrismus solcher antianthropozentrischen Sichtweisen. Worum es uns trotz des ganzen Geredes darüber, die Interessen der Erde über unsere eigenen stellen zu wollen, in Wahrheit geht, ist unser Überleben und Wohlbefinden (und wir wollen eine Umwelt, die das gewährleistet). Was in der Umweltdebatte wirklich auf dem Spiel steht, sind gesellschaftspolitische Fragen. Ökologie bedeutet nicht, dass wir uns um die Natur kümmern müssen, sondern es geht darum, die Gesellschaft so umzubauen, dass sie optimale Bedingungen für unser Wohlbefinden bietet. Greta Thunberg hat dies genau erkannt. Wenn sie sich auf die Wissenschaft beruft (und Politiker ermahnt, auf die Wissenschaft zu hören), dann richtet sie sich eben an Politiker, nicht an Wissenschaftler. Ihr Ziel ist nicht die Überwindung der Politik, die Entpolitisierung; sie will vielmehr zur Entstehung einer neuen Politik beitragen, einer Politik, die tatsächlich universell ist, die sich an uns alle richtet, die uns aber (wie es sich für jede Politik gehört) auch trennt (sprich: gegen diejenigen angeht, die die Gefahr einer Umweltkatastrophe leugnen). Der ökologische Kampf ist Politik in ihrer radikalsten Form.[50] Eine weitere Version universeller Politik, die mit den Namen Assange, Snowden und Manning verknüpft ist und die man als »Spionage für das Volk« bezeichnen könnte, ist das Öffentlichmachen problematischer Staatsgeheimnisse. In Bezug auf den eigenen souveränen Staat ist ein solches Vorgehen »Verrat« und deshalb ist es per definitionem universell, das heißt ein »Verrat« an der Treue zum eigenen Staat.

Greta hat sich in den letzten Monaten verändert. Aus dem naiven, unschuldigen Mädchen, das aussprach, dass der Kaiser nackt ist, ist eine lächelnd-aggressive, scharfzüngige Dämonin geworden; ihre Botschaft bleibt freilich dieselbe, einfach und wiederholt. Man sollte sich hier an Kierkegaards wunderbaren kurzen Text »Über den Unterschied zwischen einem Genie und einem Apostel« erinnern, in dem er das Genie als jemanden definiert, der fähig ist, zu artikulieren/auszudrücken, »was in ihm mehr ist als er selbst«, seine geistige Substanz, während der Apostel »für sich genommen« vollkommen unwichtig ist; er ist ein reiner Funktionsträger, der sein Leben der Bezeugung einer unpersönlichen Wahrheit gewidmet hat, die über ihn hinausgeht. Er ist ein Bote, der (durch Gnade) auserwählt wurde. Er besitzt keine inneren Eigenschaften, die ihn für diese Rolle besonders qualifizieren würden. Lacan erwähnt in diesem Zusammenhang einen Diplomaten, der als Vertreter seines Landes dient. Dessen persönliche Eigenheiten sind irrelevant; alles, was er tut, wird als Botschaft seines Landes an das Land, in dem er eingesetzt ist, interpretiert – wenn er bei einer großen diplomatischen Konferenz hustet, wird dies als vorsichtige Andeutung der Zweifel seines Landes an den auf der Konferenz diskutierten Maßnahmen gedeutet und so weiter. Lacans paradoxe Schlussfolgerung lautet, dass das Freud'sche »Subjekt des Unbewussten« (beziehungsweise das, was Lacan das »Subjekt des Signifikanten« nennt) die Struktur von Kierkegaards Apostel aufweist: Es ist Zeuge einer »unpersönlichen« Wahrheit. Ist nicht das, was uns in der Hysterie begegnet, nichts anderes als ein »Wahrheitskörper«? In den körperlichen Symptomen, die aus der hysterischen »Konversion« resultieren, wird der unmittelbare organische Körper von einer Wahrheit befallen, vereinnahmt, in einen Träger der Wahrheit verwandelt, einen Raum/eine Oberfläche, in den/auf die die Wahrheiten (des Unbewussten) eingeschrieben werden – die Hysterie ist das ultimative Beispiel für Lacans Ausspruch *»c'est moi, la verité, qui parle«* [»Ich, die Wahrheit, ich spreche.«[51]]. Der Körper wird, wie im Fall des Kierkegaard'schen Apostels, als in seiner unmittelbaren Realität indifferent aufgehoben, er wird als Medium der Wahrheit übernommen. Auch

Greta ist kein kreatives Genie, sondern Apostelin einer Wahrheit. Sie verkündet keine genialen neuen Einsichten, sondern wiederholt nur immer wieder aufs Neue dieselbe einfache Botschaft. Über Politiker sagte sie: »Wir sind nicht auf die Straße gezogen, damit ihr Selfies mit uns machen und uns sagen könnt, dass ihr bewundert, was wir tun [...]. Wir Kinder tun das, um die Erwachsenen aufzuwecken [...].[52] So spricht eine wahre Apostelin, die sich immer wieder in den Hintergrund zurückzieht, weil sie genau weiß, dass der Fokus auf sie, auch wenn sie gefeiert wird, von ihrer eigentlichen Botschaft ablenkt.

Es mag den Anschein haben, dass eine solche apostolische Position ein ganz klarer Fall von Entfremdung ist. Der Apostel ist ein Subjekt, das sich, in einem Akt radikaler Kenosis, seines gesamten selbstdarstellerischen Inhalts entleert, um als passiver Überbringer der Botschaft des großen Anderen zu dienen. Man muss jedoch durch diesen Nullpunkt gehen, um die Inkonsistenz und Selbstblockade des großen Anderen erkennen zu können, das heißt, um ans Licht zu bringen, dass die Wahrheit selbst, die durch mich spricht, nichtganz und von einer immanenten Unmöglichkeit durchzogen ist. Wenn Greta uns auffordert, auf die Wissenschaft zu hören und sie ernst zu nehmen, dann bedeutet das nicht, dass die Wissenschaft auch die politischen Antworten darauf geben kann, was wir tun sollen. Die Wissenschaft lässt uns die Konturen der Sackgasse erkennen, in der wir stecken (die katastrophalen ökologischen Auswirkungen unserer wirtschaftlichen Entwicklung und so weiter), es gibt aber keine »wissenschaftliche Politik« – wenn wir diesen Slogan hören, müssen wir zu Recht mit den schlimmsten Formen von Manipulation und Beherrschung rechnen. Politik ist im radikalsten Sinne subjektiv, während die Wissenschaft – wie Lacan es ausdrückte – die Dimension des Subjekts ausschließt. Die Wissenschaft, auf die wir hören sollten, ist kein neutrales Heilsinstrument; wir sollten sie vielmehr überwinden und lernen, über ihren Horizont hinaus zu denken. Greta ist keine Totalitaristin, die als Werkzeug des wissenschaftlichen großen Anderen fungiert, sondern sie präsentiert wissenschaftliche Daten als Basis, von der aus wir ein neues emanzipatorisches Projekt erarbeiten und danach handeln müssen.

Das bedeutet auch, dass wir einen Begriff der Entfremdung brauchen, der über die marxistische Version hinausgeht. Die Parallele zwischen der Entfremdung im Signifikanten und der kapitalistischen Entfremdung, von der Marx spricht und die sich auf den Warenfetischismus und die Aneignung von Mehrwert bezieht, ist also irreführend. Um es so weit wie möglich zu vereinfachen, könnte man sagen, dass die Entfremdung des Subjekts im Signifikanten konstitutiv für das Subjekt ist, während die kapitalistische Entfremdung eine bestimmte historisch begrenzte Produktionsweise kennzeichnet. (Wenngleich der Kapitalismus für Marx nicht nur eine unter mehreren Produktionsweisen ist, sondern eine Ausnahme darstellt, die als symptomaler Punkt der gesamten Geschichte wirkt und als solcher von universeller Bedeutung ist.) Die Entfremdung im Signifikanten und im Unbewussten wird nie beseitigt werden, solange wir es mit Subjektivität zu tun haben; der Kapitalismus kann dagegen beseitigt werden, weshalb die Parallele zwischen »Wo es war, soll ich werden« (das Subjekt eignet sich seine unbewusste Substanz an) und dem proletarischen Kampf gegen das Kapital (und für die Aneignung der sozialen Substanz) den entscheidenden Punkt verfehlt. Kommunismus ist kein endloser Prozess zur Überwindung des Kapitalismus, so wie die Psychoanalyse nie das Unbewusste beseitigt. Natürlich wird der Kommunismus kein perfekter Zustand menschlicher Erfüllung sein; er wird seine eigenen Antagonismen hervorbringen, allerdings werden diese von anderer Qualität sein als die kapitalistischen. Außerdem führen sie nicht dazu, dass der Kommunismus ein endloses, unvollendetes Projekt ist, ein Ziel, das wir nie erreichen werden. Der Kommunismus wird durch diese Antagonismen in genau derselben Weise definiert werden, wie der Kapitalismus durch seine spezifischen Antagonismen definiert ist.[53]

Marx' »hegelianischer« Plan eines kollektiven Subjekts, das sich die entfremdete historische Substanz aneignet, scheitert, weil er die Dimension des symbolischen großen Anderen außer Acht lässt. Seine Vision einer selbsttransparenten Gesellschaft ist die Vision einer Gesellschaft ohne großen Anderen. Marx bestimmt das Proletariat als substanzlose Subjektivität (ein auf seine pure Arbeitskraft reduzierter Arbeiter, dem sein gesamter Substanzgehalt vom Kapital genommen wurde), doch diese substanzlose Subjektivität läuft laut Marx auf einen Moment der äußersten Entfremdung zu, der die revolutionäre Umwälzung ankündigt, durch die sich das kollektive Subjekt seine entfremdete Substanz wieder aneignet. Bei Hegel und Lacan ist das substanzlose Subjekt dagegen das Subjekt an sich, dessen konstitutive Negativität, und die einzige Möglichkeit, wie es die Entfremdung von seiner Substanz »überwinden« kann, besteht darin, von der Alienation zur Separation überzugehen, sprich: sich als Effekt des Risses, der Ungleichheit in der Substanz selbst wahrzunehmen – Subjekt bedeutet, dass die Substanz schon von sich selbst entfremdet ist.

Man kann sich leicht vorstellen, warum die sowjetischen Technognostiker von etwas wie der Singularität träumten – die Singularität erscheint wie eine karikaturhafte Verwirklichung des Kommunismus: Alle Menschen versinken in einem großen Geist, es gibt keine Individualität, alles wird geteilt und ist transparent … man fühlt sich zwangsläufig an das kodierte Kommunismus-Bild aus den Science-Fiction-Wahnvorstellungen der 1950er Jahre über die Invasion von Körperfressern erinnert. Die eindringenden Aliens, die die Kontrolle über unsere Körper übernehmen, werden dort dargestellt wie Ameisen, die keine Individualität besitzen und vollkommen von einem Zentralgehirn gesteuert werden. Die Singularität steht also für die völlige Entfremdung des Subjekts in der Substanz, wobei die Substanz ihren mysteriösen transzendenten Charakter verliert und zu einem Feld der Transparenz wird, einem Gott, der definitiv nicht verborgen ist. Was die Singularität verspricht, ist im klassischen Marx'schen Kosmos undenkbar: einen sozialen Raum, der transparent ist, vollkommen immanent und nicht mehr von einem entfremdeten großen Anderen heimgesucht wird. Kurz: In der Singularität fällt die extreme Entfremdung (des Subjekts in der Substanz) mit der Selbstabschaffung der Entfremdung zusammen.

Die Aussicht auf die Singularität eröffnet eine einzigartige Chance, die Entfremdung im Signifikanten ohne die kapitalistische Entfremdung wieder geltend zu machen. Sobald es um die Aussicht auf die Singularität geht, besteht die Aufgabe der Befreiung paradoxerweise nicht mehr darin, die Entfremdung zu beseitigen – dies wird in einer perversen Weise in der Singularität schon geschehen sein –, sondern im Gegenteil darin, *die Entfremdung im großen Anderen als konstitutiv für die Subjektivität wiedereinzurichten.* Es geht nicht mehr um das Projekt »Wo es war, soll ich werden« und darum, das Unbewusste zu beseitigen/sich anzueignen, sondern darum, ebenjenen von der Singularität bedrohten Raum des Unbewussten zu öffnen.

Auf einer allgemeineren Ebene sollten wir nicht vergessen, dass die Aussicht auf verdrahtete Gehirne perfekt zum wachsenden Trend der Indiskretion passt. Die schwangere australische Pornodarstellerin Tyi Starr hat angekündigt, ein Video der Geburt ihres Kindes zu verkaufen, und findet ihr Vorgehen weder »falsch« noch sieht sie einen Grund, sich dafür zu verteidigen.[54] Wenn verdrahtete Gehirne auf einer individuellen Basis entwickelt werden (ich entscheide, mit wem ich mich verbinde), kann man unschwer den nächsten Schritt voraussagen: das Teilen von Geburtserfahrungen ... Einige »radikale« Cis-Feministinnen werden diese Geste wahrscheinlich als Schritt zu einer »Entmystifizierung« der Vagina feiern, weil sie uns bewusst macht, dass diese nicht nur das ultimative Objekt der sexuellen Begierde ist, sondern auch andere Funktionen hat – man kann allerdings auch argumentieren, dass Starrs Geste genau das Gegenteil erreicht, indem sie den Akt des Gebärens sexualisiert. Starr hat recht, wenn sie findet, dass an ihrem Vorhaben nichts »falsch« ist; man sollte nur hinzufügen, dass die übliche Darstellung des Geschlechtsakts in Hardcore-Pornos, an die wir alle gewöhnt sind, viel schamloser und aufdringlicher ist als eine Darstellung des Gebärvorgangs.

Wie unsere Haltung dazu auch sein mag, das Wichtigste ist, den wachsenden Hang zu einer radikalen Indiskretion zu beachten, der hinter Starrs Handeln steht. Welche Sprengkraft dieser Trend in sich birgt, verdeutlicht ein Zitat von Peter Sloterdijk: »Mehr Kommunikation bedeutet zunächst vor allem mehr Konflikt.«[55] Sloterdijk hat daher recht, wenn er sagt, dass die Haltung des »Einander-Verstehens« mit der des »Einander-aus-dem-Weg-Gehens« ergänzt werden muss und dass wir einen neuen »Code der Diskretionen« brauchen. Der Grund dafür, dass es der europäischen Zivilisation leichter fällt, unterschiedliche Lebensweisen zu tolerieren, ist genau das, was ihre Kritiker in der Regel als ihre Schwäche und ihr Versagen diskreditieren, nämlich die Entfremdung des Soziallebens. Entfremdung heißt unter anderem, dass Distanz zur sozialen Textur des Alltagslebens immer dazugehört: Auch wenn ich mit anderen Seite an Seite lebe, ignoriere ich sie im Normalfall. Es ist mir erlaubt, anderen nicht zu nahe zu kommen. Ich bewege mich in einem sozialen Raum, in dem ich bei meinen Interaktionen bestimmte äußere »mechanische« Regeln beachte, aber ohne die Innenwelt der anderen zu teilen. Vielleicht müssen wir lernen, dass ein gewisses Maß an Entfremdung für das friedliche Miteinander verschiedener Lebensweisen mitunter unverzichtbar ist. Manchmal ist Entfremdung nicht das Problem, sondern die Lösung, besonders angesichts der Aussicht auf die vollkommene Indiskretion in der Singularität.

Außerdem ist hier noch ein weiteres Paradoxon am Werk: Weil die auf die Spitze getriebene Entfremdung in der Singularität mit ihrer eigenen Abschaffung zusammenfällt, *ist die einzige Möglichkeit, die Entfremdung zurückzubringen, die Separation* als die Operation, die der Entfremdung logisch folgt und entgegenwirkt, das heißt, die Entfremdung des Subjekts vom großen Anderen muss in den großen Anderen selbst verschoben werden.

Das Ende der Geschichte

Wird das Aufkommen der Singularität das Ende der Geschichte bedeuten und, wenn ja, in welchem Sinne? Bevor wir uns dieser Frage widmen, müssen wir zunächst zwischen eigentlicher Historizität oder Geschichtlichkeit und Historismus unterscheiden. Der eben skizzierte Unterschied zwischen den beiden Modi der Überwindung der Entfremdung – der Separation und der einfachen humanistischen Vorstellung der Ent-Entfremdung als Rückkehr zu irgendeiner wiederhergestellten Einheit – kann uns hier nützlich sein, insofern er uns die Gefahr einer vorschnellen Historisierung vor Augen führt. Der Unterschied zwischen der eigentlichen Geschichtlichkeit und dem bloßen Historismus lässt sich auch anhand von Lacans »Formeln der Sexuierung« erläutern. Der Historismus ist dabei eindeutig männlich: Die gesamte soziale Wirklichkeit ist letztlich kontingent und unter historisch spezifischen Umständen konstruiert, es gibt keine transhistorischen Essentials, die Grundform der Ideologie ist die Verewigung irgendeines historisch spezifischen Inhalts … – ein solcher historistischer Ansatz nimmt jedoch die eigene Haltung vom Bereich des historischen Relativismus aus und verallgemeinert sie stillschweigend, das heißt, der Historismus wendet denselben Geschichtsbegriff auf alle historischen Epochen an.

Wir können diese Ausnahme kenntlich machen, indem wir eine einfache Frage bezüglich der antiessenzialistischen These stellen, dass alle Formen sozialer Identität kontingente Konstrukte seien: Wenn Befürworter der Gendertheorie sagen, dass jede Geschlechtsidentität ein kontingentes historisches Konstrukt sei, gilt dies dann gleichermaßen für unsere spätkapitalistischen Gesellschaften wie für prähistorische Stammes- oder Jägergesellschaften? Lautet die Antwort ja, so müssen wir annehmen, dass wir in privilegierten Zeiten leben, in denen die historische Kontingenz jeder Identität offensichtlich wurde, das heißt, wir werden dabei ertappt, unsere eigene Epoche zu privilegieren. Im Gegensatz zum Historismus ist das Grundmerkmal der echten Geschichtlichkeit, dass sie im Sinne von Lacans Formeln der Sexuierung weiblich ist: Sie beseitigt diese Ausnahme, das heißt, sie relativiert ihre eigene Position und historisiert so ihren eigenen Geschichtlichkeitsbegriff. In diesem Sinne ist Hegel ein radikaler Vertreter der Historizität: Für ihn verändert sich mit jeder historischen Epoche auch der universelle Geschichtsbegriff. Ein solcher Ansatz lässt keine Ausnahme zur Historizität zu und ist aus diesem Grund »nichtganz«. Es gibt nicht den einen, universellen Geschichtlichkeitsbegriff, weil dieser Begriff selbst dem historischen Wandel unterworfen ist.

Wie verhält sich nun diese Unterscheidung in Bezug auf die Historisierung unserer Grundvorstellung des Menschseins? Bei seiner Darstellung der Implikationen der radikalen Historisierung der analytischen Klinik verweist Gabriel Tupinambá passenderweise auf Kants Unterscheidung zwischen verneinendem Urteil (das ein Prädikat negiert, zum Beispiel »er ist nicht tot«) und unendlichem Urteil (das ein negatives Prädikat bejaht, wie »er ist untot«). In der gleichen Weise formuliert Tupinambá die

Unterscheidung zwischen der Verneinung positiver Universalien und der Bejahung negativer Universalien:

> Betrachtet man nur den strukturellen Aspekt, könnte Freuds Untersuchung einfach wie eine Verneinung positiver Universalien erscheinen – ein Schritt, der unproblematisch klinische Praxis und metapsychologische Theorie einbindet – und dementsprechend als ein recht statischer Prozess, der lediglich den Analytiker und seine subversive Position betrifft. Was in diesem Bild jedoch fehlt, ist die essenzielle Dynamik, durch die der Widerspruch zuvor geltender universeller Behauptungen unser Verständnis dafür bereichert, wie man neuen Patienten zuhören kann: eine Transformation dessen, was im Raum des Möglichen als unveränderlich gilt und daher eine Affirmation negativer Universalien – im Raum der subjektiven Lösungen für die Sexuierung könnte es mehr Unterschiede geben als wir uns bisher vorgestellt haben.[56]

Ich stimme diesem Gedanken voll und ganz zu, allerdings würde ich ihn etwas anders interpretieren. Für Tupinambá bedeutet die Bejahung negativer Universalien einfach, dass man die historistische Relativierung zu Ende führen und den Variationsraum erweitern sollte, während in meiner Lesart eine solche Relativierung schon mit der »Verneinung positiver Universalien« vollzogen wird, die in dem gefangen bleibt, was Hegel »schlechte Unendlichkeit« nennt. Sie ist in ihrer Überdynamisierung selbst »statisch«, ein Prozess, der seinen Höhepunkt im »postmodernen« historischen Relativismus fand: Jede positive Allgemeinheit wird »dekonstruiert« und es wird gezeigt, wie vorurteilsbehaftet die Universalität jeweils ist, wie sie insgeheim einen Inhalt privilegiert und verewigt, der eine kontingente historische Variable ist. Wir dürfen allerdings nicht vergessen, dass Historisierung auch ideologisch sein kann, nicht nur, weil sie ein historisierendes Verfahren (das eindeutig in unserer Zeit wurzelt) auf alle Epochen anwendet, sondern vor allem dann, wenn sie ein Grundmerkmal eines bestimmten Bereichs auf eine historische Variable reduziert.

In diesem Sinne richtet sich Fredric Jameson gegen die (einst angesagte) Vorstellung der »anderen Modernitäten«, der Behauptung also, dass unsere westliche liberal-kapitalistische Moderne nur einer von mehreren Wegen zur Modernisierung sei und dass auch andere möglich seien, welche die Sackgassen und Widersprüche unserer Modernität vermieden. Sobald wir uns vergegenwärtigen, dass »Modernität« letztlich ein Codename für den Kapitalismus ist, wird schnell klar, dass hinter einer solchen historischen Relativierung unserer Moderne der ideologische Traum eines Kapitalismus steckt, der seinen konstitutiven Antagonismus vermeidet – war nicht der Faschismus das Musterbeispiel einer alternativen Modernität? In strikt homologer Weise eröffnet auch die Reduzierung der Ausweglosigkeiten der Sexualität auf eine spezifische historische Konstellation (etwa das westliche Patriarchat) den Raum für die Utopie einer vollen Sexualität ohne deren Verfahrenheiten und Perversionen, die, wie Freud gezeigt hat, schon dem Begriff innewohnen. Der Ausweg aus der ideologischen Sackgasse besteht darin, die Verneinung positiver Universalien mit der Bejahung negativer Universalien zu ergänzen, das heißt mit einer für das gesamte Feld konstitutiven Unmöglichkeit: Ja, es stimmt, dass alle positiven Universalien relativ, instabil und wandelbar sind, der Grund ist aber nicht einfach die Dynamik und Wandelbarkeit der Realität. Jede positive Formation ist ein Versuch, mit demselben zugrundeliegenden Antagonismus fertig zu werden, und was Veränderungen in Gang setzt, ist das letztliche Scheitern all dieser Versuche, den Antagonismus aufzulösen. Eine von Lacans negativen Universalien lautet »es gibt kein Geschlechterverhältnis«, was bedeutet, dass es nicht reicht, auf die immanente Instabilität und den historischen Charakter der traditionellen Geschlechterbinarität hinzuweisen – man muss auch sagen, dass jede bestimmte Form von geschlechtlicher Beziehung, wie offen und flexibel sie auch sein mag, daran scheitern wird, die Unmöglichkeit zu überwinden, die für die menschliche Sexualität konstitutiv ist.

Es ist daher wichtig, im Auge zu behalten, dass die ideologische Beschränkung in zwei entgegengesetzten Richtungen wirkt. Ideologie ist nicht nur die Verewigung einer spezifischen historischen Situation, sondern Ideologie bedeutet auch, dass etwas, das konstitutiv für das gesamte Feld ist, auf ein spezifisches kontingentes Merkmal reduziert wird. Ideologie bedeutet nicht nur, dass der Kapitalismus zur geeignetsten und vernünftigsten Wirtschaftsordnung erhoben wird, sondern auch, dass die Krisen und Antagonismen, die den Kapitalismus kennzeichnen, als bloße Abweichungen aufgrund bestimmter kontingenter Ursachen abgetan werden, einhergehend mit der Idee, dass ein anderer Kapitalismus möglich wäre, der solche Krisen und Antagonismen vermeidet. Und diese Unterscheidung ist auch von entscheidender Bedeutung, wenn man zu verstehen versucht, wie sich die Tatsache eines verdrahteten Gehirns auf uns auswirkt. Sie zwingt uns nicht nur, unsere Form der Subjektivität zu historisieren, sondern auch, der Versuchung zu widerstehen, uns – wie beim Traum von einer anderen Moderne – einfach eine andere Form von Bewusstsein vorzustellen, so als bekämen wir mit dem verdrahteten Gehirn dasselbe Bewusstsein wie jetzt auch, nur ohne die Beschränkungen der Endlichkeit, als handelte es sich also bei der Posthumanität bloß um eine erweiterte, auf ein höheres Niveau gehobene Humanität.

Wir können nun erkennen, warum die Aussicht auf die Singularität aktuell der Hauptkandidat für das Ende der Geschichte ist: Nach ihr wird der Rest keine Geschichte mehr sein – zumindest nicht die Geschichte, wie wir sie kennen und erfahren haben. Dies führt uns nun wieder zurück auf Hegel'sches Territorium, denn Hegel ist *der* Philosoph des Endes der Geschichte schlechthin – das Ende der Geschichte in der Singularität erscheint allerdings zwangsläufig als etwas völlig anderes als Hegels Vorstellung von diesem Ende. Können wir demnach bei Hegel etwas darüber lernen? Wir sollten vielleicht mit einer Aporie im Kern von Hegels Idee vom Ende der Geschichte beginnen.

Die Historisierung der eigenen Position ist ein beständiges Problem für Hegel – es ist, als ob ihm die richtigen Begriffe zu ihrer Formulierung fehlten. Er besteht zwar auf der Schließung des absoluten Wissens, fügt allerdings oft merkwürdige Einschränkungen wie »einstweilen« oder Ähnliches hinzu. Wie wird nun also das absolute Wissen historisiert? Kann Hegel die historische Begrenztheit seiner eigenen Position denken? In gewissem Sinne muss die Antwort natürlich nein lauten. Die Historisierung der eigenen Position bedingt, dass man irgendwie auf die eigenen Schultern klettern und sich von außen betrachten kann, so dass man die eigene Relativität erkennt; das absolute Wissen wäre somit die notwendige Konsequenz der radikalen Selbsthistorisierung. Aber, um es auf brutal naive Weise zu formulieren: Liefert Hegels Logik wirklich die definitive (und in diesem Sinne ahistorische) Matrix aller möglichen Rationalitätsmodi? Erfordert nicht die Quantenphysik eine Reihe von Kategorien, die sich bei Hegel nicht finden? Was sollen wir also heute tun – uns einfach weiter auf die Struktur von Hegels Logik verlassen oder sie umschreiben und neue Kategorien einführen? Mit einem kritischen Seitenhieb auf meine Position zu diesem Thema schreibt McGowan, Hegels Behauptung über das Ende der Geschichte sei

> stärker als ein Eingeständnis, dass sich das Ende der Geschichte uns als historischen Subjekten ständig aufdrängt. Hegel glaubt stattdessen, dass wir nie über die Erkenntnis hinausgelangen werden, dass alle frei sind, die sich im modernen Europa (ebenso wie in Nordamerika und Haiti) durchsetzt. Das heißt nicht, dass es keine bedeutenden historischen Ereignisse mehr geben wird

oder keine neuen Wege zur Artikulation der Freiheit mehr entdeckt werden können – wie zum Beispiel eine neue Form des Kommunismus. Doch für Hegel findet die Geschichte als Feld zur Entfaltung neuer Einsichten in das Dasein ihren Abschluss mit der Anerkennung der universellen Freiheit, die sich mit der Entwicklung der Moderne und der Französischen Revolution ereignet.[57]

Aber ist die Geltendmachung der allgemeinen Freiheit in der Moderne wirklich ein Bruch, den »kein nachfolgendes Ereignis je übertreffen kann?«[58] Sie ist, so könnte man argumentieren, eher der Mittelbegriff in der Triade aus Christentum, moderner politischer Freiheit und dem, was der Kommunismus als gesellschaftliche Freiheit versteht. Wir beginnen mit der inneren, geistigen Befreiung (in Christus sind wir alle gleich), gehen dann zur politischen Befreiung über (Freiheit im politischen, öffentlichen Raum), und schließlich eröffnet sich die Aussicht auf eine soziale Befreiung. Auch wenn an Marx' Umgang mit der Freiheit vieles problematisch ist, so hat er doch mit seiner Behauptung, die Marktwirtschaft kombiniere auf einzigartige Weise politische und persönliche Freiheit mit gesellschaftlicher Unfreiheit, einen wertvollen Hinweis gegeben: Die persönliche Freiheit (mich selbst auf dem Markt frei zu verkaufen) ist gerade die Form meiner Unfreiheit. Das heißt nicht, dass die politische Freiheit nur eine bürgerliche Illusion ist, die die Realität der Ausbeutung und Knechtschaft verschleiert – das Problem ist weitaus ernster.

Nach der Französischen Revolution tauchten neue Formen von Macht und Herrschaft auf, für die es im festen Koordinatensystem von Hegels politischem Denken schlicht keinen Platz gibt. Es gibt dort zwar Platz für blutige Tyrannen, die ihren Privatinteressen folgen, nicht aber für das in die Staatsmaschinerie selbst eingebettete und von treuen Verwaltungsbeamten ausgeübte Böse; es gibt keinen Platz für demokratisch gewählte, populistische, charismatische Führer, die Wählerstimmen gewinnen, indem sie offen ihre Obszönität zur Schau stellen.

Man bleibt zwar in der Marktwirtschaft de facto immer abhängig, jedoch ist diese Abhängigkeit »zivilisiert«, sie besteht in Form eines »freien« Marktaustauschs zwischen mir und anderen Personen und nicht etwa als direkte Knechtschaft oder gar körperlicher Zwang. Es ist leicht, sich über Ayn Rand lustig zu machen, aber es steckt dennoch ein Körnchen Wahrheit in dem »Loblied des Geldes« aus ihrem Roman *Wer ist John Galt?*: »Wenn Sie nicht begreifen, daß Geld die Wurzel alles Guten ist, gehen Sie Ihrer eigenen Zerstörung entgegen. Wenn nicht mehr Geld das Mittel des Gütererwerbs ist, dann werden wieder Menschen dazu gemacht. Blut, Peitschen und Gewehre – oder Geld. Treffen Sie Ihre Wahl. Es gibt nichts Drittes.«[59] Hat Marx mit seinem berühmten Satz, dass in der Warenwirtschaft »Beziehungen zwischen Menschen die Gestalt von dinglichen Beziehungen annehmen«, nicht etwas ganz Ähnliches gesagt? In der Marktwirtschaft können Beziehungen zwischen Menschen als Beziehungen gegenseitig anerkannter Freiheit und Gleichheit erscheinen: Herrschaft wird nicht mehr direkt ausgeübt und ist nicht länger als solche sichtbar. Der real existierende Sozialismus des 20. Jahrhunderts hat bewiesen, dass die Überwindung der Marktentfremdung die »entfremdete« Freiheit und damit die Freiheit schlechthin beseitigt, was uns zu »nicht entfremdeten« direkten Herrschaftsbeziehungen zurückführt. Ein kommunaler Raum ohne eine regulierende Instanz, die das Medium der Zusammenarbeit selbst kontrolliert und damit direkte Herrschaft ausübt, ist schwer vorstellbar. Es ist somit klar, dass eine »kommunistische« Gesellschaft neue »Widersprüche« enthalten würde – können wir absehen, welche das sein werden? Fredric Jameson hat furchtlos den Neid als Hauptkandidaten genannt.

Wir sollten Marx' Axiom, dass eine Gesellschaftsformation letztlich durch ihren begründenden »Widerspruch« definiert wird (und dadurch, wie sie versucht, damit umzugehen), auch auf eine postkapitalistische Gesellschaft anwenden – und ebenso auf die Möglichkeit einer Gesellschaft, in der verdrahtete Gehirne eine wichtige Rolle spielen. Statt zu versuchen, uns verschiedene alternative Optionen vorzustellen (eine Gesellschaft ohne menschliche Individuen; eine Gesellschaft aus glücklich geteilten Erfahrungen), sollten wir uns auf den neuen »Widerspruch« konzentrieren, der entstehen wird. Wird denn, wenn wir in die Singularität eintreten, das Bedeutungsuniversum, die symbolische Dimension noch da sein oder wird es verschwinden, als ob es nie existiert hätte? Keines von beiden: Es wird verschwinden, aber sein Verschwinden wird weiterhin als Abwesenheit spürbar bleiben. Kurz, es wird als Absenzial der Singularität fungieren. Die Ironie dabei ist, dass das Subjekt als Absenzial überlebt und damit genau die Dimension (der Differenzialität) verkörpert, die, so dürfen wir annehmen, der Singularität entgeht.

Wie sollen wir also mit der entscheidenden Alternative umgehen? Auch wenn sich das Unbewusste des Subjekts dem Zugriff der Singularität prinzipiell entzieht – was ist, wenn das nicht einfach bedeutet, dass es eine Dimension gibt, die der Singularität entgeht, sondern etwas viel Radikaleres und Einfacheres, nämlich dass das Subjekt seinen Zugang zur Singularität mit dem *Verlust der Dimension des Unbewussten* bezahlt? Wenn also dieses Eintauchen in die Singularität die Dimension des Unbewussten ausschließt und gar keinen Raum dafür lässt? Was, wenn dieses Eintauchen bedeutet, dass der Bereich der Subjektivität auf das beschränkt bleiben wird, was die Singularität registriert? Das wird nicht der Fall sein, denn das Verschwinden des symbolischen Verlusts (»Sündenfall«) wird im Raum der Singularität weiter nachhallen.

Wird darüber hinaus mit unserem Eintreten in die Singularität nicht auch der Raum der Hegel'schen Dialektik der Anerkennung verschwinden? Das »Prüfen« zweier Subjekte, die einander begegnen, wird sinnlos, wenn beider intime Selbsterfahrung dem jeweils anderen unmittelbar zugänglich ist ... Dennoch kann man die Hypothese wagen, dass sich, insofern das Subjekt des Unbewussten in einer Entfernung vom gemeinsamen Raum der Singularität überlebt, ein neuer Raum der Anerkennung auftut, in dem genau dieser Status des Subjekts auf dem Spiel steht: In einem neuen »Kampf auf Leben und Tod« muss ich beweisen, dass ich nicht auf meinen Platz in der Singularität reduziert werden kann ...

Die Distanz zwischen unserem Innenleben, unseren Gedanken, und der äußeren Realität ist die Grundlage dafür, dass wir uns als frei wahrnehmen. Wir sind in unseren Gedanken genau insofern frei, als sie von der Realität entfernt sind, so dass wir mit ihnen spielen, Gedankenexperimente anstellen oder Träumen nachhängen können, ohne dass es direkte Konsequenzen in der Realität hat – hier kann uns niemand kontrollieren. Sobald unser Innenleben direkt mit der Realität verknüpft ist, so dass unsere Gedanken direkte Auswirkungen auf die Realität haben (oder unmittelbar von einer Maschine kontrolliert werden können, die Teil der äußeren Realität ist) und in diesem Sinne nicht mehr »uns« gehören, treten wir effektiv in einen posthumanen Zustand ein. Das Subjekt, das überlebt, wird somit nicht der Träger des inneren Erfahrungsschatzes sein – dieser ganze Reichtum an Gefühlen, Leidenschaften, Ängsten, Träumen, Hoffnungen und so weiter könnte durchaus im kollektiven Raum der Singularität ertrinken. Das Subjekt wird als ein reines $ überleben, als Fluchtpunkt der Negativität, vollkommen getrennt von seinem erfahrenen Inhalt. Kurz, es wird mehr denn je geteilt werden – nicht zwischen sich und seinem/seinen anderen, sondern in sich selbst, zwischen seinem Inhalt (von ihm getrennt) und der Punktualität von $ (dem ausgestrichenen Nullpunkt der Subjektivität).

Dieser punktuelle Status des Cogito wird erst später, mit seiner kantischen Neuformulierung deutlich. Das kantische Selbstbewusstsein ist eine rein logische Funktion, die nur anzeigt, dass jeder Inhalt meines Bewusstseins bereits minimal vermittelt/reflektiert ist. Wenn ich X begehre, kann ich nicht einfach sagen: »So bin ich eben, ich kann nichts dafür, dass ich X begehre, es liegt in meiner Natur.« Der Grund ist, wie weiter oben schon ausgeführt, dass ich immer auch begehre, X zu begehren, das heißt, ich akzeptiere reflexiv mein Begehren von X – alle Gründe, die mich zum Handeln motivieren, üben ihre kausale Kraft nur insofern aus, als ich sie als Gründe »setze« oder akzeptiere … Man sollte meinen, dass eine solche implizite Reflexivität auf bewusste Tätigkeiten beschränkt ist, dass sie genau dasjenige ist, was unseren unbewussten Handlungen fehlt – wenn ich unbewusst handle, dann ist es, als folgte ich einem blinden Zwang, als wäre ich einer pseudonatürlichen Kausalität unterworfen. Aber wie wir schon im Zusammenhang mit der Rolle der Absenziale gesehen haben, ist die implizite Reflexivität für Lacan nicht nur im Unbewussten erkennbar, sondern genau dasjenige, was im radikalsten Sinne unbewusst *ist*. Denken wir an die typische Haltung eines hysterischen Subjekts, das darüber klagt, wie es von anderen ausgebeutet, manipuliert, schikaniert und auf ein Tauschobjekt reduziert wird – Lacans Antwort lautet hier, dass diese subjektive Position eines passiven Opfers der Umstände dem Subjekt nie einfach nur von außen auferlegt wird, sondern wenigstens minimal von ihm gebilligt werden muss. Das Subjekt ist sich seiner aktiven Beteiligung an der eigenen Viktimisierung natürlich nicht bewusst – genau dies ist die »unbewusste« Wahrheit seiner bewussten Erfahrung, nur ein passives Opfer der Umstände zu sein.

Man sieht nun, in welchem präzisen psychoanalytischen Kontext Lacans scheinbar unsinnige These gründet, das Cartesische Cogito (oder vielmehr das kantische Selbstbewusstsein) sei das

Subjekt des Unbewussten: Für Lacan ist das »Subjekt des Unbewussten«, das dem Freud'schen Unbewussten zuzuordnende Subjekt, exakt jener leere Punkt der Selbstbezüglichkeit und nicht etwa ein Subjekt, das vor libidinösen Kräften und Phantasien strotzt. Diese paradoxe Übereinstimmung des Selbstbewusstseins (in exakt dem Sinne, den der Begriff im Deutschen Idealismus annimmt) mit dem Subjekt des Unbewussten wird von Kant bis Schelling in der Problematik des radikalen Bösen deutlich. Angesichts des Rätsels, warum wir einen bösen Menschen für seine Taten verantwortlich machen (obwohl uns klar ist, dass der Hang zum Bösen zur »Natur« dieses Menschen gehört und er gar nicht anders kann, als »seiner Natur zu folgen« und seine Taten mit absoluter Notwendigkeit zu begehen), postulieren Kant und Schelling einen nichtphänomenalen, transzendentalen, zeitlosen Akt der Urentscheidung, durch den jeder von uns vor seiner zeitlichen phänomenalen Existenz seinen ewigen Charakter wählt. Innerhalb unserer zeitlichen phänomenalen Existenz wird dieser Entscheidungsakt als eine auferlegte Notwendigkeit erfahren, das heißt, das Subjekt ist sich in seiner phänomenalen Selbstbewusstheit der freien Wahl, die seinen Charakter (seine ethische »Natur«) begründet, nicht bewusst – dieser Akt ist radikal unbewusst (Schellings explizite Schlussfolgerung). Wir begegnen hier erneut dem Subjekt als der Leere der reinen Reflexivität, als der Unbekannten X, der man (als freie Entscheidung) zuschreiben kann, was man in seiner phänomenalen Selbstbewusstheit als Teil seiner ererbten oder anderweitig auferlegten Natur erfährt. Der Schluss, der daraus zu ziehen ist, ist demnach auch hier wieder, dass das Selbstbewusstsein selbst radikal unbewusst ist.

Das Standardthema der gegenwärtigen Antiphilosophie ist der Anticartesianismus. Das Cartesische Cogito ist demnach ein abstraktes rationales Gebilde, das künstlich aus der konkreten Lebenswelt wirklicher Individuen herausgerissen wird.

In diesem Kontext wird das Freud'sche Unbewusste als Teil der anticartesianischen Gegenreaktion wahrgenommen, als weiterer Beweis in der Traditionslinie von Feuerbach, Marx und so weiter, dass wir Menschen keine isolierten Denkwesen sind, sondern, wie Heidegger gesagt hätte, immer schon in die Welt geworfen und in die Wirklichkeit eingebunden sind. Lacans These, dass das Cogito das Freud'sche Subjekt ist, bekommt hier ihr volles Gewicht, denn für ihn ist das Unbewusste eben kein Teil des dichten, intransparenten Hintergrunds der Lebenswelt. Im Hinblick auf den Gegensatz zwischen abstrakten (dekontextualisierten) rationalen Strukturen und konkreter, dichter Lebenswelt steht das Unbewusste auf der Seite der Ersteren: Das Unbewusste ist das Eindringen eines Fremdkörpers in unsere Lebenswelt, es gleicht einer eindringenden Maschine, die den reibungslosen Ablauf unserer Lebenswelt beeinträchtigt und den eigenen seltsamen Gesetzen unterwirft. Denken Sie nur daran, was das Unbewusste der Triebe mit unserer angeborenen, instinktiven Sexualität macht: Es pervertiert sie vollkommen und ordnet ihre Fortpflanzungsfunktion einem fast schon selbstmörderischen Wiederholungszwang unter, bei dem Genuss zum Selbstzweck erklärt wird. – Abschließend sei noch einmal daran erinnert, wie McGowan die grundlegende politische Lehre der Hegel'schen Dialektik zusammenfasst:

> Es geht bei der politischen Auseinandersetzung darum, sich in Richtung eines zunehmend widerständigen Widerspruchs zu bewegen, und die Philosophie spielt bei dieser Bewegung eine entscheidende Rolle. Das ist Hegels Definition des Fortschritts: die Bewegung von einfacher zu lösenden gesellschaftlichen Widersprüchen zu hartnäckigeren.[60]

Kurzum, bei der Hegel'schen Versöhnung werden die gegensätzlichen Kräfte eines Konflikts nicht in einem höheren nichtantagonistischen Ganzen wiedervereint; eine Hegel'sche

Versöhnung ist im radikalsten Sinne die Versöhnung mit dem »Widerspruch« selbst. Im abschließenden Moment einer dialektischen Kreisbewegung wird der Widerspruch, der sie in Gang gebracht hat, nicht beseitigt, sondern taucht in reinster und radikalerer Form wieder auf. Um die gängigen, aber nie von Hegel selbst benutzten Begriffe zu verwenden, könnte man auch sagen, dass die Antithese in der finalen »Synthese« zum Äußersten geführt und vollständig als konstitutiv für die betreffende Entität verinnerlicht wird. (Wir sollten uns nicht scheuen, dies auf Marx' Idee des Kommunismus anzuwenden: Wenn die gesamte bisherige Geschichte die Geschichte von Klassenkämpfen ist, wird der »Kampf« im Kommunismus in radikalerer Form ausbrechen.) Und liefert nicht die Aussicht auf die Singularität das beste Beispiel für diesen Prozess? Sie wird keine Immersion in ein selbstloses, kollektives Denken sein, sondern die Erfahrung einer radikalen Kluft oder besser Spaltung. Das Subjekt wird ein Mindestmaß an Distanz zum kollektiven Denken wahren, und diese Distanz wird die Quelle eines Leidens sein, dessen Umrisse wir heute nicht erahnen können, aber auch die Quelle einer neuen Hoffnung.

Die Antwort auf die Frage »Wird ein Subjekt den Eintritt in die Singularität überstehen?« hängt von unserem Subjektbegriff ab. Wenn wir als den Kern der Subjektivität das »Innenleben« identifizieren, also das, was man üblicherweise den inneren Reichtum der Persönlichkeit nennt, ihre geheimen Träume, Ängste und Hoffnungen, dann verschwindet das Subjekt natürlich in der Singularität, wo alle diese Inhalte »kollektiviert« werden. Wenn wir aber das Subjekt als die Leere identifizieren, die mit dem gefüllt ist, was Lacan den phantasmatischen »Stoff des Ich« nennt, mit diesem aber nicht identisch ist, dann erscheint ein Subjekt nur im Durchgang durch die Singularität als auf sein Minimum reduziert, als die Leere des Cartesischen Cogito. Der Verlust des Verlusts selbst, das Erscheinen des Verlusts in seiner reinsten Form ist daher so etwas wie das gedankliche Äquivalent zu Kasimir Malewitschs berühmtem schwarzen Quadrat auf weißem Grund: die Stufe Null, die Markierung der Grundkoordinaten unseres symbolischen Raums. Hier ist wichtig festzuhalten, dass diese Nullform für Malewitsch kein selbstzerstörerischer Abgrund ist, der uns zu verschlingen droht, sondern ein Punkt, den wir durchschreiten sollten, um zu einem neuen Anfang zu gelangen. Sie ist das Moment des Todestriebs, das Raum für einen Neubeginn schafft. Aus diesem Grund sind Malewitschs spätere, figürlichere Gemälde (wie sein berühmtes Selbstporträt) kein Verrat an der Radikalität seiner Jugend, sondern Wege der Erkundung des Raums, der dadurch geöffnet wurde. (Im Selbstporträt zeigt sich diese Treue dadurch, dass der Maler mit seinen Händen ein Quadrat formt und dem Betrachter so zu verstehen gibt, dass es immer noch da ist.) Gleiches gilt nun auch für unseren Eintritt in die Singularität. Der dadurch herbeigeführte Verlust eines Verlusts könnte ein Neuanfang von etwas sein, das wir uns noch nicht vorstellen können.

Was wird nun also in der Singularität überleben, was wird sich ihrem Raum der geteilten kollektiven Erfahrung entziehen? Es sind zwei voneinander abhängige (Nicht-)Entitäten: das leere Subjekt, ein des Reichtums seines Innenlebens beraubtes Subjekt, und dessen Korrelat, das virtuelle Unbewusste. (Dazu kommt noch, wenn wir unserer Beckett'schen Spekulation folgen, dass sich die Spaltung zwischen dem leeren Subjekt und dem entfremdeten Denkinhalt seines Innenlebens – dem selbstlosen, kollektiven Denken, das vom Subjekt nicht mehr als »sein eigenes« erlebt wird – als Spaltung zwischen halluzinatorischer kollektiver Trance und kühlem objektivem Wissen in dieses Denken selbst einschreibt.) Das Fortbestehen des virtuellen Unbewussten bedeutet, dass das leere Subjekt nicht nur ein stummer, singulärer Punkt außerhalb der kollektiven Substanz der Singularität sein wird; der kollektive Raum der Singularität wird als gebrochen und inkonsistent erlebt werden und in seinen Spalten erscheint eine andere Stimme, die Stimme unbewusster Kontrafakten.[61]

Was den Eintritt in die Singularität überlebt, ist, mit anderen Worten, nicht der Kern des Menschseins, sondern gerade der unmenschliche Teil oder Aspekt der Menschlichkeit, das Cartesische Subjekt und das Unbewusste. Descartes war der erste antihumanistische Denker. Sein Cogito ist strikt von dem zu unterscheiden, was wir »menschliche Persönlichkeit« nennen, also den ganzen Reichtum des Innenlebens. Die Hochzeit des Humanismus war die Renaissance, die den Menschen als das höchste der Geschöpfe feiert, als Kreatur der Expressivität, die schöpferisch ihre innere Tiefe zum Ausdruck bringt und ihr inneres Potenzial entfaltet. Das Cartesische Subjekt ist dagegen etwas ganz anderes: eine inhumane Leere, ein leerer Punkt der selbstbezüglichen Negativität. Was vom verdrahteten Gehirn tatsächlich bedroht wird, ist unser normales Selbsterleben als freie menschliche Individuen mit unmittelbarem Zugang zum eigenen Innenleben, aber diese Bedrohung, diese Enteignung von dem, was wir im Alltag als den Grundstock unserer Persönlichkeit erachten, bringt die Konturen unserer inhumanen Subjektivität zum Vorschein.

Wir sollten daher jetzt, wie in der Schlusspointe eines Witzes, unsere wiederholt gestellte Frage – »Bedroht die Möglichkeit eines verdrahteten Gehirns den Kern unseres Menschseins?« – umdrehen und durch die gegenteilige Frage ersetzen: Wird diese Möglichkeit eine neue Form der Subjektivität hervorbringen? Wird sie eine Schlüsseldimension der Subjektivität spürbar machen, die in unserer Selbsterfahrung bislang verborgen war? Unsere Antwort darauf ist ein vorsichtiges Ja: Was sichtbar werden wird, ist der Spalt, der die Leere der Subjektivität von der sogenannten »Innenwelt« unserer Persönlichkeit trennt, die

Lücke, die in unserem täglichen Erleben unsichtbar ist, in dem wir uns mit unserem »Innenleben« identifizieren.

Diese Verbindung zwischen dem Cartesischen Subjekt und dem Unbewussten hat noch zwei weitere wichtige Implikationen. Erstens existiert auch dieses »reine« Subjekt (das den Eintritt in die Singularität übersteht) nicht ohne ein Objekt: Es ist konstitutiv mit einem »unmöglichen« Objekt korreliert, das Lacan das Objekt *a* nennt. Zweitens ist dieses »reine« Subjekt auch nicht neutral in Bezug auf die Geschlechterdifferenz, sondern konstitutiv geschlechtlich und vom Realen der Unmöglichkeit des Geschlechterverhältnisses durchzogen. Das Subjekt ist nur insofern Subjekt, als es von dieser Unmöglichkeit beschnitten (gestutzt, gehemmt) wird, es ist nicht neutral, sondern stets »parteiisch« hinsichtlich der Wahl, die der Geschlechtsunterschied fordert. Es ist richtig, dass das Subjekt kein Objekt ist und nur insofern weiterbesteht, als es sich jeder Identifikation mit einem Objekt entzieht; aber ebenso wie ein Unterschied zwischen »Kaffee ohne Milch« und einfachem Kaffee als »Kaffee ohne« besteht, kann ein Subjekt eines ohne ein bestimmtes phallisches Objekt sein (männliche Kastration) oder einfach ein »Subjekt ohne« (weiblich). Oder anders ausgedrückt: Während Männer sich für etwas opfern (ein höheres Gut: Land, Freiheit, Ehre), sind nur Frauen fähig, sich für *nichts* zu opfern.

Dieses Paradox erklärt die weibliche Geste des Rückzugs genau in dem Moment, in dem sie »alles hätte haben können« (den ersehnten Partner), die in mehreren Romanen beschrieben wird, von Marie-Madeleine de La Fayettes *Die Prinzessin von Clèves* zu Goethes *Wahlverwandtschaften* (oder den umgekehrten beziehungsweise komplementären Fall des Nicht-Rückzugs der Frau, ihr unerklärliches beharrliches Festhalten an der unglücklichen Ehe oder einem ungeliebten Partner, selbst wenn sich die Möglichkeit bietet, der Situation zu entfliehen, wie in Henry James' *Bildnis einer Dame*). Obwohl bei dieser Verzichtsgeste Ideologie investiert wird, ist die Geste selbst nichtideologisch. Eine Deutung, die wir ablehnen sollten, ist die psychoanalytische Standarderklärung, nach der wir es hier mit der hysterischen Logik des Liebesobjekts (des Geliebten) zu tun haben, das nur insofern begehrt wird, als es verboten ist, als es ein Hindernis, zum Beispiel in Gestalt des Ehemannes, gibt – sobald dieses Hindernis verschwunden ist, verliert die Frau demnach das Interesse an dem Liebesobjekt. Zusätzlich zu dieser hysterischen Ökonomie, bei der das Objekt nur insofern genossen werden kann, als es verboten ist, also in Form von Phantasievorstellungen darüber, wie es »sein könnte«, kann dieser Rückzug (oder das Beharren) auch noch auf viele andere Arten interpretiert werden: als Ausdruck des sogenannten »weiblichen Masochismus« (der sich dann weiter als Ausdruck der ewigen weiblichen Natur oder als Verinnerlichung des patriarchalischen Drucks deuten lässt), aufgrund dessen es der Frau nicht vollständig möglich ist, »den Tag zu nutzen«; als proto-feministische Geste eines Bruchs mit der phallischen Ökonomie, die das Glück in der Beziehung mit einem Mann zum höchsten Ziel der Frau erklärt, und so weiter. Alle diese Interpretationen scheinen jedoch am Eigentlichen vorbeizugehen, nämlich der absolut grundlegenden Natur der Geste des Rückzugs als konstitutiv für das Subjekt selbst. Wenn wir in Anlehnung an die großen Deutschen Idealisten das Subjekt mit Freiheit und Autonomie gleichsetzen, ist dann eine solche Rückzugsgeste – nicht als an eine Version des großen Anderen gerichtete Opfergeste, sondern als Geste, die ihre eigene Befriedigung erzeugt, die ihre *jouissance* genau in der Lücke zwischen Subjekt und Objekt findet – nicht die äußerste Form der Autonomie?

Kehren wir zu unserem Beispiel des Kaffees ohne Milch zurück. Wenn Männer wie Kaffee mit Milch/Penis sind, so sind Frauen nicht etwa Männer ohne Milch/Penis aber auch nicht einfach voll und ganz Frauen. Darauf zielt Lacan mit seiner Behauptung, dass die Frau nicht existiere *(la femme n'existe pas)*. Die Frau ist zwar nicht durch die Verneinung des Mannseins definiert, es gibt aber auch keine substanzielle weibliche Identität. In seinem Seminar über die weibliche Sexualität erklärt Lacan, dass der Mann differenziell definiert werden könne (als Nichtfrau), das Gegenteil aber nicht gelte: Die Frau kann nicht als Nichtmann definiert werden. Das bedeutet nicht, dass Frauen eine substanzielle Identität außerhalb der Beziehung zum Mann hätten. Was eine Frau vor der Beziehung zum Mann charakterisiert, ist vielmehr ein Nein als solches, eine selbstbezügliche Negativität, und dass der Mann eine Nichtfrau ist, heißt, dass er in seinem Wesen das Nein leugnet, das die weibliche Subjektivität definiert, und nicht, dass er eine substanzielle weibliche Essenz negiert. Homolog dazu impliziert der Status eines »Kaffees ohne Milch«, dass es so etwas wie einen »einfachen Kaffee«, dem es an nichts fehlt, schlicht nicht gibt: »Einfacher Kaffee« ohne ein Ohne ist schon in sich von einer Negation gekennzeichnet, nur dass diese noch keine bestimmte Negation ist.

In Bezug auf die Triade Mann, Frau und Mensch sollte man berücksichtigen, dass im Englischen sowohl *woman* (Frau) als auch *human* (Mensch) das Wort *man* (Mann) enthalten, dem lediglich eine Vorsilbe hinzugefügt wird: Bei *woman* ist es das Präfix *wif*, das für *wife* (Weib) steht – eine Frau ist also ein »Weib-Mann« – und *human* bedeutet »des Mannes« oder »zum Mann gehörig«.[62] Die gängige Vorstellung, dass die Gattung Mensch in Männer und Frauen unterteilt sei, ist daher zurückzuweisen. Die Logik scheint eher die zu sein, dass die Gattung »Männer« *(men)* in die Unterarten »Menschen« *(humans)* und »Frauen« *(women)* zerfällt, da *»hu«* (von, zugehörig) und *»wo (wife)«* (Weib) die beiden Spezifikationen von *»man«* (Mann) sind. Es gibt Männer, die ganz menschlich oder »vom Mann« sind, und dann gibt es Männer, die offenbar nicht ganz »vom Mann« sind, und die Vorsilbe *»wo«* weist auf diesen Mangel hin. Wie müsste nun die feministische

Antwort auf diese Verzerrung lauten? Nicht so, wie man vielleicht meinen könnte, dass die Weiblichkeit als Gattungsbegriff essenzialisiert und »Mann« auf dessen defizitäre Unterart reduziert wird; vielmehr muss das Defizit selbst zum konstitutiven Grundmerkmal des Menschseins erhoben und die männliche Position als Verschleierung dieses konstitutiven Mangels erkannt werden.

Es ist dieser konstitutive Mangel, der vom verdrahteten Gehirn bedroht wird – denn im Fall einer solchen Verdrahtung muss ich keine äußerlichen körperlichen Bewegungen (tippen, sprechen) mehr durchführen, um mit der Maschine zu interagieren. Dieser Umstand hat eine radikale Veränderung des Status der Schnittstelle zur Folge. Als Schnittstelle oder Interface bezeichnet man laut Wikipedia »eine gemeinsame Grenze, über die zwei oder mehr Einzelkomponenten eines Computersystems Informationen austauschen. Der Austausch kann zwischen Software, Computerhardware, Peripheriegeräten, Menschen oder Kombinationen aus diesen erfolgen.«[63] Bei Projekten wie dem bereits erwähnten AlterEgo ist die Schnittstelle, die mich mit der Maschine kommunizieren lässt, kein außerhalb von mir befindlicher Bildschirm mehr: *Mein Geist dient unmittelbar als Interface zwischen mir und der Maschine*. Mir bleibt damit im Prinzip keinerlei Rückzugsmöglichkeit, es gibt keine Distanz mehr zur Maschine. Ich bin ihr vollkommen ausgeliefert.[64]

Um diesen Punkt zu verdeutlichen, wollen wir noch einmal einen kleinen Umweg machen und die Idee des *»Glory Hole«* zum Begriff erheben (es handelt sich dabei um ein Loch in einer Wand oder anderen Abtrennung, oft zwischen Einzelkabinen von öffentlichen Toiletten oder Videokabinen in Sexshops, das für sexuelle Betätigungen genutzt wird). Obgleich *Glory Holes* meist mit schwuler Kultur und mit Anal- oder Oralverkehr in Verbindung gebracht werden, werden sie auch von bi- und heterosexuellen Personen benutzt – als große Löcher, durch die eine Frau anonym penetriert werden kann. Das *Glory Hole* erfüllt eine doppelte Funktion: Es wahrt die Anonymität der Geschlechtspartner und es entpersönlicht den Partner/die Partnerin, indem es ihn/sie auf ein Partialobjekt reduziert (ich spiele nur mit dem Penis, den Hoden, der Analöffnung oder der Vagina). Einige queere Theoretiker betonen den befreienden Aspekt einer solchen Entpersönlichung; es ist jedoch wichtig, hier auf der Unterscheidung zwischen Person und Subjekt zu bestehen: Diese Art von anonymem Sex entpersönlicht meinen Partner zwar (sie nimmt ihm seinen Status als Persönlichkeit), aber sie beraubt ihn *nicht* seiner Subjektivität – sie macht aus dem anderen ein reines, seiner Persönlichkeit beraubtes Subjekt. Wenn ich sexuelle Handlungen durch ein *Glory Hole* vornehme, gewinne ich eine gewisse Distanz zu dem, was auf der anderen Seite des Lochs vor sich geht, ich bin nicht vollständig beteiligt, bin nur mehr ein leerer Beobachter dessen, was sich da abspielt, und diese Distanz befreit mich von meiner Persönlichkeit und reduziert mich auf ein Subjekt. Für einen Lacanianer ist der Zusammenhang zwischen dieser Entpersönlichung und der Reduktion des Körpers auf ein Partialorgan, das durch das Loch genießt, leicht zu erkennen: Eine Person ist ein Korrelat des gesamten Körpers, sie ist wie die Seele, der innere Reichtum eines Körpers, das Subjekt korreliert dagegen mit einem Partialobjekt – oder, wie Lacan es in seiner Formel des Phantasmas ausdrückt: $\$\lozenge a$. Die Wand, in der das *Glory Hole* klafft, ist folglich die Wand, die die Person vom Subjekt trennt. Nehmen wir an, ich wäre derjenige, der seinen Penis und seine Hoden durch das Loch steckt, damit mein Gegenüber auf der anderen Seite damit spielen kann – auf dieser (meiner) Seite der Wand bin ich eine Person mit einem Körper, auf der anderen Seite bin ich ein Subjekt, das an einem Partialorgan hängt, mit dem mein anonymer Partner spielt (indem er/sie damit masturbiert, es leckt, es sich in den Anus/die Vagina steckt ...). Die Paradoxie dabei ist, dass mein »wahres Selbst« sich nicht diesseits der Wand befindet, während ich auf der anderen Seite nur ein Spiel spiele – im Gegenteil: Der phantasmatische Kern meiner Subjektivität ist drüben auf der anderen Seite, so dass ich in gewissem Sinne in dem sexuellen Wechselspiel, das dort stattfindet (und wo ich auf ein Partialobjekt reduziert bin), mehr »ich selbst« bin als ich es als Person auf dieser Seite der Wand bin. In diesem präzisen Sinne können wir auch sagen, dass das Loch eine Schnittstelle der beiden unterschiedlichen Dimensionen ist – meiner Realität auf dieser Seite und dem phantasmatischen Realen auf der anderen. Das Schlüsselmerkmal der *Glory Holes* ist die Wand, die als Grenze zwischen zwei verschiedenen Räumen dient und meine persönliche Realität von dem Realen auf der anderen Seite trennt, wo ich meine Phantasien auslebe. *Glory Holes* stellen hier nur einen besonderen Fall der Spaltung dar, die in jeder Form der Realität am Werk ist – die Realität ist nie »alles«, sie wird immer von irgendeiner Art von Wand beschränkt, die das Reale von ihr trennt. In Bezug auf unser Thema – das verdrahtete Gehirn, in dem mein Geist unmittelbar als Schnittstelle fungiert – stellt sich natürlich die Frage: Was passiert in diesem Fall, in dem es keine Wand gibt, die meine Realität vom phantasmatischen Realen trennt? Es gibt darauf nur eine Antwort: Es wird eine Art psychotischen Kurzschluss geben, bei dem Realität und Phantasma direkt übereinstimmen – eine weitere dystopische Vision einer Katastrophe …

Das ist freilich, wie wir bereits gesehen haben, nicht die ganze Geschichte. Kommen wir noch einmal auf Musks Idee zurück, nach der wir – die Menschen –, wenn wir uns nicht mit dem Superhirn der neuen Künstlichen Intelligenz zusammentun, zu Gorillas in einem Zoo werden. Hat nicht diese Aussicht, eventuell außen vor bleiben zu müssen, möglicherweise auch ihre Vorzüge? Nicht weil wir unser neues stupides und ahnungsloses Dasein im Zoo genießen könnten, in dem wir von der gutmütigen KI versorgt werden, sondern in einem weitaus radikaleren Sinn: Wenn wir annehmen, dass es sich bei dem künftigen Raum der Singularität nicht um einen einzigen allmächtigen Raum handelt, der alles kontrolliert, sondern um eine inkonsistente Mischung, würde dann unser (partieller) Ausschluss nicht ein Minimum an Freiheit bedeuten, eine Möglichkeit, mit verschiedenen Aspekten der facettenreichen Singularität zu spielen? In einem Witz über Auschwitz, der unter Juden kursiert, sitzt eine Gruppe jüdischer Lagerinsassen, die im KZ verbrannt worden sind, auf einer Bank im Paradies. Sie unterhalten sich über ihr Leiden und machen sich darüber lustig. Einer sagt zum Beispiel: »David, weißt du noch, wie du auf dem Weg zur Gaskammer ausgerutscht bist und tot warst, noch bevor das Gas dich überhaupt erreicht hat?« Irgendwann kommt Gott bei seinem Spaziergang durchs Paradies in ihre Nähe, hört ihnen zu und beklagt sich, dass er den Witz nicht verstehe; einer der Juden geht zu ihm, legt ihm die Hand auf die Schulter und tröstet ihn: »Mach' dir nichts draus. Du warst ja nicht da, deswegen ist klar, dass du den Witz nicht verstehen kannst.« Die Schönheit dieser Antwort liegt natürlich darin, dass sie auf die bekannte Feststellung Bezug nimmt, Gott sei in Auschwitz gestorben, es habe dort keinen Gott gegeben. »Kein Gott in Auschwitz« impliziert nicht, dass Gott das Grauen nicht begreift, das sich dort ereignet hat (das ist für Gott ein Leichtes, es ist geradezu seine Aufgabe); aber es bedeutet, dass er den Humor nicht verstehen kann, der aus der Erfahrung von Auschwitz hervorging. Was Gott nicht kapiert (und nicht kapieren kann), ist die obszöne Souveränität des menschlichen Geistes, die auf ebenden Raum, in dem er (Gott) abwesend ist, mit Lachen reagiert. Wenn wir »Gott« mit »Singularität« ersetzen, ist das vielleicht unsere Position in ihr.

Anmerkungen

Einleitung:
»Un jour, peut-être, le siècle sera hegelien«

1 »[E]ines Tages wird das Jahrhundert vielleicht deleuzianisch sein.« Michel Foucault, »Theatrum Philosophicum«, in: Gilles Deleuze und ders., *Der Faden ist gerissen*, Berlin 1977, S. 21–58, hier S. 21.

2 G. W. F. Hegel, *Werke in 20 Bänden, Band 7: Grundlinien der Philosophie des Rechts oder Naturrecht und Staatswissenschaft im Grundrisse. Mit Hegels eigenhändigen Notizen und den mündlichen Zusätzen*, Frankfurt/M. 1970, S. 27 f.

3 Ich knüpfe im Folgenden an meine Auseinandersetzung mit Hegel an, die ich in einer Reihe meiner letzten Bücher im Detail vorangetrieben habe, insbesondere in *Sex and the Failed Absolute*, London 2019.

4 Vgl. Paul M. Livingston, *The Politics of Logic. Badiou, Wittgenstein, and the Consequences of Formalism*, New York 2012.

5 Diese finale Untergangserwartung steht keineswegs im Widerspruch zu einer linken Haltung – man könnte sogar sagen, dass jeder echte Linke ihr folgt. In der Rockmusik fand diese Haltung ihren deutlichsten Ausdruck in dem Song »The Weaver's Answer« von der trotzkistischen englischen Band Family. Das Lied erschien 1969 und schildert das Leben eines Subjekts vom Standpunkt des »Webers« (des Schicksals, des Todes), aus dessen

Sicht selbst ein glückliches Familienleben in Einsamkeit und Verzweiflung endet. Das wahre Genie der Band Family zeigt sich, wenn man »The Weaver's Answer« mit »Good News – Bad News« vergleicht, dem ersten Song auf ihrem Nachfolgealbum *Anyway* von 1970. Das Stück übernimmt das erste Melodiemotiv aus »The Weaver's Answer«, das dann aber abbricht, während der Text die bestehende politische Ordnung scharf kritisiert: »Warum die Regeln ändern / sagen die, die oben sind / zu denen, die unten sind / und zu ihnen aufschauen müssen«. Dieser Abbruch der Melodielinie spiegelt treffend die Unterbrechung wider, den gewaltsamen Ausbruch, der die Formulierung einer vollständigen Weisheit (über die letztliche Vergeblichkeit des Lebens) verhindert. Dies bedeutet natürlich keinesfalls, dass in den Liedern von Family nur Platz für Bitterkeit und Wut wäre. Ihr größter Hit, »No Mule's Fool«, ist ein wundervolles Porträt der glücklichen Koexistenz eines Jungen mit seinem faulen Maulesel. Zusammen bilden die drei Songs somit eine logische Triade aus Momenten einfachen Glücks, der Universalisierung dieser partikularen Glücksmomente zu einem grundsätzlichen Verhängnis des Lebens und schließlich einzelnen Momenten des verzweifelten Widerstands gegen Untergang und Unterdrückung.

6 Hier ist eine Paradoxie in Livingstons Beschreibung von Badious Theoriegebäude festzustellen: Obwohl sich Badiou laut Livingston für die Konsistenz anstelle der Totalität entscheidet, hat er nicht die Vision eines Universums als inkonsistenter Unordnung, in der nur lokale konsistente Räume entstehen. Insofern wir das Sein als »alles, was es gibt« verstehen (und in diesem Sinne als eine Totalität), ist diese Totalität konsistent (wie Badiou in seiner Ontologie beschreibt) – Inkonsistenz entsteht nur durch seltene ereignishafte Ausnahmen.

7 »Les juifs, eux, ont aujourd'hui choisi la voie de l'enracinement.« In: *Le Monde*, 29.01.2015.

8 Martin Heidegger, »Spiegel-Gespräch mit Martin Heidegger (23. September 1966)«, in: ders., *Gesamtausgabe, Band 16: Reden und andere Zeugnisse eines Lebensweges*, Frankfurt/M. 2000, S. 652–683, hier S. 670.

9 Robert B. Brandom, *A Spirit of Trust. A Reading of Hegel's* Phenomenology, Cambridge, Mass. 2019.

10 Heinrich Heine, *Sämtliche Schriften, Band 5*, München, Wien 1997, S. 197.

11 Vgl. Will Morrow, »›Wir sind alle gleich!‹ Kapitänin von Seenotrettungsschiff lehnt Auszeichnung von Pariser Bürgermeisterin ab«, www.wsws.org/de/articles/2019/08/26/klem-a26.html, letzter Zugriff 11. 10. 2019.

12 Vgl. en.wikipedia.org/wiki/AlterEgo, letzter Zugriff 13. 10. 2019.

13 Eillie Anzilotti, »Watch This Device Translate Silent Thoughts Into Speech«, fastcompany.com/90350006/watch-this-device-translate-silent-thoughts-into-speech, letzter Zugriff 25. 02. 2020.

14 Ebd.

15 In einem privaten Gespräch.

16 Vgl. den Beitrag von Jean-Pierre Dupuy in *Le Débat*, 129 (März-April 2004), zitiert nach Jean-Michel Besnier, *Demain les posthumains. Le Futur a-t-il encore besoin de nous?*, Paris 2012, S. 195.

17 Günther Anders, *Die Antiquiertheit des Menschen. Über die Seele im Zeitalter der zweiten industriellen Revolution*, München 1956, S. 24.

18 Facebook entwickelt derzeit ein Gerät, das Gedanken lesen kann, und auf die Frage nach den Auswirkungen dieser Technologie auf die Privatsphäre antwortete Mark Zuckerberg: »Vermutlich wäre das etwas, das jemand verwenden wollen würde.« (Zitiert nach www.theguardian.com/commentisfree/2019/aug/01/future-imperfect-robots-mindreading-apps, letzter Zugriff 24. 10. 2019.) Wirklich? Wer vermutet das denn? Die Geheimdienste, die meine Gedanken lesen? Und wenn sie beim ungefragten Ausforschen meiner Gedanken herausfinden, dass ich damit nicht einverstanden bin, werden sie die Verbindung höflich abbrechen? Die Experimente mit verdrahteten Gehirnen sind zwar noch sehr rudimentär und bedürfen noch der aktiven Zustimmung der Probanden, aber schon jetzt ergeben sich ethische Dilemmata – siehe dazu Zoë Corbyn, »Are Brain Implants the Future of Thinking?«, in: *The Guardian*, 22. 09. 2019, www.theguardian.com/science/2019/sep/22/brain-computer-interface-

implants-neuralink-braingate-elon-musk, letzter Zugriff 24. 10. 2019.

19 Ich stütze mich hier auf Jan de Vos, der diese Fragen in seinem bahnbrechenden Werk über den digitalen Todestrieb aufwirft (Manuskript).

20 David Smith, »Pentagon Seeks ›Ethicist‹ to Oversee Military Artificial Intelligence«, in: *The Guardian*, 07. 09. 2019, www.theguardian.com/us-news/2019/sep/07/pentagon-military-artificial-intelligence-ethicist, letzter Zugriff 24. 10. 2019.

21 Diese Dreifachstruktur wird im Detail ausgearbeitet in Gabriel Tupinambá, *The Desire of Psychoanalysis* (erscheint demnächst bei Northwestern University Press).

22 E. L. Doctorow, *Das Leben der Dichter. Sechs Stories und eine Novelle*, Reinbek bei Hamburg 1985.

1 Der digitale Polizeistaat: Fichtes Rache an Hegel

1 Vgl. Yuval Noah Harari, *Homo Deus. A Brief History of Tomorrow*, New York 2017.

2 Ebd., S. 338.

3 Ebd., S 396.

4 Ebd., S. 305.

5 Vgl. ebd.

6 Ebd., S. 306.

7 Ebd., S. 311.

8 Ebd., S. 397.

9 Ebd., S. 273.

10 Ebd., S. 346.

11 Manuel Ansede, »Spanish Scientists Create Human-Monkey Chimera in China«, in: *El País*, 31. 07. 2019, elpais.com/elpais/2019/07/31/inenglish/1564561365_256842.html, letzter Zugriff 29. 10. 2019.

12 Johann Gottlieb Fichte, *Grundlage des Naturrechts nach Principien der Wissenschaftslehre. Zweiter Theil oder Angewandtes Naturrecht*, Jena, Leipzig 1797, S. 155.

13 Zdravko Kobe, »The Interface of the Universal. On Hegel's Concept of the Police«, in: *Philosophy and Society* 30 (1), S. 101–121, hier S. 102, Hervorhebung im Original; online unter doi.org/10.2298/FID1901101K, letzter Zugriff 31. 10. 2019.

14 G. W. F. Hegel, *Werke in 20 Bänden, Band 2: Jenaer Schriften 1801–1807*, Frankfurt/M. 1970, S. 84 f.

15 Ebd., Fußnote 38.

16 G. W. F. Hegel, *Werke in 20 Bänden, Band 1: Frühe Schriften*, Frankfurt/M. 1970, S. 481.

17 Ebd.

18 Kobe, »The Interface of the Universal«, S. 103.

19 Hegel, *Werke, Band 1*, S. 474.

20 Ebd., S. 482.

21 Kobe, »The Interface of the Universal«, S. 119.

22 John Naughton, »›The Goal Is to Automate Us‹: Welcome to the Age of Surveillance Capitalism«, in: *The Guardian*, 20. 01. 2019, www.theguardian.com/technology/2019/jan/20/shoshana-zuboff-age-of-surveillance-capitalism-google-facebook, letzter Zugriff 03. 11. 2019.

2 Die Idee eines verdrahteten Gehirns und ihre Grenzen

1 Die Grafik stammt aus dem Beitrag »Neuralink and the Brain's Magical Future« von Tim Urban: waitbutwhy.com/2017/04/neuralink.html, letzter Zugriff 05. 11. 2019.

2 Ebd.

3 Ebd.

4 Ebd.

5 Tim Parks, »The Mind Outside My Head«, in: *NYR Daily*, 10. 04. 2012, www.nybooks.com/daily/2012/04/10/mind-outside-head-consciousness/, letzter Zugriff 06. 11. 2019. Vgl. auch die systematische Darstellung von Manzottis Position in Tim Parks, *Out of my Head. On the Trail of Consciousness*, London 2018.

6 Ich behandle dieses Modell ausführlich im Kapitel »Theorem III« in Žižek, *Sex and the Failed Absolute*.

7 In eingeschränktem Maße ist dies bereits möglich: »In einem Forschungsprojekt, das die Kommunikation von Patienten mit schweren Behinderungen in Zukunft verändern soll, haben Ärzte die Hirnsignale für Sprache in geschriebene Sätze umgewandelt. Mit diesem Durchbruch konnte erstmals gezeigt werden, dass die Absicht, bestimmte Worte zu sagen, aus der Hirnaktivität abgeleitet und schnell genug in Text umgewandelt werden kann, um mit der natürlichen Konversation Schritt zu halten.« (Ian Sample, »Neuroscientists Decode Brain Speech Signals Into Written Text«, in: *The Guardian*, 30.07.2019, www.theguardian.com/science/2019/jul/30/neuroscientists-decode-brain-speech-signals-into-actual-sentences, letzter Zugriff 07.11.2019).

8 Ich folge bei meiner Darstellung im Wesentlichen dem Wikipedia-Artikel über den Film. Vgl. en.wikipedia.org/wiki/Bezhin_Meadow, letzter Zugriff 08.11.2019.

9 Hunter Harris, »Brian Cox Knows Exactly Why Logan Smiled in *Succession*'s Shocking Finale«, in: *Vulture*, 14.10.2019, www.vulture.com/2019/10/succession-season-2-finale-brian-cox.html, letzter Zugriff 11.11.2019.

10 Ebd.

11 Geschieht nicht etwas ganz Ähnliches am Ende einer psychoanalytischen Behandlung? Muss der Analytiker nicht ebenfalls eine Möglichkeit finden, durch die der Patient ihn »killen« kann, das heißt einen Weg, um aus der Übertragung auf den Analytiker auszubrechen, ihn loszuwerden, ohne sich ihm gegenüber verpflichtet zu fühlen? Ein solches Opfer kann sich der Stalinismus trotz seiner Besessenheit von der Selbstaufopferung für die Partei nicht leisten.

12 G.W.F. Hegel, *Werke in 20 Bänden, Band 3: Phänomenologie des Geistes*, Frankfurt/M. 1970, S.235.

13 Urban, »Neuralink and the Brain's Magical Future«.

14 »Gelähmter kann sich mit Roboteranzug bewegen«, www.t-online.de/gesundheit/heilmittel-medikamente/id_86574154/exoskelett-gelaehmter-franzose-kann-sich-mit-roboteranzug-bewegen.html, letzter Zugriff 16.11.2019.

15 Michael E. Zimmerman, »The Singularity. A Crucial Phase in

Divine Self-Actualization?«, in: *Cosmos and History* 4,1-2 (2008), www.cosmosandhistory.org/index.php/journal/article/view/107/214, letzter Zugriff 16.11.2019.

3 Die Sackgasse der sowjetischen Technognosis

1 Zitiert nach Orlando Figes, *Nataschas Tanz. Eine Kulturgeschichte Russlands*, Berlin 2003, S. 466.

2 Ebd., S. 483 f.

3 Vgl. Jacques Lacan, »Television«, in: *October* 40 (Spring 1987), S. 5–50.

4 Nicolas Malebranches Hauptwerk ist *De la recherche de la vérité*, Paris 1975 (Erstveröffentlichung 1674/75; dt. *Erforschung der Wahrheit*, München 1914 und *Von der Erforschung der Wahrheit*, Hamburg 1968).

5 Maria Chehonadskih, *Soviet Epistemologies and the Materialist Ontology of Poor Life: Andrei Platonov, Alexander Bogdanov and Lev Vygotsky*, PhD Diss. Kingston University, London 2017, S. 169. Dieses Kapitel stützt sich in großem Umfang auf Chehonadskihs Arbeit.

6 Ebd., S. 170.

7 Ebd., S. 161. Das Zitat stammt aus Andrej Platonov, »Die Kultur des Proletariats«, in: *Osteuropa* 66 (2016), 8–10, S. 113–122, hier S. 120.

8 Ebd., S. 170 f.

9 Andrei Platonow, *Die Baugrube*, Berlin 2016, S. 44.

10 Chehonadskih, *Soviet Epistemologies*, S. 175 f.

11 Überraschenderweise (oder vielleicht auch nicht) finden wir ein entferntes Echo dieser kosmischen Vision des Kommunismus, einschließlich des »Gotterbauertums«, bei Huey Newton, dem Mitbegründer und theoretischen Kopf der Black Panther Party: »Ich denke, dass wir letztlich in ein Stadium der ›Gottähnlichkeit‹ übergehen werden, in dem der Mensch die Geheimnisse von Anfang und Ende kennen und die volle Kontrolle über das Universum haben wird – und wenn ich Universum sage, dann meine ich alle Bewegung und Materie. (David Hilliard, Donald Weise [Hg.], *The Huey P. Newton Reader*, New York 2002, S. 189.)

12 Chehonadskih, *Soviet Epistemologies*, S. 181 f.

13 Ebd., S. 161.

4 Singularität: Die gnostische Wende

1 Dass ein Ereignis ein anderes entferntes Ereignis »direkt« beeinflussen und dabei die raumzeitlichen Koordinaten irgendwie umgehen kann, führt uns fast spontan zu der Annahme, dass die diskrete materielle Realität nicht alles ist, dass es noch eine höhere Ebene des direkten spirituellen Kontakts geben muss. Ein strenger Materialist kann dieser spirituellen Versuchung dadurch entgehen, dass er den Raum selbst relativiert: Phänomene der »Synchronizität« beweisen, dass unsere raumzeitlichen Koordinaten kein apriorischer Rahmen der Realität à la Kant sind, sondern dass räumliche Entfernungen sich in einer anderen Konstellation der Quantenwellen, die unsere letzte Wirklichkeit konstituieren, »abkürzen« lassen.

2 Zimmerman, »The Singularity.«

3 Ray Kurzweil zitiert nach Franklin Foer, *Welt ohne Geist, Wie das Silicon Valley freies Denken und Selbstbestimmung bedroht*, München 2018, S. 64.

4 Zimmerman, »The Singularity.«

5 Ebd. Das Zitat im Zitat stammt aus G. W. F. Hegel, *Werke in 20 Bänden, Band 9: Enzyklopädie der philosophischen Wissenschaften im Grundrisse 1830. Zweiter Teil. Die Naturphilosophie. Mit den mündlichen Zusätzen*, Frankfurt/M. 1970, S. 25.

6 Zimmerman, »The Singularity.« Das Bibelzitat entstammt Röm 8,21.

7 Welchen Moment sollte man demnach als Hegelianer heute als Ende der Weltgeschichte annehmen? Es gibt eine komische Ergänzung zu Hegels Idee, dass der historische Fortschritt von Osten nach Westen verläuft und in der westeuropäischen Moderne gipfelt. Könnten wir nicht sagen, dass sich der Mittelpunkt der Geschichte im 20. Jahrhundert weiter nach Westen, in die Vereinigten Staaten, und auch dort von Osten nach Westen, nämlich von New York nach Kalifornien bewegt hat? (Wir lassen hier einmal die »St. Louis Hegelianer« beiseite, die erste hegelianische Schule in den USA, die in der zweiten Hälfte des 19. Jahrhunderts entstand. Sie sahen die Entwicklung der USA als Bewe-

gung von der Ostküste ins Zentrum, das, wie sie hofften, St. Louis sein würde, und man kann sich ihre Enttäuschung vorstellen, als sie mitansehen mussten, wie Chicago St. Louis rasch überholte ...). Und in den letzten Jahrzehnten scheint der Fortschritt sogar noch weiter nach Westen zu ziehen, über den Pazifik, mit einem ersten Höhepunkt in Japan und nun in China – da aber China für Hegel der Ort ist, an dem die Geschichte ihren Anfang nimmt, ist der Kreis somit geschlossen, das Ende verbindet sich mit dem Anfang und bildet eine Figur, die uns wie ein gigantisches Möbiusband vorkommen muss.

8 Ebd.

9 Ebd.

10 Ebd.

11 Cadell Last, persönliche Mitteilung.

12 Adrian Johnston, »Divine Ignorance. Jacques Lacan and Christian Atheism«, o.J., www.academia.edu/40959959/Divine_Ignorance_Lacan_and_Christian_Atheism, letzter Zugriff 08.12.2019.

13 Ebd.

14 Ebd. Das Zitat stammt aus Lacan, »Television«, S. 34.

15 Johnston, »Divine Ignorance«.

16 Adrian Johnston, »Lacan's Endgame. Philosophy, Science, and Religion in the Final Seminars«, in: *Crisis & Critique* 6, 1 (2019), S. 156–187, hier S. 157.

17 Ebd.

18 G.W.F. Hegel, *Werke in 20 Bänden, Band 10: Enzyklopädie der philosophischen Wissenschaften im Grundrisse 1830. Dritter Teil. Die Philosophie des Geistes. Mit den mündlichen Zusätzen*, Frankfurt/M. 1970, S. 394.

19 Jacques Lacan, *Das Seminar Buch XI: Die vier Grundbegriffe der Psychoanalyse*, Weinheim, Berlin [4]1996, S. 65.

20 Ebd., S. 51.

21 Die deutsche Synchronfassung des Films ist nicht so lacanianisch präzise. Aus »Welcome to the desert of the real« wird dort »Willkommen in der Wüste der Wirklichkeit«; Anm. d. Übers.

5 Der Fall, der uns wie Gott werden lässt

1 1 Mose 3, 2–13.

2 1 Mose 3, 16–19.

3 Stephen Greenblatt, »Elon Musk Wants to Put Chips in Our Brains. I'd Prefer to Stay Human«, in: *The Guardian*, 23.12.2018, www.theguardian.com/commentisfree/2018/dec/23/elon-musk-neuralink-chip-brain-implants-humanity, letzter Zugriff 15.12. 2019.

4 Ebd.

5 Immanuel Kant, *Werkausgabe Band VII: Kritik der praktischen Vernunft. Grundlegung zur Metaphysik der Sitten*, Frankfurt/M. 1977, S. 282.

6 Friedrich Nietzsche, *Jenseits von Gut und Böse*, in ders., *Werke in drei Bänden, Band 2*, München 1954, S. 563–759, hier S. 584.

7 Vgl. Tanzim Pardiwalla, »Indian man who wants to sue his parents for giving birth to him has a point and it's pretty bleak!«, in.mashable.com/culture/2054/indian-man-who-wants-to-sue-his-parents-for-giving-birth-to-him-has-a-point-and-its-pretty-bleak, letzter Zugriff 20.12.2019.

8 Hegel, *Werke, Band 3*, S. 492.

9 G.W.F. Hegel, *Werke in 20 Bänden, Band 17: Vorlesungen über die Philosophie der Religion II. Vorlesungen über die Beweise vom Dasein Gottes*, Frankfurt/M. 1970, S. 257.

10 Ebd., S. 258.

11 Ebd.

12 Ebd., S. 256.

13 Greta Thunberg, »Wie könnt Ihr es wagen!«, in: *der Freitag*, 24.09. 2019, www.freitag.de/autoren/the-guardian/greta-thunberg-rede-klimakrise-klimawandel, letzter Zugriff 07.01.2020.

14 Diese Formulierung verdanke ich Dave Harvilicz, Los Angeles.

15 Hier und im Folgenden im Original deutsch.

16 Hegel, *Werke, Band 3*, S. 39.

17 G.W.F. Hegel, *Werke in 20 Bänden, Band 8: Enzyklopädie der philosophischen Wissenschaften im Grundrisse 1830. Erster Teil. Die Wissenschaft der Logik. Mit den mündlichen Zusätzen*, Frankfurt/M. 1970, S. 367.

18 Im Original deutsch.

19 Hegel, *Werke, Band 3*, S. 402 f. Hegel zitiert am Ende aus Diderots *Rameaus Neffe*, übersetzt von Goethe, 1805.

20 Es gibt wahrscheinlich keines meiner Bücher, in dem ich nicht mindestens an einer Stelle darauf hinweise.

21 Vgl. Ryszard Kapuściński, *Schah-in-schah. Zwischen staatlicher Macht und religiöser Herrschaft*, Frankfurt/M. 1988.

22 Vgl. Poppy Noor, »Woman, 93, Arrested as a Dying Wish After Being ›Good All Her Life‹, in: *The Guardian*, 25.06.2019, www.theguardian.com/uk-news/2019/jun/25/woman-93-arrested-as-a-dying-wish-after-being-good-all-her-life, letzter Zugriff 09.01.2020.

23 Man kann den Film *Joker* natürlich auch genau andersherum interpretieren und sagen, dass der Akt, der die Hauptfigur als »Joker« konstituiert, ein autonomer Akt ist, durch den sie sich über die objektiven Umstände ihrer Situation hinwegsetzt. Der Joker identifiziert sich mit seinem Schicksal, aber diese Identifikation ist eine freie Handlung, das heißt, er macht sich damit zu einer einzigartigen Figur der Subjektivität … Eine solche Lesart läuft jedoch dem Geist des Films zuwider.

6 Die Reflexivität des Unbewussten

1 Tupinambá, *The Desire of Psychoanalysis*.

2 Gilles Deleuze, *Differenz und Wiederholung*, München 1992, S. 139 f.

3 Vgl. Sigmund Freud, »›Ein Kind wird geschlagen‹ (Beitrag zur Kenntnis der Entstehung sexueller Perversion)«, in: ders., *Studienausgabe, Band VII: Zwang, Paranoia und Perversion*, Frankfurt/M. 2000, S. 229–254.

4 Joe Leydon, »Film Review: ›Captive State‹«, in: *Variety* 14.03.2019, variety.com/2019/film/reviews/captive-state-review-1203164121, letzter Zugriff 10.01.2020.

5 Işık Barış Fidaner, persönliche Mitteilung.

6 In einem privaten Gespräch.

7 Im Original deutsch.

8 Brandom, *A Spirit of Trust*, S. 9 f.

9 Wenn Hegel sagt, das Selbstbewusstsein sei die Wahrheit des Bewusstseins, impliziert er damit nicht, dass die Normativität die verborgene Grundlage der Faktizität ist und nicht umgekehrt (und reduktionistisch)? Es reicht daher nicht aus, die nichtnormative Welt der objektiven Wirklichkeit dem subjektiven, deontischen Universum der Werte und Verpflichtungen gegenüberzustellen: Auf einer bestimmten grundlegenden Ebene verschwindet ihr Unterschied. Für einen Vulgärmaterialisten verschwindet er, wenn wir die Entstehung der normativen Dimension aus einem komplexen Prozess erklären, der in der objektiven Wirklichkeit stattfindet (wenn wir das Soll aus dem Ist ableiten), während wir als wahre Dialektiker annehmen müssen, dass jede (Sicht der) objektive(n) Wirklichkeit irreduzibel normativ bleiben muss. Die Wirklichkeit ist keine schlichte Tatsache, sondern etwas, das sich auf die symbolische Normativität stützen muss. Auf diese Weise interpretiert Lacan die Ontologie des Aristoteles, genauer gesagt, dessen Definition des Wesens als *to ti ēn einai*. Die wörtliche Übersetzung »das Was-es-war-zu-sein« impliziert die Geste eines Herren, es bedeutet »das Was-sein muss«. Und weist Hegel nicht in dieselbe Richtung, wenn er der Standardvorstellung der Wahrheit als *adaequatio intellectus ad rem* die höhere Idee der Wahrheit als Adäquatheit zwischen der Sache selbst und ihrem Begriff entgegenstellt? Impliziert dieser höhere Begriff der Wahrheit nicht eine deontische Dimension in der Sache selbst, die nicht einfach ist, was sie ist, sondern an einem immanenten normativen Maßstab gemessen werden muss? Ein Tisch ist nicht nur ein Tisch, er kann auch in unterschiedlichem Maße ein »wahrer Tisch«, ein seinem Begriff adäquater Tisch sein – ein wackliger, schiefer Tisch ist kein wahrer Tisch.

7 Eine literarische Phantasie: Das namenlose Subjekt der Singularität

1 Die drei zentralen Vorträge dieses Seminars finden sich in englischer Übersetzung in der Zeitschrift *lacanian ink* 50, New York 2017.

2 Jacques-Alain Miller, zitiert nach *lacanian ink* 50, S. 29.

3 Ebd., S. 31.

4 Übrigens liegt Miller völlig falsch, wenn er behauptet, diese Suche nach dem reinen Realen habe »Lacan in dieselbe Zone geführt wie Ödipus auf Kolonos, in der man die absolute Abwesenheit von Nächstenliebe, von Brüderlichkeit, von jeder menschlichen Regung vorfindet: Dorthin führt uns die Suche nach dem seiner Bedeutung beraubten Realen« – aber steht Ödipus auf Kolonos wirklich für dieses »seiner Bedeutung beraubte Reale«? Der sterbende Ödipus zeichnet sich gewiss nicht durch die »absolute Abwesenheit jeder menschlichen Regung« aus – im Gegenteil: Er verfolgt ein sehr »menschliches« Ziel und kalkuliert sorgfältig, wem sein nahender Tod schaden und wem er nützen wird. Er beschließt, in der Nähe von Athen zu sterben, um sein Theben um die Vorteile zu bringen, die der Stadt als Ort seines Todes erwachsen wären.

5 Ebd., S. 120.

6 Ebd., S. 121.

7 Ebd., S. 125.

8 Ich stütze mich hier auf Anthony Uhlmann, »The Same and the Other: Beckett's *The Unnameable*, Derrida and Levinas«, in: *Law Text Culture* 3, 1997, S. 127–147, online abrufbar unter ro.uow.edu.au/ltc/vol3/iss1/9, letzter Aufruf 19.01.2020.

9 Privates Gespräch.

10 Gilles Deleuze, »The Exhausted«, in: *SubStance* 78, Vol. 24 No. 3 (1995), S. 3–28, hier S. 7.

11 Uhlmann, »The Same and the Other«, S. 132.

12 Ebd.

13 Ebd.

14 Samuel Beckett, *Der Namenlose*, Frankfurt/M. 1959, S. 123.

15 Ebd., S. 44.
16 Ebd., S. 166.
17 Ebd., S. 202 f.
18 Uhlmann, »The Same and the Other«, S. 145.
19 Ebd.
20 Beckett, *Der Namenlose*, S. 26 f.
21 Vgl. Michel Chion, *La voix au cinéma*, Paris 1982.
22 Uhlmann, »The Same and the Other«, S. 139. Das Zitat stammt aus Beckett, *Der Namenlose*, S. 125.
23 Vgl. Alenka Zupančič, »Oedipus or the Excrement of the Signifier«, in dies. u. a. (Hg.), *Ojdip v Kolonu* (in slowenischer Sprache), Ljubljana 2018.
24 Ebd., S. 154.
25 Ebd., S. 171.
26 Vgl. Jean-Joseph Goux, *Œdipe philosophe*, Paris 1990.
27 Vgl. Giorgio de Santillana, Hertha von Dechend, *Die Mühle des Hamlet. Ein Essay über Mythos und das Gerüst der Zeit*, Berlin 1993.
28 Sophokles, *Oedipus auf Kolonos*, nach neuen Grundsätzen der Prosodie bearb. v. Eduard Eyth, Heidelberg 1856, S. 67.
29 Man kann sich leicht einen ähnlich geschmacklosen Propaganda-Clip vorstellen, der die Tatsache ausschlachtet, dass in südslawischen Sprachen »einen Schwanz rauchen« als vulgärer Ausdruck für Fellatio gebraucht wird. Wie wäre es also, wenn man auf Zigarettenschachteln statt der üblichen Schockfotos von schrecklichen Krankheiten, die durch Rauchen verursacht wurden, das Gesicht einer attraktiven Frau zeigt, die einen Penis lutscht, dazu in Großbuchstaben die Aufschrift: »Rauch' einen Schwanz statt einer Zigarette! Das ist viel gesünder!« Die dazugehörigen Fernsehspots sollten dann einen »seriösen« Arzt zeigen, der anhand von Tabellen und Grafiken erklärt, warum Fellatio besser ist als Rauchen: Geschlucktes Sperma stellt keinerlei Gesundheitsgefahr dar, sondern enthält sogar viele gute Vitamine …
30 Vgl. Mladen Dolar, »Oedipus at Colonus«, in: *Ojdip v Kolonu* (in slowenischer Sprache), Ljubljana 2018.
31 Jacques-Alain Miller, »Un réel pour le XXIe siècle«, in: ders., *Un*

réel pour le XXIe siècle, Paris 2013. Eine englische Übersetzung ist verfügbar unter www.congresamp2014.com/en/template.php?file=Textos/Presentation-du-theme_Jacques-Alain-Miller.html, letzter Zugriff 20.01.2020.

32 Ebd.

33 Ich stütze mich hier auf Alenka Zupančič, *Warum Psychoanalyse? Drei Interventionen*, Zürich, Berlin 2009.

34 Vgl. Angela Nagle, *Die digitale Gegenrevolution. Online-Kulturkämpfe der Neuen Rechten von 4chan und Tumblr bis zur Alt-Right und Trump*, Bielefeld 2018.

35 Als Trump zum Präsidenten gewählt wurde, erhielt ich von mehreren Verlagen die Anfrage, ein Buch zu schreiben, welches das Phänomen Trump einer psychoanalytischen Kritik unterziehen sollte, und meine Antwort lautete, dass man keine Psychoanalyse braucht, um die »Pathologie« von Trumps Erfolg zu erforschen – das einzige, was zu analysieren wäre, ist die irrationale Dummheit der linksliberalen Reaktionen darauf, die es zunehmend wahrscheinlicher macht, dass Trump wiedergewählt werden wird. Um einmal den absoluten Tiefpunkt der Trump'schen Vulgaritäten zu bemühen: Die Linke hat offenbar noch nicht gelernt, wie sie Trump an die M… fassen soll.

36 Ralph Peters, »Hegel, Sartre, Trump«, in: *National Review*, 17.03.2016, www.nationalreview.com/2016/03/donald-trump-hegel-sartre-explain-trump-rise, letzter Zugriff 24.03.2020.

Eine Abhandlung über die digitale Apokalypse

1 Günther Anders, »Apokalypse ohne Reich«, in: ders., *Die atomare Drohung. Radikale Überlegungen*. Fünfte, durch ein Vorwort erw. Aufl. von *Endzeit und Zeitenende*, München 1986, S. 207–221, hier S. 207.

2 Vgl. Jean-Pierre Dupuy, *La guerre qui ne peut pas avoir lieu. Essai de métaphysique nucléaire*, Paris 2018.

3 Ebd., S. 79.

4 Ebd., S. 61.

5 Ebd., S. 139.

6 Todd McGowan, *Emancipation After Hegel. Achieving a Contradictory Revolution*, New York 2019, S. 53.

7 Karl Marx, »Der achtzehnte Brumaire des Louis Bonaparte«, in: Karl Marx und Friedrich Engels, *Werke. Band 8: August 1851–März 1853*, Berlin 1968, S. 111–207, hier S. 115.

8 Diese Idee wird genauer erforscht in Frank Ruda, *Abolishing Freedom. A Plea for a Contemporary Use of Fatalism*, Lincoln 2016.

9 Jean-Pierre Dupuy, *Petite métaphysique des tsunamis*, Paris 2005, S. 19.

10 Dupuy, *La guerre qui ne peut pas avoir lieu*, S. 205.

11 Ebd., S. 207 f.

12 Ebd., S. 177.

13 Ebd., S. 199.

14 Zitiert nach Ernst Roets, »Why Did You Compare Whites to Frogs, Mr Ramaphosa?« Letter from Ernst Roets, Deputy CEO AfriForum, to Deputy President Cyril Ramaphosa, 21 September 2017, www.politicsweb.co.za/opinion/ramaphosa-must-explain-comment-of-white-people-and, letzter Zugriff 27.01.2020. Es gibt noch ein weiteres Problem: Ramaphosa ist einer der reichsten Geschäftsleute Südafrikas mit einem Vermögen von über einer halben Milliarde US-Dollar. Wenn wir also über die Umverteilung von Reichtum sprechen, müsste er dann nicht auch in den Topf geworfen und langsam gekocht werden? Oder geht es nur darum, die alte weiße mit der neuen schwarzen herrschenden Klasse zu ersetzen, während die schwarze Mehrheit weiter in Armut lebt?

15 Man kann natürlich einen distanzierten Standpunkt einnehmen, den Fokus auf große Erdepochen legen und behaupten, selbst wenn die Menschheit die Zerstörung des Großteils des Lebens auf der Erde verursachen sollte, so sei dies für jemanden, der in einer Million Jahren unseren Planeten erforsche, nur eine kleine Katastrophe im Vergleich zu der, die zum Aussterben der Dinosaurier geführt habe. Ist demnach die Idee des Anthropozäns als einer neuen geochronologischen Epoche nicht ein Fall von menschlicher Arroganz und Selbstüberschätzung? Vgl. dazu Peter Brannen, »The Anthropocene Is a Joke«, in: *The Atlan-*

tic, 13. 08. 2019, www.theatlantic.com/science/archive/2019/08/arrogance-anthropocene/595795/, letzter Zugriff 27. 01. 2020.

16 Wir können uns natürlich auch eine religiös-fundamentalistische positive Haltung gegenüber der nuklearen Apokalypse vorstellen: Wir müssen diese nicht fürchten, weil sie für uns wahre Gläubige nicht das Ende ist, sondern ein Neuanfang – Gott wird uns in sein Reich aufnehmen.

17 McGowan, *Emancipation After Hegel*, S. 212.

18 Mao bestand übrigens entschieden darauf, dass Widersprüche ewig währten und auch im Kommunismus bestünden, aber wird die Sache dadurch irgendwie besser?

19 Es ist leicht zu erkennen, dass dieser Gegensatz an die beiden entgegengesetzten Auffassungen des Begriffs der (symbolischen) Kastration erinnert: der negativen, nach der die Kastration ein erdrückendes Hindernis bezeichnet, welches beseitigt werden sollte, um die kreative Produktivität des Subjekts freizusetzen; und die positive, nach der die Kastration das Hindernis (oder den Verlust) bezeichnet, das genau den Bereich eröffnet und stützt, zu dem es den Zugang versperrt, so dass wir durch die Aufhebung der Kastration genau die Sache verlieren, die wir bewahren wollten. Das Paradoxon der Kastration liegt in dieser erzwungenen Wahl: Dem begehrten Ding kann man sich nur eingeschränkt nähern – wer alles will, verliert alles.

20 Alexander R. Lurija, »Kleines Porträt eines großen Gedächtnisses«, in: ders., *Der Mann, dessen Welt in Scherben ging. Zwei neurologische Geschichten*, Reinbek bei Hamburg 1992, S. 147–249.

21 Und ist es bei Hegel nicht ähnlich? In den Darstellungen der Geschichte der Philosophie erscheint er als eine Art Missing Link, als Vermittler, als Übergangspunkt zwischen der vortranszendentalen Metaphysik, die die rationale Struktur des Universums erforscht, und dem antimetaphysischen evolutionären Historismus des 19. Jahrhunderts; bei näherem Hinsehen wird jedoch klar, dass sein Denken über das, was davor und danach kommt, hinausgeht – in Hegels Denken wird etwas sichtbar, das im nachhegelianischen Denken sofort verschlossen wird.

22 Vgl. Harari, op.cit., S. 396.

23 Thomas Metzinger, *Being No One. The Self-Model Theory of Subjectivity*, Cambridge 2004, S. 620.

24 Ebd., S. 621.

25 Samo Tomšič, *The Labour of Enjoyment. Towards a Critique of Libidinal Economy*, Berlin 2019, S, 247.

26 Ebd., S. 15.

27 Jacques Lacan, »Subversion des Subjekts und Dialektik des Begehrens im Freudschen Unbewußten«, in: ders., *Schriften II*, Olten 1975, S. 165–204, hier S. 186.

28 Hegel, *Werke in 20 Bänden, Band 3*, S. 153 f.

29 Den Begriff *»labor theory of the unconscious«* prägte Samo Tomšič in seinem Buch *The Capitalist Unconscious. Marx and Lacan*, London 2015.

30 Vgl. Tomšič, *The Labour of Enjoyment*, S. 157.

31 Edward Snowden zitiert nach www.cbc.ca/radio/thecurrent/the-current-for-sept-26-2019-1.5297326/a-simple-clear-case-why-edward-snowden-thinks-u-s-congress-will-support-the-trump-ukraine-whistleblower-1.5297327, letzter Zugriff 07.02.2020.

32 James Comey, *Größer als das Amt. Auf der Suche nach der Wahrheit – der Ex-FBI-Direktor klagt an*, München 2018.

33 Bernie Sanders zitiert nach edition.cnn.com/2019/04/23/politics/bernie-sanders-impeachment-cnn-town-hall/index.html, letzter Zugriff 07.02.2020.

34 Vgl. Todd McGowan, *Capitalism and Desire. The Psychic Cost of Free Markets*, Cambridge 2016.

35 Ebd.

36 Lacan, *Das Seminar Buch XI*, S. 289.

37 Ich knüpfe hier an meine ausführliche Interpretation des Films an; vgl. Slavoj Žižek, »Matrix oder Die zwei Seiten der Perversion«, in: ders., *Lacan in Hollywood*, Wien 2000, S. 43–77.

38 Karl Marx, *Das Kapital. Kritik der politischen Ökonomie. Erster Band: Der Produktionsprozeß des Kapitals* (= Karl Marx und Friedrich Engels, *Werke. Band 23*, Berlin 1962, S. 782.

39 Maurizio Lazzarato, *Gouverner par la dette*, Paris 2014, S. 10.

40 Gérard Lebrun, *L'envers de la dialectique. Hegel à la lumière de Nietzsche*, Paris 2004, S. 311.

41 Marx, *Das Kapital*, S. 168 f.
42 Ebd., S. 169.
43 Ebd.
44 Freud erklärte, am Ende der Analyse werde die pathologische Selbstsabotage des Subjekts (an der wir Vergnügen finden) von dem allgemeinen Elend (beziehungsweise dem Akzeptieren dieses Elends) ersetzt, dem wir uns als libidinös indifferenter Tatsache, als unserem Los stellen müssen – ein weiteres Beispiel dafür, wie der Kurzschluss zwischen der Struktur der äußeren Realität (und ihren Einschränkungen) und dem Unmöglich-Realen, das zu unserem Seelenleben gehört, unterbrochen wird.
45 Tomšič, *The Labour of Enjoyment*, S. 221.
46 Jacques Lacan zitiert nach Guido Meyer, *Begehrend glauben, glaubend begehren. Christentum als Kultur des Begehrens*, Berlin 2010, S. 23.
47 Alenka Zupančič, *The Shortest Shadow, Nietzsche's Philosophy of the Two*, Cambridge, Mass. 2004, S. 192.
48 Bertold Brecht, »Orges Wunschliste«, in: Jan Knopf (Hg.), *Brecht-Handbuch, Band 2: Gedichte*, Stuttgart 2001, S. 472.
49 Tomšič, *The Labour of Enjoyment*, S. 247.
50 Ich stütze mich hier auf Alenka Zupančič, »Greta«, in: *Delo*, Ljubljana, 28.09.2019, S. 7 (in slowenischer Sprache).
51 Jacques Lacan, *Das Freudsche Ding oder der Sinn einer Rückkehr zu Freud in der Psychoanalyse*, Wien 2005, S. 23.
52 Zitiert nach www.sueddeutsche.de/wissen/umwelt-greta-thunberg-wir-protestieren-nicht-fuer-eure-selfies-dpa.urn-newsml-dpa-com-20090101-190418-99-883194, letzter Zugriff 17.02.2020.
53 Fredric Jameson gab einen Hinweis in diese Richtung, als er erklärte, dass der Neid als zentrales Problem einer kommunistischen Gesellschaft wiederauftauchen werde.
54 Vgl. www.dailymail.co.uk/news/article-7418059/Australian-porn-star-Tyi-Starr-sell-video-showing-GIVING-BIRTH.html, letzter Zugriff 18.02.2020.
55 Peter Sloterdijk, »Warten auf den Islam«, in: *Focus* 10 (2006), S. 84.
56 Tupinambá, *The Desire of Psychoanalysis*.
57 McGowan, *Emancipation After Hegel*, S. 138.
58 Ebd.

59 Ayn Rand, *Wer ist John Galt?*, Hamburg 1997, S. 232.

60 McGowan, *Emancipation After Hegel*, S. 212.

61 Insofern sich das Unbewusste dem Raum der Singularität entzieht, ergibt sich allerdings eine Frage: Ist dieses Unbewusste nur das Unbewusste eines einzelnen Subjekts, das sich ebenfalls der Singularität entzieht, oder können wir von einem »kollektiven« Unbewussten sprechen – nicht im Jung'schen Sinne, sondern in dem einer virtuellen Textur, die sich im Raum zwischen Sein und Nichtsein befindet –, das dort fortbesteht und seine Spuren in der Realität hinterlässt, obwohl es in ihr nirgends präsent ist? Die Antwort auf diese Frage hängt von der auf eine andere ab: Welche Form des (symbolisch-virtuellen) »großen Anderen« überlebt unser Eintreten in die Singularität?

62 Vgl. das *Online Etymology Dictionary* unter www.etymonline.com, letzter Zugriff 20. 02. 2020.

63 Zitiert nach en.wikipedia.org/wiki/Interface_(computing), letzter Zugriff 20. 10. 2019. Die Definition der deutschen Wikipedia ist anders aufgebaut [Anm. d. Übers.].

64 Einen Hinweis darauf, wie Neuralink dies umzusetzen gedenkt, liefert der Artikel von Roland Lindner, »Elon Musk will Gehirne mit Computern verbinden«, *F. A. Z.* 17. 07. 2019, www.faz.net/-ikh-9p55 m, letzter Zugriff 20. 10. 2019. Unter den zahlreichen Berichten vgl. auch Rajesh P. N. Rao u. a., »A Direct Brain-to-Brain Interface in Humans«, in: *PLoS ONE* 9 (2014), doi.org/10.1371/journal.pone.0111332, letzter Zugriff 20. 10. 2019. Im Abstract zu diesem Essay heißt es: »Wir beschreiben die erste direkte Gehirn-zu-Gehirn-Schnittstelle bei Menschen und stellen die Ergebnisse von Experimenten mit sechs verschiedenen Probanden vor. Unsere erstmals im August 2013 vorgeführte nichtinvasive Schnittstelle verbindet die Elektroenzephalografie (EEG) zur Aufzeichnung von Gehirnströmen mit der transkraniellen Magnetstimulation (TMS) zur Übermittlung von Informationen ans Gehirn. Wir veranschaulichen unsere Methode anhand einer visuomotorischen Aufgabe, bei der zwei Personen durch direkte Gehirn-zu-Gehirn-Kommunikation kooperieren müssen, um ein bestimmtes Ziel in einem Computerspiel zu erreichen.

Die Gehirn-zu-Gehirn-Schnittstelle erfasst Bewegungsbilder in den EEG-Signalen des einen Probanden (des ›Senders‹) und überträgt diese Informationen über das Internet an den motorischen Cortex eines zweiten Probanden (des ›Empfängers‹). Dadurch kann der Sender über TMS eine gewünschte Bewegungsreaktion (Drücken eines Touchpads) beim Empfänger auslösen. Wir messen die Leistung der Gehirn-zu-Gehirn-Schnittstelle zum einen anhand der Menge an übertragenen Informationen und zum anderen anhand der Genauigkeit, mit der (1) die Signale des Senders dekodiert wurden, (2) beim Empfänger nach der Stimulation eine motorische Reaktion erzeugt wurde und (3) das Gesamtziel der gemeinsamen visuomotorischen Aufgabe erreicht wurde. Unsere Ergebnisse liefern Beweise für eine rudimentäre Form der direkten Informationsübertragung von einem menschlichen Gehirn zu einem anderen mit nichtinvasiven Mitteln.«

Slavoj Žižek
Wie ein Dieb bei Tageslicht
Macht im Zeitalter des posthumanen Kapitalismus

Donald Trump regiert unbehelligt, die Tech-Industrie aus dem Silicon Valley ebenfalls, und die Welt scheint sich nach dem Marx'schen Diktum zu verhalten, dass alles Ständische und Stehende verdampft: Arbeit wird automatisiert, Geld virtualisiert, die Klassengesellschaft zerstreut sich, die alte Weltordnung löst sich auf. Zerfällt damit auch der Kapitalismus selbst?
Slavoj Žižek analysiert den Zustand der Welt und fragt, was als Nächstes kommen könnte. Doch weil wir so tief in unserer kapitalistisch-neoliberalen Ideologie stecken, können wir dieses Nächste nicht sehen: Es kommt daher wie ein Dieb bei Tageslicht.

Aus dem Englischen von Karen Genschow
35 Seiten,